古代货币金融丛谈

SOME TOPICS ON THE HISTORY
OF CHINESE CURRENCY AND FINANCE

艾俊川 ◎ 著

北京大学出版社
PEKING UNIVERSITY PRESS

图书在版编目(CIP)数据

古代货币金融丛谈 / 艾俊川著. -- 北京：北京大学出版社，2025.3. -- ISBN 978-7-301-35640-1

Ⅰ.F822.9

中国国家版本馆CIP数据核字第20245M0J51号

书　　名	古代货币金融丛谈 GUDAI HUOBI JINRONG CONGTAN
著作责任者	艾俊川　著
责任编辑	魏奕元
标准书号	ISBN 978-7-301-35640-1
出版发行	北京大学出版社
地　　址	北京市海淀区成府路205号　100871
网　　址	http://www.pup.cn　新浪微博:@北京大学出版社
电子邮箱	编辑部 dj@pup.cn　总编室 zpup@pup.cn
电　　话	邮购部010-62752015　发行部010-62750672 编辑部010-62756449
印　刷　者	涿州市星河印刷有限公司
经　销　者	新华书店
	880mm×1230mm　32开本　9.625印张　225千字 2025年3月第1版　2025年3月第1次印刷
定　　价	80.00元

未经许可，不得以任何方式复制或抄袭本书之部分或全部内容。
版权所有，侵权必究
举报电话: 010-62752024　电子邮箱: fd@pup.cn
图书如有印装质量问题，请与出版部联系，电话: 010-62756370

目　录

货币的初始信用来自信仰 …………………………… 1
论"布"与先秦赋税 …………………………………… 6
论"三钱之府" ………………………………………… 39
司马迁是否误记了秦代币制 ………………………… 54
秦朝为何要"复行钱" ………………………………… 63
"钱"币何以成"布"币 ………………………………… 71

释"王信金钱" ………………………………………… 79

交子未必双色套印 …………………………………… 86
从伪钞案看南宋会子 ………………………………… 90
大明宝钞与活字印刷"不搭界" ……………………… 94
明永乐二十年钞法榜文阙字试补 …………………… 98

"银行"一词的由来 …………………………………… 102
宋代已有"银行街"了吗？ …………………………… 109
"银行"名称源自香港新证 …………………………… 114
"金融"溯源 …………………………………………… 117
梁启超谈"金融" ……………………………………… 125

金融和 finance	128
尤努斯模式的中国远亲	132
唐宗愈的币制建言	135
《保富述要》的原作与译作	150

《顾烜钱谱辑佚》补遗	160
《永乐大典》本《泉志》校文	164
翁树培《泉志》校本整理札记	177
西夏文识读过程中的几个细节	194
一位货币理论家的书生涯	205

吐鲁番出土古纸牌年代考	211
从"捉五逵"看叶子戏起源	223
李鸿卓"叶子戏"诗与清代纸牌	228
麻将前史	242
记一张清代彩票	259
战书虽急不开封	262

北征诗话	265
清工部残存铜铅京运文书辑录	291
宝源局工匠管理档案拾遗	298

| 后记 | 305 |

货币的初始信用来自信仰

作为一般等价物,货币得以流通,用现在的话说,是因为它有"信用",大家相信它能被别人接受而自己乐于使用。那么,货币的信用又从何而来?

对成熟的货币来说,它的信用是由发行者赋予的,而发行者要用对等的物资做保证。如国家发行的货币,即便是仅有符号意义的纸币,只要国家允许人民用它按面值缴税,货币就被注入了信用。又如银元时代一些银行发行纸钞,发行者必须保证持币人能足额兑换现金,这种货币才会被接受。

各国使用货币,总会有一个初始时期。此时经过民间交易的磨合,已经产生了充当交易中介的一般等价物,即原始货币,但尚未被国家接受或推行。我们的新问题也即本文的主要问题是,这些原始货币的信用从何而来?

在中国货币史上,这个问题更是费解。

《史记·平准书》说:"农工商交易之路通,而龟贝金钱刀布之币兴焉。"《说文解字》说:"古者货贝而宝龟,周而有泉,至秦废贝行钱。"将司马迁说的"币"和许慎说的"货"组合在一起,就有了"货币"一词。龟贝金钱刀布,被看作是中国货币的早期形态,龟贝更是被称为原始货币。龟是龟甲,贝是贝壳,金、钱、刀形制不同,但材质都是以青铜为主的金属,布则是布帛。按照简单道理，一种自然物要成为货币即一般等价物的前提，是一定要有价值和使用价值，人人有用，才会被人人接受。那么，龟贝金布这些初始货币的价值和使用价值体现在哪里？先民为何乐于接受一些现在看来并无价值和用途的东西，而把饱含着自身劳动的产品交换出去？

青铜、布匹是凝聚着大量劳动的手工业产品，有重要使用价值。从现存文献记载看，它们也在较早的时候成为国家征收赋税的对象。龟甲、贝壳是自然界弃物，水边捡来即是，今天看并无实际用处，而它们偏偏成为最早的一般等价物。特别是贝，与经济的关系极为密切，表示财富和交易的汉字大多带"贝"字部首即为明证。另一方面，从文献中也看不出贝是赋税对象。商周青铜器含有"贝"字的铭文数以百计，绝大多数都是天王向臣属"赐贝"的记录，与交易不相关，与赋税呈反向关系。

对贝的实际用途，历来也有多种解释，如说它是古人喜爱的装饰品、它的产地遥远得来不易等，但这些都不足以解释古人为何心甘情愿用辛苦劳作获得的粮食、牲畜乃至土地去交换贝壳——贝壳再漂亮、再难得，能比粮食、土地更关乎生死存亡么？前些年，钱币学家姚朔民先生在《中国钱币论文集》第四辑发表《商贝二题》一文，对"贝"的用处作出新论断。在《"具乃贝玉"新说》一题中，他对《尚书·盘庚》中历来被当作商代使用贝币证据的"具乃贝玉"一语进行重新解读。他引用大量例证，证明这里的"贝"并非货币，也不是财富，而是贵族死后放在口中的丧葬用具"含"。在《甲骨文从贝字》一题中，姚朔民对甲骨文中含"贝"字部首的文字进行释读，认为从殷商卜辞来看，"贝"更多地被用于祭祀鬼神和祖先等精神领域，难以证明是货币。这个重要学术成果让人们意识到，不能用今天的标准去判断古代的"贝"是否有用。贝在上古的真实用处,乃是重要的祭祀和丧葬用品,是沟通上天与下民、祖先与后人的中介物。盘庚斥骂大臣,要他们"具乃贝玉"等着被处死;周代"贝"皆由天王赏赐;获赐者受宠若惊,纷纷制作昂贵的青铜器来庆祝,都说明贝在人们心中的重要性:它的难得,在于只能由天王赏赐。没有贝,一个人死后就不能被祖先和上天接纳,无从安置灵魂。这是比没有粮食严重得多的事情,因为当时人们对祖先、对神灵的崇拜远远超越了对自身的认同。在那样的宗教氛围中,崇拜贝、拥有贝,成为每个人的追求进而成为财富的象征,也就不难理解了。可以说,如果贝在上古确实充当过货币,它的"信用"来自人们的信仰。(图1)

图1 殷墟妇好墓出土的贝(多达6000余枚)

明白了贝的性质之后,再看其他原始货币,就会豁然开朗:这些币材,都是当时用来沟通天人的祭品,属于宗教用品,是具有神性的被崇拜物。龟卜在商代是最重要的占卜方式,不仅有大量文献记载,也被殷墟等地出土的甲骨所证实。它沟通天人的功能不待多言。稍后被选作货币的青铜,本身可以制造工具和器皿，在生活生产中有许多实际用处，今人将之归为实物货币，以为其使用价值纯来自实用，其实并不全面。众所周知，商周是辉煌的青铜时代，当时铸造的青铜器，绝大部分都是礼器，或陈设于宗庙，或应用于祭祀，或陪葬于九原。禹铸九鼎，历传夏商周三代，成为王权的象征，诸侯不仅没有权利拥有，连问一下大小轻重都是严重的罪行；天子、诸侯、大夫、士民的身份等级，要通过祭礼和丧礼中所用青铜礼器的品种和数量来体现；人们将青铜器称为"宝器"，铸器后祈愿"子子孙孙永宝之"。这些都说明青铜身上笼罩着浓厚的宗教气息，人们对青铜的感情超越了对一种铸造材料的喜爱而成为崇拜。究其原因，乃是古人相信可以通过青铜器与上天和祖先沟通交流。对青铜的崇拜，应是中国两千多年青铜货币史的一个重要源头。

布帛比青铜有着更广泛的实用性，又早早成为赋税征收对象，说起来是典型的实物货币。但也要注意到，布帛在上古同样是最重要的祭祀、丧葬用品。《礼记·礼运》篇说："治其麻丝，以为布帛，以养生送死，以事鬼神上帝。"《韩非子·内储说上》说："齐国好厚葬，布帛尽于衣衾，材木尽于棺椁。"可见布帛的宗教、丧葬功用。这些还只是泛泛之论。丝织品"帛"与玉器的组合，即所谓"玉帛"，是在最隆重典礼中使用的祭品。儒家礼教核心的"丧服制度"，在《仪礼》《礼记》等书中有详细规定，实际上是麻织品"布"作为祭品的应用规则。这个传统一直保留下来，现今的丧礼中仍然披麻带孝，可视为远古布帛崇拜的遗存。

可见，中国上古被选为货币的币材，无论是前期的龟、贝，还是后期的金、布，它们的用处除了满足物质需求外，都具有祭品、丧葬用品的功能，可同时满足人们的精神需求。龟、贝更是主要用来满足精神需求的。它们作为沟通世人与上天、与祖先的中介物而受到崇拜，成为人人必需的物品，并逐渐演变成商品交易中沟通买卖双方的一般中介物。这里的逻辑很清晰：这些物品既然连祖先和神灵都能接受，世人当然也可接受，而且还有宗教活动中的大量需求作为保证。秦汉时国家掌控货币发行权，放弃龟贝，保留金布，则是龟贝崇拜在春秋以来逐渐消亡的反映，货币中体现的文化、宗教与经济的关系于此班班可考。

如果把目光放得更远一些，会发现西方的原始货币同样与宗教信仰有着密不可分的关系。从古代埃及到希腊、罗马，人们都把黄金视为圣物，黄金崇拜和黄金文化可以看作古代西方文化的重要特征之一。如此，西方人为何选用黄金作货币，也就更好理解了。

再回到现代"信用"概念来看货币史，可以说，国家掌控的货币，其信用由国家赋予，是为"君授"；初始货币的信用来自宗教信仰，是为"神授"。龟贝金布在今天的神秘面目，很大程度来自当日的神圣身份——在"钱神"独步天下之前，先民信任、需要的是"神钱"。

（原刊于《中国金融家》，2013年01期）

论"布"与先秦赋税

一、从"百两一布"说起

《左传·昭公二十六年》：(图2)

> 夏,齐侯将纳公,命无受鲁货。申丰从女贾,以币锦二两,缚一如瑱,适齐师,谓子犹之人高齮："能货子犹,为高氏后,粟五千庾。"高齮以锦示子犹,子犹欲之。齮曰："鲁人买之,百两一布。以道之不通,先入币财。"子犹受之。(本文所引《十三经注疏》文字,均据北京大学出版社标点本,2000)

研究中国早期货币史的人,都会对"百两一布"一句话感兴趣。因为从清代中期以来,特别是现代,有很多钱币学者认为这里的"布"是货币名称,而且是古代典籍中较早的、可信的对货币的记载,虽然大家对"布"究竟属于什么性质的货币看法并不一致。

早些时候人们大多认为这里的"布"是铲形铸币。有代表性的是王毓铨的看法。他在论述春秋时期已有铸币时提出,《左传》中"有和钱同性质的东西,那就是'布'"。在引述了上文后他说:

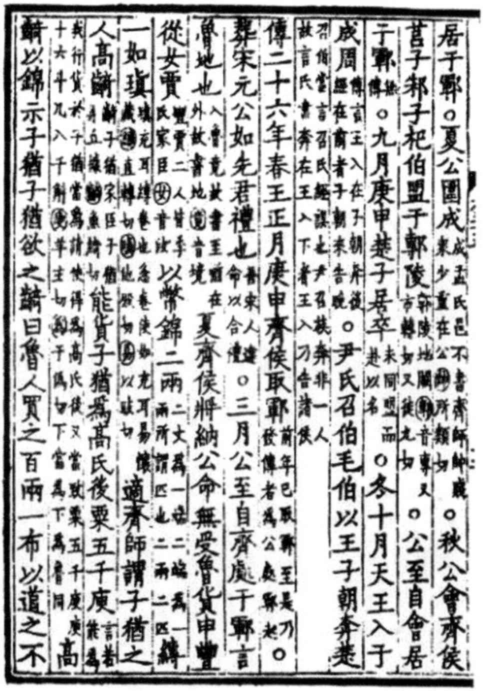

居于鄆○夏公圍成○秋公會齊侯
莒子邾子杞伯盟于鄟陵○公至自會居
于鄆○九月庚申楚子居卒○冬十月天王入于
成周○尹氏召伯毛伯以王子朝奔楚
傳二十六年春王正月庚申齊侯取鄆○
葬宋元公如先君禮也○三月公至自齊處于鄆言
魯地也 夏齊侯將納公命無受魯貨申豐
從女賈 以幣錦二兩 縛
一如瑱 適齊師謂子猶之
人高齮 能貨子猶為高氏後粟五千庾 高
齮以錦示子猶子猶欲之齮曰魯人買之百兩一布以道之不

图2　《左传》中对“鲁人买之百两一布”的记载

（《四部丛刊》影印宋小字本）

这段文字里重要的是“鲁人买之，百两一布”。布，杜预注“布陈之”，毫无意义，此解难通。我们以为这布字实即布钱之布。惠栋、洪亮吉也这样解释。沈钦韩以为如此解释，则百两之价不可通。的确，如果真正百两一布，那是贱的荒唐。但文中之义甚明，高齮在诱骗子犹，言其价值极贱，鲁人得之甚易，将来他确有能获得很多贿赂的可能。（《中国古代货币的起源和发展》，中国社会科学出版社，1990，第48页）

近年来有人认为这里的"布"是实物货币布匹。张德馨在《楚国的货币》(湖北教育出版社,1996,第308页)中说:

> "百两一布",译成现代白话,按硬译法,为"一百零一匹布";按意译法,为"一百多匹布"。

而在钱币学界以外,人们一般认同杜预的注释:"言鲁人买此甚多,布陈之,以百两为数。"即每一百匹币锦摆成一堆,通过数量之多,表明价值之重。

对"一布"这个短语的理解歧异如此之大,说明对它有重新研究的必要。况且它对中国经济史研究的影响重大。《左传》中此事发生的背景是,鲁昭公被权臣季氏驱逐出国,齐侯攻占鲁国的郓地,准备安置昭公,并命令臣下不得接受季氏的贿赂阻挠这件事。但是季氏还是派家臣女贾和申丰手持"百两一布"的币锦前去行贿。子犹先是喜欢,后是接受了币锦,就去齐侯那里进鲁公的谗言,终于让行动停止下来。从此鲁昭公在外流浪八年,至死也没能返回鲁国。

可以看出,这次行贿的成败对季氏多么重要,此时对季氏来说,他用来贿赂的财物应该是极贱还是极贵的?从高龁这个行贿的中间人来看,他得到的除了"为高氏后"的政治好处,还有"粟五千庾"。据此足以断定,季氏是用重金厚利来打动齐人的,因此,认为币锦极贱,"一布"就是一枚铲形币的说法确实荒唐,难以成立。以常理来论,古往今来,不可能有一百匹只值一枚铜币的锦。这样的问题同样适用于将"一布"当作一匹布的观点。锦是丝织品,布是麻织品,一匹锦的价值永远高于一匹布,而不可能反是布的百分之一。至于将"百两一布"硬译为"一百零一匹布",在语法上也讲不过去,因为即使是古人,也不会在谈到数量时把量词硬插在两位数字中间。

从自圆其说的角度来说,杜预的解释容易被接受。照此理解,高齮向子犹说那番话,是为了讲明贿赂物价值高昂。但仔细分析,仍然疑问很多:如果只是"一布",即"一堆",那么只说"鲁人买之百两"就可以了,"一布"没有意义;如果不止"一布",有很多"堆",可高齮又没有说出准确的数量来,子犹仍然不明底细。而且鲁人明明只拿来"二两","百两"又从何谈起?所以从事件的内在逻辑来说,杜预的解释也有问题。

实际上,东汉初年经学家郑众有一个久未被笺注家注意的观点(郑众的注释散见于《周礼》郑玄注中,称"郑司农曰",下文径引为"郑众说"),现在看来,更能说明"百两一布"的本义。他在解释《周礼·地官司徒·载师》中"凡宅不毛者,有里布;凡田不耕者,出屋粟;凡民无职事者,出夫家之征"一段文字时说:

> 或曰布,泉也。《春秋传》曰"买之百两一布",又《廛人职》"掌敛市之次布、总布、质布、罚布、廛布",《孟子》曰"廛无夫、里之布,则天下之民皆说而愿为其民矣",故曰宅不毛者有里布,民无职事出夫家之征。欲令宅树桑麻、民就四业,则无税赋以劝之也。

郑众将《春秋传》也就是《左传》中出现的上述"布",和《周礼·廛人职》中记载的五种"布"、《孟子》中记载的"夫、里之布"看作同等事物,认为是劝勉宅树桑麻、民就四业的税赋。那么,"百两一布"中的"布",就是在买卖币锦时交纳的税。

用这种观点再来看《左传》的文字,就会豁然开朗:高齮对子犹说:鲁国人买这两匹锦,用一百匹布交一次税。从税收角度说明币锦价格的昂贵。这才是子犹一见币锦就想拥有并违命收下它的真正原因。《左传》中上述记事,是有准确年代的春秋时期市场交易中征收名为"布"的税赋的记载。

至于鲁国的交易税"布"的税率是多少,不得而知,但《管子》中说管仲曾建议齐国实行"市赋百取二",借这个税率来推算,每匹币锦价值两千五百匹布。由于"百取二"是一种理想,实际上的税率要高一些,币锦的价值要少一些,但仍然非常昂贵则毫无疑问。《管子·轻重丁》篇中,齐桓公说:"寡人有镳枝兰鼓,其贾中纯万泉也。"纯是丝织品的计量单位,一般认为"镳枝兰鼓"是一种有着漂亮图案的美锦。"镳枝兰鼓"一纯价值万钱,可以作为鲁人币锦价值的参照。又《管子·轻重甲》中说:"伊尹以薄之游女工文绣纂组,一纯得粟百钟於桀之国。"于传说中也可见精美丝织品的价值之高。

认定"百两一布"的"布"是赋税,并非仅依据郑众的一条注释。实际上,在先秦古籍中,作为赋税名称和赋税活动出现的"布"还有很多,但由于对郑众"布,泉也"注释的误解,特别是受郑玄将"邦布""作布"中的"布"明确指为"铸币"的错误解释的影响,这些"布"的真正含义被掩盖。自东汉以来,人们长期将这些"布"当作铸币,由此还将先秦铲形铜币"钱"误认为"布币",并一直延续到今天。近年来,钱币学界对"布币"名称的来源形成新的看法,遂有观点将这些"布"看作是实物货币布帛或是货币的总称,但这些观点仍然是对"布"的真正性质的误解。这是我们要对"布"的税赋性质进行重新考察、论证的原因。

二、《周礼》中大多数"布"是赋税名称

在《周礼》中,"布"一词屡次出现,大都被郑众和郑玄注释

成了"泉"(按郑众和郑玄所说的"泉",就是"钱"。除了王莽执政时期,汉代的"钱"并不称"泉"。郑众等称铸币为"泉",恐怕和经学的传承即所谓"家法"有关。郑众受学于其父郑兴,郑兴讲学的时代正好在新莽时期。因此郑众可能祖述郑兴的说法,而郑玄又沿袭郑众的说法。下文在引述文献的时候,对"钱"和"泉"均照录原文,不再互相注释)。上文已经引述过的郑众对"里布"的注释就是一例。我们不妨先从"里布"开始对"布"的性质进行辨析。《地官司徒·载师》:

> 凡宅不毛者,有里布;凡田不耕者,出屋粟;凡民无职事者,出夫家之征。以时征其赋。

郑众的注上文已节录。为将问题说得更清楚,再照录一次:

> 宅不毛者,谓不树桑麻也,里布者,布参印书。广二寸,长二尺,以为币贸易物。《诗》云"抱布贸丝",抱此布也。或曰布,泉也。《春秋传》曰"买之百两一布",又《廛人职》"掌敛市之次布、儋布、质布、罚布、廛布",《孟子》曰"廛无夫、里之布,则天下之民皆说而愿为其民矣",故曰宅不毛者有里布,民无职事出夫家之征。欲令宅树桑麻、民就四业,则无税赋以劝之也。……不知言布参印书者何,见旧时说也。

郑玄注:

> 宅不毛者罚以一里二十五家之泉,空田者罚以三家之税粟,以共吉凶二服及丧器也;民虽有闲无职事者,犹出夫税、家税也。夫税者,百亩之税;家税者,出士徒车辇,给繇役。

郑众先说"里布"是一种类似布条的货币，叫"布参印书"，最后他表示不知道布参印书是什么，等于将其否定了。这样他只对"布"作了注释，说有人认为它是"泉"。郑玄对"里布"和"布"都没有出注，只解释了句子的意义，表明他同意郑众的观点。按《载师》里的这段话，紧接在按照土地的不同情况征收赋税的规定之后，说的是宅院不种桑麻、不耕田地、无职业人要分别交纳里布、屋粟和夫家之征。载师的职责是管理土地、制定土地税则并按时征收土地税。里布、屋粟和夫家之征并列，都属载师的管理、征收范围，况且"夫家之征"明言是"征"，下文又说"以时征其赋"，因此里布是一种带有惩罚性的赋税并无可疑。

又下文《闾师》"凡无职者出夫布"，郑玄注："独言无职者，掌其九赋。"姑不论"夫布"是否等于九赋，但他是将这里的"布"当作"赋"看待的。《孟子·公孙丑上》："廛无夫、里之布，则天下之民皆悦而愿为之氓矣。"夫、里之布就是夫布、里布。两者既然并称，性质必然相类。从郑玄认为"夫布"为赋的角度来看，"里布"也是一种赋税。

郑众虽然在否定了"布参印书"之后没有再给"里布"下定义，但从他说的"欲令宅树桑麻、民就四业，则无税赋以劝之"来看，他是将"里布"看作一种劝勉农民"宅树桑麻"的税赋的。那么他说的"泉"，实际上是"赋税"，并不是带有具体形态的某种铸币。郑玄注中所说的"罚以二十五家之泉"，也只能理解为"罚交二十五家的税泉"，所以唐代贾公彦在《周礼疏》中将"罚以二十五家之泉"进一步明确为"罚以二十五家之税。'布'谓口率出钱"。

既然郑众和郑玄都知道"里布"是一种赋税，为什么还要将"布"释为"泉"呢？这是因为他们在用东汉的语言注释古书。

而在东汉,"泉"或说"钱"除了现在熟知的"铸币"和"货币"含义之外,还有另一个义项,就是"赋税"。

汉代除田租用粮食缴纳外,其他各式各样的赋税特别是汉朝财政最主要的来源人头税,都是用"钱"缴纳的。缴税即等于缴钱,时日一久,"钱"和"赋"在这一方面的意义就等同起来,将赋税称呼为"钱",也成了汉代人的语言习惯。汉代许多重要赋税的名字都是由"钱"构成的。

《汉旧仪》(《汉官六种》本,中华书局,1990):

> 算民,年七岁以至十四岁,出口钱,人二十三。

《汉书·昭帝纪》元凤二年:

> 其令郡国毋敛今年马口钱。

《后汉书·百官志》:

> 凡山泽陂池之税,名曰禁钱,属少府。

汉代最重要的人头税"算赋",也被郑玄称为"算泉"。《周礼·大宰》"以九赋敛财贿",郑玄注:"玄谓赋,口率出泉也。今之算泉,民或谓之赋,此其旧名与?"

算赋又被称为"赋钱"。《汉书·高帝纪》高帝四年八月"初为算赋",注引如淳曰:"民年十五以上至五十六出赋钱,人百二十为一算。"

上述重要的用货币来缴纳的税赋都叫做"某钱"。可以看出,"口钱""马口钱"之"钱",与汉代先后通行的货币"半两钱""五铢钱"等绝非一事物,此时的"钱"已经脱离了货币范畴,成为一个赋税概念,即"某税"。郑玄对"赋"的注释最能体现这一点。在郑玄时代,人们习惯于将人头税"算赋"叫做"算泉",

叫"赋"的反而是少数，所以郑玄反以为怪，以为"赋"是"泉"的古名。换言之，在郑玄时代，"泉"是"赋"的今名。郑众说"布，泉也"，也是用"泉"来指称赋税，这和他认为"百两一布"、次布、儶布、质布、罚布、廛布、夫里之布都是税赋的观点是一致的。所以贾公彦将"泉"明确为"税"，将"布"解释为"口率出钱"，也就是郑玄对"赋"的释义，符合二郑的原意。当然他们的这一解释并不完全贴切，因为"口率出钱"是人头税，而"布"和"赋"的范围要超出人头税，还包括别的税种。

"泉"作为赋税的名称，是从交纳铸币充当赋税这一活动中发展出来的，作为赋税的门类，"泉"是赋税概念；作为赋税的实体，它又还原为铸币，成为货币概念。二者关系过于紧密，两个概念也容易混淆：当人们拿着名为"泉"的铸币去缴纳名为"泉"的赋税时，一般不会去区别这两个"泉"在概念上的不同。从郑众和郑玄的注释来看，他们对这两个概念也没有分辨得十分清楚，导致两个问题出现：一是在先秦文献中，不同的"布"具有"赋税"和"货币"两个不同含义，但二郑均用同一个"泉"字来注释，这使读者往往无法辨别，容易将二者混为一谈；二是用来注释赋税"布"的"泉"，却有赋税和货币两重含义，直接造成对"布"的误读，影响后人对先秦经济史的了解，这种影响一直持续到现在。这两个问题，在郑玄对《周礼》中"邦布""作布"的误释中表现得特别清楚，下文将作专门分析。

《周礼·地官司徒》所属的司市是市场管理机构。在司市的职责中，有多处涉及"布"。《司市》：

> 司市，掌市之治教、政刑、量度、禁令……以商贾阜货而行布……凡万民之期于市者，辟布者、量度者、刑戮者，各于其地之叙……国凶荒札丧，则市无征而作布。

《地官司徒·廛人》：

> 廛人，掌敛市絘布、緫布、质布、罚布、廛布，而入于泉府。

《地官司徒·肆长》：

> 肆长……敛其緫布，掌其戒禁。

《地官司徒·泉府》：

> 泉府，掌以市之征、布。

对"以商贾阜货而行布"，郑众的注说："布谓泉也。"郑玄只引用郑众的注，未下己意，表明他同意这个观点。贾公彦疏补充说："货贿阜胜而布泉得行。"

按照我们上文对郑众所说的"泉"的分析，此处"泉"的具体含义也需要分析。因为郑玄在后面的注释中，对"布"的解释包括货币和赋税两义，先后不同。

按照《周礼》的制度，某一方面的主管官掌管的职事分别由属官具体完成。司市是市场的主管官，他的属官"廛人""肆长""泉府"的一项工作，就是征收、保管各种"布"。如廛人负责征收絘布、緫布、质布、罚布、廛布五种"布"，并将他们上缴到泉府。对这些"布"，郑玄注云：

> 布，泉也。郑司农云："絘布，列肆之税布。"杜子春云："緫当为儳，谓无肆立持者之税也。"玄谓"緫"读如"租穤"之"穤"。穤布谓守斗斛铨衡者之税也。质布者，质人之所罚犯质剂者之泉也。罚布者，犯市令者之泉也。廛布者，货贿诸物邸舍之税。

可见，他们认为这五种"布"是市场上的各种税收和罚金（罚金借用现代说法)。他们说的"泉",实际上和对"里布"的注释一样,指的是赋税,而不是具有特定形态的铸币本身。另外,"泉府"的职责是"掌以市之征、布","布"和"征"并列出现,说明它们是同类事物。"征"是在市场上征收的税,"布"也应该是税。因此,"廛人""肆长"征收的、"泉府"保管的这些"布",可以确定为市场上的各种赋税。按照上下级职责对应的原则,他们所征收的"布"就是司市所行的"布","行布"是一项税务活动。

在《周礼》以外的文献中,也有一些"布"具有市场税的含义,上文已讨论过的《左传》中的"百两一布"即是一例。《管子·戒》:

> (管仲和齐桓公)盟誓为令曰:……关几而不征,市征而不布。

这里的"布"也是市场税。另外《墨子·贵义》:

> 今士之用身,不若商人之用一布之慎也。商人用一布布,不敢继苟而售焉,必择良者。

"一布布"叠用两"布"字,向称费解。如果将其理解为"用一匹布交纳布税",则文从字顺。这些都说明,春秋战国时期,"布"是使用范围广泛的市场税的名称。它们也可证明,《司市》中所说的"布",即市场上的税赋,"行"则是税赋的征收交纳得以运行之义。

在《司市》的职责里还有一项是"辟布"。郑众改字注为"辞讼泉物",郑玄注为"市之群吏考实诸泉入及有遗忘"。"诸泉"即"诸布",也就是廛人等征收的各种布。郑注义为市场上的群吏稽查各种赋税的缴纳情况和是否有遗漏。按《司市》上文说"以商贾阜货而行布;以量度成贾而征價;以质剂结信而止讼,以贾民禁伪而除诈,以刑罚禁暴而去盗",与"辟布者,量度者,刑戮者"分别对应。"辟布"直接对应"行布",是"行布"的一项内容。郑玄的解释与司市的职能是一致的。

"辟"有"征取"的意思,《管子·轻重乙》:"滕鲁之粟四流而归我,若下深谷者,非岁凶而民饥也。辟之以号令,引之以徐疾,施乎其归我若流水。"按《管子·国蓄》:"今人君籍求于民,令曰……故不求于万民而籍于号令也。""辟以号令"与"籍于号令"句意类似,籍就是收税。《管子·揆度》又说:"号令者,徐疾也。"则"辟之以号令,引之以徐疾"是用两句话说明一个问题,"辟"与"引"互文见义,"辟"就是征引的意思。另外《管子·轻重甲》:"故夫握而不见于手,含而不见于口,而辟千金者,珠也。"这里的"辟"也是来而致之的意思。古文中常见"辟"作征召人才解,如"辟士""辟命"等,盖在财物即为征取,在人才则为征召。"辟布"应当就是"征收税布"之意。

三、"作布"不是铸币而是征税

司市的职能还有"国凶荒札丧,则市无征而作布"一项。郑玄注释说:

> 有灾害,物贵,市不税,为民乏困也。金铜无凶年,因物贵,大铸泉以饶民。

把"作布"释为铸造钱币。这是历来将"布"认作铜铸币的重要根据,因为郑玄明确说"布"可以铸造。直到今天,这句话仍然是人们重新认识"布"的一个难点。

裘锡圭先生在论述先秦的"布"并非铲形币"钱币",而是具

有"货币一义"即货币的通称的时候,涉及"作布"。他说:

> "国凶荒札丧,则市无征而作布"一语中的"作布"很可能确实是指铸钱币而言的。……像"作布"这样的例子,并不是我们说法的反证。(《先秦古书中的钱币名称》,见《中国钱币论文集》第四辑,中国金融出版社,2002,第 19 页)

裘先生认为,因为钱币也是货币的一种,所以铸钱也可以称为"作布"。但如果真是这样,它固然不能否定"布"是"货币"的通称,但同时也使我们不能否定"布"是"钱币"的名字,因为《周礼》中明言铸造的是"布",那么如何去证明铸出来的钱币在当时一定不叫"布"呢?推论下去,又如何判别古书中哪些布是"钱币",哪些布是"货币"呢?因此,只要认同"作布"为"铸钱","布"是否为"钱币"的问题就不会得到真正解决。而要解决上述问题,还需要把"作布"的真实意义辨别清楚。

实际上,"市无征而作布"并不是在市场上铸钱,而是在灾年采取的一项减税措施,目的是减轻商人负担。这是"荒政"的一个手段。将"作布"释为"铸钱",正是郑玄对"泉"拥有的赋税和铸币两个义项分辨不清楚造成的错误。

在春秋时期,市场税赋是政府收入的一个重要来源,在《周礼》中,就有很多规定,如《大宰》:"以九赋敛财贿……七曰关市之赋。"《大府》:"关市之赋以待王之膳服。"《关师》:"任商以市事,贡货贿。"

当时市赋或说市征是固定的,有较高的税率,因此经常有人呼吁减低税率,减轻商人负担。《管子·幼官》:"田租百取五,市赋百取二,关赋百取一。"《管子·大匡》:"桓公践位十九年,弛关市之征,五十而取一。"可见"五十取一"是当时的理想税率。遇到灾年,即"凶荒札丧",国家就要实行"荒政",经济方面的措施主要是减轻税赋。《周礼·大司徒》之职：

> 以荒政十有二聚万民,一曰散利,二曰薄征,三曰缓刑,四曰弛力,五曰舍禁,六曰去几,七曰眚礼,八曰杀哀,九曰蕃乐,十曰多昏,十有一曰索鬼神,十有二曰除盗贼。"

又云：

> 大荒、大札,则令邦国移民通财,舍禁弛力,薄征缓刑。

并没有也不可能有"大铸泉"的规定。薄征是减轻赋税,对市场而言,是在市场上存在"征"和"布"两种税的情况下,停止征收"征",只征收"布",这就是"无征而作布"。

有许多证据可以证明"作布"即"征收布税"。首先是《周礼》一书中的内在逻辑,司市的一个职责是"行布",即维持税收运行,他的下属官吏所做的都是征收各种税赋的工作。这时,作为"行布"内容的"作布",怎么会是"铸泉"呢？也就是说,司市及其下属官吏所做的与"布"有关的工作,必然是同一性质的,不会像征税与铸币这样差别甚大。另外,按照《周礼》的制度,每一项职责都有专门机构和专人负责,铸币是一项复杂繁重的工作,非多人不办,可是不论司市还是大、小司徒,他们的下属都没有专司铸钱的职官和机构,甚至整部《周礼》中也没有铸币机构,也没有反映出铸币活动,这足以反证"作布"不是铸币,也说明铸币和发行货币不是市场管理机构"司市"的职责。

从"布"的角度来考察,可以清楚地看出这里的"布"是市场上的税赋。《管子·戒》：

> 人患饥,而上薄敛焉,则人不患饥矣；人患死,而上宽刑

> 焉,则人不患死矣。……盟誓为令曰:……关几而不正,市正而不布。

这里的"市正而不布"恰好和"无征而作布"相对成文。这是管子建议采取的"薄赋"措施。齐国市场上也同时征收"征"和"布"两种税赋,但管仲要求齐桓公取消的是"布"这一种。《周礼·司市》中又说:

> 泉府掌市之征、布。

"市无征而作布""市正而不布""市之征、布",这一组"征(正)"和"布"的用法,清楚地表明"布"和"征"性质相同,是市场税。而且从"布"的词性来看,它也不可能是钱币或是铸币。《管子》中的"正而不布"、《墨子》中的"商人用一布布"的第二个"布",都是动词用法。而我们知道,不论是"钱币"还是"货币",都无法用作动词。试将"钱"或"币"等字换到上述"布"字的位置,各句无一可通。而"赋""税"等词却是名词兼动词的,而且在作动词使用时还可以分别表示征收或缴纳赋税。如果将"布"字换为"赋"字,上述句子依然可通,表明这里的"布"只能是"税赋"之义。

如果再从"作"字的用法来考察,更能看出"作布"不是"铸泉"。在记录春秋时期历史的文献中,经常用"作"组成词组,表示开始征收某种赋税。如《左传》中:

> 晋于是乎作爰田……晋于是乎作州兵。(《僖公十五年》)
>
> 为齐难故,作丘甲。(《成公元年》)
>
> 郑子产作丘赋。(《昭公四年》)

童书业认为,这些都是关于春秋时期赋制及其改革的记载,

"'作州兵'者,案州出兵甲之赋耳,与'作丘甲''作丘赋'之制大体相同。"(《春秋左传研究》,上海人民出版社,1983,第191—195页。参见郑学檬主编《中国赋役制度史》中《军赋的变革》一节。上海人民出版社,2000,第18—23页)所言甚是。可见"作某赋"是春秋时期在赋税方面的常用语,义谓"开始征收某某赋"。"作布"中"作"的用法与《左传》中的用法完全相同。

四、"邦布"的实体是布帛

郑玄对"布"作出的最详尽的解释,是在"邦布"一注中。《天官冢宰·外府》:

> 外府掌邦布之入出,以共百物,而待邦之用,凡有法者。共王及后、世子之衣服之用。凡祭祀、宾客、丧纪、会同、军旅,共其财用之币贲、赐予之财用。凡邦之小用皆受焉。

郑玄注:

> 布,泉也。布读为宣布之布。其藏曰泉,其行曰布,取名于水泉,其流行无不遍。入出,谓受之复出之。共百物者,或作之,或买之。待犹给也。有法,百官之公用也。泉始盖一品,周景王铸大泉而有二品。后数变易,不复识本制。至汉,惟有五铢久行。王莽改货而异作,泉布多至十品,今存于民间多者,有货布、大泉、货泉。货布长二寸五分,广寸,首长八分有奇,广八分。其圜好径二分半,足支长八分,其右文曰货,左文曰布,重二十五铢,直货泉二十五;大泉径一寸二分,重十二铢,文曰大泉,直十五货泉;货泉径一寸,重五铢,右文曰货,左文曰泉,直一也。

按他的说法,"邦布"中的"布"就是"泉",泉与布同为铸币。他举出王莽所铸的泉、布作为例证,并详细说明货布和货泉的形制,以说明"布"的形态。可以看出,这正是郑玄不能清楚分辨"泉"的赋税和货币两个意义造成的误解,而这个误解又因为王莽铸造的"布币"得到加强。

首先郑玄的研究方法就有问题。王莽发行的"货布"确实是铸币,但那是在秦统一货币二百多年之后的事,与《周礼》时代相去甚远,和先秦货币也没有关系(说详见《"钱"币缘何成"布"币》)。(图3)郑玄如果认定"布"是铸币,并想用实物来说明它,他就应该举出《周礼》时代的铸币"布"作为例证。而在这里,他先入为主,用后世的东西去比附前代之物,方法不科学,也就不具有说服力。从中也可看出,郑玄并没有见过或听说过先秦铜铸币"布"的样子。这不是因为郑玄不够渊博,而是"布"在先秦根本就不是铸币,当然也就不存在实物。

其次从《周礼》中对"邦布"的记述来看,它不可能是具有特定形态的某种铸币。《周礼》中的"府"是国家的财物保管部门,即所谓"国库"。《天官冢宰》规定大府的职责是:

> 掌九贡、九赋、九功之贰,以受其货贿之入;颁其货于受藏之府,颁其贿于受用之府。

大府下属的府有玉府、内府和外府,他们按类别保管大府颁发下来的"货贿",也就是各地进呈的贡品和征收来的赋税实体。"外府"作为一个保管部门,掌管的"邦布"就是这些贡赋的一部分。经过上文的详细讨论,我们已经知道《周礼》中很多赋税的名字都叫作"布",外府保管的"邦布",应该就是人民缴纳的各种"布"的实体。

论"布"与先秦赋税　23

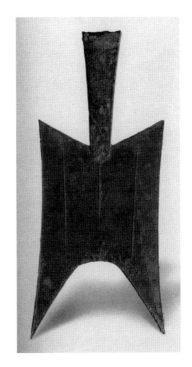

图3　先秦铲形币,即"钱",后世误称为"布币"
（据《中国钱币博物馆藏品选》）

在《管子》中也出现过"邦布"：

　　泽鱼之正,伯倍异日,则无屋粟、邦布之藉。（《轻重甲》）

　　邦布之籍,终岁十钱。（《山至数》）

可见"邦布"是"藉（籍）"的一种,是赋税的名称。这和《周礼》中的"邦布"在概念上是相近的,都属于赋税范畴,只是《管子》中的"邦布"又演化为一个具体税种。在《山至数》篇成书时铸币已大量流通,所以"邦布"可以用"钱"来交纳。《管子》将"邦布"称为"籍",将它与"钱"明确分别,表明作者对二者的区别十分清楚,赋税"邦布"与用来交纳赋税的货币"钱"概念不同,不可混淆。

那么,《周礼》中的"邦布"会不会如《管子》中那样,其实体是作为赋税征收上来的铸币"泉"呢?从《周礼》中没有出现铸币机构和铸币管理机构、制度等情况来看,当时大量使用铸币的可能性不大。一般认为,《周礼》是战国时期儒家不堪"礼崩乐坏"而发愤恢复"周公之礼"的著述,那么它里面描绘的景象必不全同于战国社会,一定会包含大量西周和春秋社会的信息。根据钱币学研究的成果,西周时期除铜贝外,未见其他铸币流通;铸币"大型空首布"在春秋后期才出现,而且数量寥寥无几,它当年的流通范围和数量是有限的。而《周礼》中"布"税种类繁多、覆盖甚广,如果用铸币缴纳,所需数量应该很大,现有出土钱币实物资料无法支持这样的假设。

实际上,"布"这个赋税名称的来源,已揭示它最早应该是用布匹或说布帛来缴纳的。这正和汉代用"钱"来缴纳赋税,遂使"钱"成为赋税的名字一样。这可以从"里布"的缴纳情况看出来。在征收"里布"和"屋粟"的规定中,粟和布是相对应的,既然"屋粟"是对不耕作田地者罚以一定数量的粟,那么"里布"就是对宅院中不种桑麻不织布的人罚以一定数量的布帛。比郑玄早一百多年的王莽就将里布、夫布理解为用布匹缴纳的税。《汉书·食货志下》:

> (莽)又以《周官》税民:凡田不耕为不殖,出三夫之税;城郭中宅不树艺者为不毛,出三夫之布;民浮游无事,出夫布一匹。

王莽的征税依据就是《周礼》中关于"里布"和"夫布"的规定。"三夫之布"就是《周礼》中的里布,它和"夫布"按匹计算,是布匹无疑。王莽是中国最早铸造"布币"的人,但他仍认为"布"税要用布匹缴纳,而不是用铸币。

市场上的税种"布",在早期也是用布帛缴纳的。《左传》中的"鲁人买之百两一布"、《墨子》中的"商人用一布布",都表明其用布匹来缴纳,而不是用铸币。

古代男耕女织,布是主要的手工业产品,是农民赖以生存的最基本的生活资料,也是可用于储备、交换的重要物质财富,当然也就成为政府征收赋税的重要对象。先秦古籍中关于国家征收布帛的记载指不胜屈。如:

> 有布缕之征,粟米之征,力役之征。(《孟子·尽心下》)

> 彼善为国者,使农夫寒耕暑耘,力归於上,女勤于纤微,而织归于府者,非怨民心伤民意,高下之策,不得不然之理也。(《管子·臣乘马》)

> 岁藏一,十年而十也;岁藏二,五年而十也。谷十而守五,绨素满之。(《管子·事语》)

> 春赋以敛缯帛,夏贷以收秋实。(《管子·国蓄》)

上述各例都是收来布帛藏於府库中,绨素、缯帛都是布帛之别言。后来铸币大量流通,占据主要地位,但布帛仍然是重要的赋税内容。

> 栈台之钱,散诸城阳;鹿台之布,散诸济阴……故赋无钱、布,府无藏财。(《管子·山至数》)

鹿台据说是商纣王所筑,用以贮藏财物。武王克殷之后,将里面的财物分发给百姓。此处的"鹿台"泛指府库。《管子·轻重丁》:"君之栈台之职亦坐长什倍。"栈台也是府库的名字。钱、布则是国库中的财货,又明言是"赋"的内容。这说明在铸币没有大规模流通之前,布帛是主要储备;在铸币大规模流通之后,钱和布同是重要储备。

> 厚刀布之敛以夺之财。(《荀子·富国》)
> 县鄙将轻田野之税,省刀布之敛,罕举力役,无夺农时。(《荀子·王霸》)

田野之税、刀布之敛、力役之举,也就是《孟子》说的布缕、粟米、力役之征,只不过是增加了刀币一项而已。

此外,"邦布"的各项用途也表明了它的特性。一个用途是"共王及后、世子之衣服之用"。能用来做衣服的当然是布帛;"凡祭祀、宾客、丧纪、会同、军旅,共其财用之币赍、赐予之财用。"祭祀、丧纪、宾客、会同中需要布帛的例证,古书中比比皆是,毋劳征引。而在军旅中,布帛除制作军服、军械外,还另有用途。《管子·乘马·士农工商》:"黄金一镒,百乘一宿之尽也。无金则用其绢,季绢三十三制当一镒;无绢则用其布,经暴布百两当一镒。"布帛和黄金一样,可以用来充当军费开支。这可以作为"邦布"供军旅"财用之币赍、赐予之财用"的一个说明。

在进行上述考察之后,我们有理由判定,"邦布"就是国家征收上来的"布税",它的实体,在《周礼》时代应以布帛为主,或者就是赋税中的布帛部分。

值得说明的是,在辨析完《周礼》中"布"的性质之后,我们发现"泉府"是一个难以理解的事物。根据泉府的职能,它是市场上的税务机构,"泉"应属赋税含义。但"泉"作为赋税名称,是在铸币大量流通并基本用它来缴纳货币税之后产生的,而《周礼》时代并不存在这种情形。按照《周礼》的内在逻辑,这样的机构应该有一个类似"布府"的名称。一个比较合理的解释是,"泉府"或郑众见到的"钱府"是汉人整理《周礼》时使用的当代语言,或者是有意更改的。要解决这个问题,还需要等待新材料出现。

五、《周礼》中的"布"兼有赋税、货币二义

《周礼》中还有两处关于"布"的记载:

> 若牧人无牲,则受布于司马,使其贾买牲而共之。(《夏官司马·羊人》)
>
> 巫马,掌养疾马而乘治之,相医而药攻马疾,受财于校人。马死,则使其贾粥之,入其布于校人。(《夏官司马·巫马》)

这两处"布",郑玄均注为"泉"。按"受财于校人"和"入其布于校人",财与布相对成文,"布"是财货之义。羊人受布与此事相类,二"布"同义。这里的"布"用于买卖物品,与上述各"布"不同,应属于货币范畴,郑玄所说的"泉",使用的是它的货币意义。

那么,《周礼》中充当货币的"布"是否为铸币?这关系到"布"税的实体问题。因为很多"布"是市场上的税种,市场税的一个特征就是需要用货币来缴纳。如果先秦货币"布"的性质无法明了,我们对赋税的研究也就无法完成。

近年来,探讨先秦货币"布"性质的文章越来越多,但结论

却是众说纷纭、不一而足。为对这个问题进行准确研究,笔者查阅各种先秦文献,将里面有关货币"布"的记载集中起来比较、研究,发现在郑玄将其注释为"泉"之前,并没有哪一项记载明确说明它是铸币,更没有资料说明它作为铸币的形态。下面先讨论郑玄注释过的"布",然后再讨论其他文献中的"布"。

除了《周礼》,郑玄还注释过《礼记》中的"布"。《礼记·檀弓上》云:

> 子柳之母死……既葬,子硕欲以赙布之馀具祭器。子柳曰:"不可。吾闻之也,君子不家於丧,请班诸兄弟之贫者。"

又云:

> 孟献子之丧,司徒旅归四布。

郑玄注:"旅,下士也。司徒使下士归四方之赙布。"清代阮元认为经文有脱误,正确的应该是"司徒敬子使旅归四方布"。可从。两种版本都不影响将"布"字理解为"赙布"。

郑玄注"赙布":"古者谓钱为泉布,所以通布货财。"

赙是帮助丧家料理丧事的财物,所以《曲礼》中说:"吊丧弗能赙,不问其所费。"这些财物具体是什么?《礼记》中有一些关于馈送赙礼的记载。《檀弓上》:

> 孔子之卫,遇旧馆人之丧,入而哭之哀。出,使子贡说骖而赙之。子贡曰:"于门人之丧,未有所说骖。说骖于旧馆,无乃已重乎?"

说(脱)骖是解下拉车的骖马(副马)。孔子给旧馆人送的赙礼是一匹马,但子贡认为送礼送得太重了。也就是说,还可以送比马更轻一些的赗礼。《少仪》：

> 赗马与其币、大白兵车，不入庙门。

这里说的是诸侯之丧，所以赗礼规格极高，有马、币、大白兵车。《礼记》中还有一个具体的赠送赗礼的例子。《檀弓上》：

> 伯高之丧，孔氏之使者未至，冉子摄束帛乘马而将之。孔子曰："异哉！徒使我不诚于伯高。"

孔子认为赗礼不是自己亲自赠送的，所以不诚。冉子代孔子送的赗礼是"束帛"和"乘马"。按《礼记·杂记下》："纳币一束，束五两，两五寻。"这里的束帛，就是上文的币。乘马是拉一辆车的马，通常四匹。孔子是"从大夫之后"，行的是"大夫之礼"，所以送的赗礼也比较重。如果依次削减，去掉车、马，币帛在赗礼中必不可少。在当时，币帛等丝织品是贵族才能拥有的东西，民间大量生产和使用的是麻纺织品"布"。《檀弓》中所说的"赗布"，应该就是别人作为赗礼赠送的布帛。

我国古代对葬礼的重视，体现在有极为严格的丧服制度。为死者具衣衿，为生者制丧服，都需要大量布帛。《礼记·礼运》：

> 制其麻丝，以为布帛，以养生送死，以事鬼神上帝。

可以说明布帛在"送死"也就是丧事中的重要性。助人治丧赠送一些布帛，是对丧家最直接的帮助。直到现在，丧礼中的丧家仍需要使用大量白布，向丧家赠送挽幛等布制品也是民间的重要风俗。此外，由于布帛可以充当通货，如上述剩余的"赗布"就有具祭器、班（颁）兄弟、归四方的用途，所以人们乐于接受和赠送。

古人对"赙"的解释多为"货财",如《荀子·大略》就说"货财曰赙",由于"布帛"是古代百姓可以支配的财物,又是赙礼的重要内容,所以唐代陆德明就将"赙"直接解释为"布帛",也接近事实(毕竟能收到车马的极少)。但如果将"布"限定为像"泉"一类的金属铸币,则与上述《礼记》中的记载不符。在不同等级的赙礼中都没有铸币,铸币也就不可能成为赙礼的名称。因此上述《檀弓》中的"布"不会是铸币。

这样,郑玄注释过的"布"只剩下羊人和巫马在交换中使用的"布"的性质尚不清楚,但在先秦文献里,充当货币或交换中介的"布"经常出现,可以用来购买、交换各种各样的商品。这些"布"应该与羊人和巫马所用的"布"性质相同。如果将那些"布"考察清楚,羊人和巫马所用"布"的性质也就清楚了。

六、先秦的货币"布"是布帛

《管子》是先秦文献中对"布"记载、论述得最多、最明确的一部书,书中"布"的含义多种多样。与赋税有关的,我们在上文已经引证过,兹不赘述。

> 龙夏之地,布黄金九千,以币赀金,巨家以金,小家以币;周岐山至于峥丘之西塞丘者,山邑之田也,布币称贫富而调之。(《山国轨》)
>
> 故币乘马者,布币于国,币为一国陆地之数,谓之币乘马。(《山至数》)

这两处"布",与"币"和"黄金"连用,但它们都是发行、分配的意思,与我们的讨论无关。《管子》中"布"更常见的用法当属下面一类。

先王为其途之远、其至之难,故托用于其重,以珠玉为上币,以黄金为中币,以刀布为下币。(《山国轨》。《地数》《揆度》等篇数见)

今刀布藏于官府,巧币万物轻重皆在贾之。(《山至数》)

黄金刀布者,民之通货也。(《轻重乙》)

这几处"布",都是刀布并称,并明言"刀布为下币"、为"民之通货",那么刀和布是货币无疑。《管子》中的"币",有货币的总称和铸币两个含义。"珠玉为上币,黄金为中币,刀布为下币"中的"币",是货币的总称,因为这些"币"的材质、形态各不相同;"汤以庄山之金铸币"等处的"币",是铜铸币。"刀布为下币",只说明了刀和布是下等货币,并没有说明它们的形态和材质。(图4)

《地数》篇说:"出铜之山,四百六十七山……戈矛之所发,刀币之所起也。"表明刀是用铜铸造的。今天齐国刀币的出土实物很多,可以和文献相印证。《管子》中还多次出现"铸钱""铸币"的说法,却没有说"布"可以用铜铸造。值得注意的是,在《地数》篇"出铜之山……刀币之所起"下面一段,说的就

图4　齐国早期刀币
(据《中国钱币博物馆藏品选》)

是"刀布为下币"。"刀币"和"刀布"的一字之别,隐含了它们之间的区别:"布"是无法铸造的。

《管子》中单称"布"的货币流通的实例只出现过一次。《乘马·土农工商》:

> 黄金一镒,百乘一宿之尽也。无金则用其绢,季绢三十三制当一镒;无绢则用其布,经暴布百两当一镒。

它规定了黄金和绢、布(即所谓中币与下币)在作货币使用时的比价。"两"是布帛的专用计量单位,按"两"来计算,和绢相提并论的"布",是布匹无疑。在这里,"布"是充当货币使用的。

《管子》中经常出现由布帛充当货币的记载。《治国》篇:

> 秋籴以五,春粜以束,是又倍贷也。

"束"也是布帛专用的计量单位,一束为十端。商人秋天买入粮食,用布五端,春天卖出,得布一束也就是十端,价格翻了一倍,所以管仲认为给农民带来很大负担。《轻重甲》:

> 且君朝令而求夕具,有者出其财,无有者卖其衣屦,农夫粜其五谷,三分贾而去。是君朝令一怒,布帛流越而之天下。

君王横征暴敛,百姓卖衣卖粮,布帛则会"流越""之天下",形象地表现了布帛充当通货的情形。《轻重丁》:

> 天下诸侯载黄金珠玉五谷文采布泉输齐,以收石璧。

布泉,清人王念孙认为是布帛之误,可从。它说明布帛在当时可以用作跨国贸易。此外,《国蓄》篇说:

> 岁适凶,则市籴釜十繈,而道有饿民。

过去一般认为"繈"是穿线的绳子,"十繈"略似后世的"十绺缗""十贯"。但是,不论一"繈"穿多少枚"钱"(总当在百枚以上),这里的物价都比书中其他地方用"钱"计算的物价高出太多。在同一篇中,管子说:

> 使千室之都必有千钟之藏,藏繈百万。春以奉耕,夏以奉耘,耒耜械器,种饟粮食,毕取赡于君,故大贾蓄家不得豪夺吾民矣。然则何?君养其本谨也。春赋以敛缯帛,夏贷以收秋实,是故民无废事,而国无失利也。

国家在耕种季节拿出藏粮和"藏繈"借给农民,然后"春赋以敛缯帛,夏贷以收秋实",到收获季节又收回"缯帛"和"秋实",利益并无损失。钟是谷物的计量单位,千钟对应"秋实",是粮食自不待言;"藏繈"对应的则是缯帛。所以"繈"有可能是布帛的又一个别称或计量单位。《君臣》篇:

> 千里之内,束布之罚,一亩之赋,尽可知也。

布匹可以用来支付罚金。还有一个非常有力的证据,可以证明在齐国充当"币"的就是布帛。《韩非子·内储说上》中记录齐桓公和管子的一次问对:

> 齐国好厚葬,布帛尽于衣衾,材木尽于棺椁。桓公患之,以告管仲曰:"布帛尽则无以为币,材木尽则无以为守备。而人厚葬之不休,禁之奈何?"

上述资料从各个角度说明,《管子》中说的"刀布为下币"之"布",就是布帛。这也可以得到出土实物资料的支持。人们一般认为《管子》是齐人所著,反映的是齐国的情况,而齐国区域是没有铲形币出土的。过去将《管子》中的货币"布"理解为青铜铸币是错误的,错误之根源,当是受郑玄观点的影响。

在其他先秦文献中,布帛充当货币的记载也很多。著名的如《诗·卫风·氓》:

> 氓之蚩蚩,抱布贸丝。

古今公认这里的"布"指"布帛"。毛传:"布,币也。"郑玄笺:"币,所以贸买物也。"按郑玄将古书中他认为是货币的"布"均释为"泉",此处言币,明显有别。所以孔颖达的疏说:"此布币谓丝麻布帛之布。币者,布帛之名。"并提出一个理由:"知此布非泉,而言币者,以言抱之,则宜为币。泉则不宜抱之也。"这当然不是一个科学的论据,却可以拿来反问那些将"布"当成铲形币的观点。《庄子·山木》:

> 林回弃千金之璧,负赤子而趋。或曰:"为其布与?赤子之布寡矣。为其累与?赤子之累多矣。"

赤子(婴儿)身上除了襁褓或是一点小衣服外,不会有别的东西,更不会有带锐角的铲形铜币,否则太不安全。因此这里的"布"只能是布匹。赤子身上即使有布也没有多少,所以才说"赤子之布寡矣"。"赤子之布"和"千金之璧"对言,正是"珠玉为上币,刀布为下币"的体现。玉璧和布,同可用作通货,但价值相差悬殊,庄子便以此表现林回的轻利重义(按:"赤子之布"令我们想起上面提到的"藏繈"。"繈"是背负小儿的布带,李善注《文选》引张华《博物志》曰:"繈,织缕为之,广八寸,长丈二。以约小儿於背上。""繈"的形态极似秦简《金布律》中对"布"的规定。附此俟考)。《韩非子·五蠹》篇说:"布帛寻常,庸人不释;铄金百溢,盗跖不掇。"取譬与《庄子》相似,也是极言布匹价值之少。布与金、玉相对出现,其相关点在于它们都充当货币。

《荀子》中也有几处说到"布",并且都是"刀布"连用。

> 馀刀布,有囷窌,然而衣不敢有丝帛。(《荣辱篇》)
> 厚刀布之敛以夺之财。(《富国篇》)
> 县鄙将轻田野之税,省刀布之敛,罕举力役,无夺农时。(《王霸篇》)

后面两例,我们已经说明"刀"和"布"都是征税的内容。此"布"即《孟子》所说的"布缕之征"征收的"布"。前一例的"馀刀布",是说百姓的刀、布有馀。《管子·侈靡》:"天子藏珠玉,诸侯藏金石,大夫畜狗马,百姓藏布帛。"布帛是老百姓最主要的财产储备。《晏子春秋·内篇谏上》记载晏子赈灾的事:"晏子乃反,命禀巡氓家有布缕之本而绝食者,使有终月之委;绝本之家,使有期年之食。"家有"布缕"就可以作为本钱度过荒年,不需要国家太多帮助,可见"馀布"对农民的重要性。这里的"布"仍然是布帛,不是铸币。《韩非子·内储说下》讲了一个故事:

> 卫人有夫妻祷者,而祝曰:"使我无故得百束布。"其夫曰:"何少也?"对曰:"益是,子将以买妾。"

这说明在卫国除了"抱布贸丝",还能够"抱布买妾",足见布帛货币的用途之广。南朝梁元帝萧绎撰《金楼子》,卷六也引了这个故事:"卫人有夫妻祝神者,使得布百匹。其夫曰:'何少耶?'妻曰:'布若多,子当买妾也。'"将"百束布"转写为"百匹布","布"的意义更加清楚。

1975年湖北云梦出土了一批秦代法律文书,为研究先秦货币提供了新资料。其《金布律》规定布匹是秦国的法定货币。在秦,被称为"布"的货币就是布帛,不可能是铸币或其他的东

西。(参见《司马迁是否误记了秦国币制》)

西汉初期的文献不多,现在能看到的有陆贾《新语》。《本行》篇说:

> 消筋力、散布泉以极耳目之好,以快淫邪之心,岂不谬哉。

"布泉"应是布和泉的合称。陆贾随高祖起兵,在建立汉朝之后是汉人,在建立汉朝之前是秦人,而被秦人叫做"布"的货币法定为布帛。陆贾是楚地人,正是出土《金布律》的地方,因此这里的"布"是布帛无疑。

《史记·平准书》记"农工商交易之路通,而龟贝金钱刀布之币兴焉","布"为上古时"六币"之一,所指亦应为布帛(说见《司马迁是否误记了秦代币制》)。

《盐铁论》是西汉时期讨论经济的书,在《错币》篇中大夫和文学在讨论货币问题时有如下对话:

> 大夫曰:"……夏后以玄贝,周人以紫石,后世或金钱刀布,物极而衰,终始之运也……"文学曰:"古者市朝而无刀币,各以其所有易无,'抱布贸丝'而已。后世即有龟贝金钱交施之也。"

文学指出,"抱布贸丝"中的"布",是在刀币一类的铸币产生之前,用来交换的布帛实物。他将大夫所说的"金钱刀布"中的"布"明确排除在"刀币"和"龟贝金钱"之外,区分了它们的不同材质。"布"与"刀币"不属于一类,与"钱"也不属于一类。这是西汉人对先秦货币"布"的认识。

上面列举的,是东汉以前文献中几乎所有的与货币有关的"布"的用例。可以看出,大多数"布"都呈现出明确的布帛特征,没有一条材料可以证明"布"是铸币。据此可以断定,先秦货币"布"就是布帛,与铸币无关。郑玄将它释为铸币,是错认;后人将铲形币称为"布",是错上加错。

七、一个简短的结论:"赋"起源于"布"

现在我们可以谈谈对所讨论问题的认识了。综上所述,《周礼》中的邦布、里布、夫布、敛布、緫布、质布、罚布、廛布,《孟子》中的"夫、里之布",《管子》中的"邦布"等都是赋税的名称;《周礼》中的行布、作布、辟布,《左传》中的"一布"、《管子》中的"不布"、《墨子》中的"一布布",都是税务活动。郑众和郑玄等人将"布"注释为"泉",有时是用东汉当时语言来指称赋税,有时是指称具有特定形态的铸币,后者混淆了赋税和货币这两个不同范畴的概念。后人又将二郑的注释全部误解为铸币。因此以往对上述"布"所作的各种与赋税无关的释义,均应改正。

先秦的货币"布"是布帛。郑玄等将其中某些"布"注释为"泉"即铸币,也是错误的。后世又在对文献误解的基础上将铲形币误认为"布币"并延续至今。铲形币应复其本名"钱"。

赋税"布"是随着国家对布帛的征收而产生的税种,它的名字来源于它的实体,这和汉代的"钱"非常相像。"布"的产生可能很早,持续的时间也很长,从西周经春秋到战国末年都有名为"布"的赋税在征收,也产生了很多专门的管理制度。"布"是先秦赋税体系的一个重要组成部分。

"布"的覆盖面很广,《周礼》时代就有对不事纺织的人征收的"里布",有对没有职业的人征收的"夫布",还有在市场上征收的各种"布",它们分别是从土地、人口和商业的角度征收的。

到战国时期,"夫、里之布"已经成为人民争相逃避的税种,表明它覆盖到全体人民。"布"有可能是人头税的滥觞。

"布"具有货币税的特征,是我国历史上用货币纳税的源头。春秋时期布帛是通用的实物货币,它用布帛缴纳;而在战国后期,随着铸币的兴起,又逐渐改用铸币缴纳,最终演化成主要用铸币缴纳。随着布帛退出货币舞台,"布"也退出了赋税舞台,但它的使命由后来的"赋"和"钱"接替下来。

从语言角度看,古无轻唇音,"布""赋"同音,在税收、铺陈、给与等多个义项下意思相同,两词极为密切。"赋"很有可能是从"布"分化出来的后起字,并在赋税意义上完全替代了"布"。

由于"布"的真实性质长期被掩盖,人们在研究先秦赋税和经济时,没有给予这一大类赋税应有的重视。对"布"进行深入研究,将有助于人们对先秦经济史、赋税史、货币史作出完整、真实的认识。

(原刊于《文津学志》,国家图书馆出版社,2003)

论"三钱之府"

传世文献中与楚国货币有关的记载,有与范蠡同时代的楚王"封三钱之府"、楚庄王"以为币轻,更以小为大"二事,都见于《史记》。到目前为止,学术界对"三钱之府"的解释基本一致,即它是楚国的国家钱库,"三钱"即金、银、铜三种金属所铸货币,并由此推论早在春秋时期,楚国以及中国就已使用金、银、铜三种金属货币。

"三钱之府"关系到对楚国货币体系和中国金银货币起源的认识,这些都是货币史和钱币史上的重大问题。笔者认为,目前被广泛采用的对"三钱之府"的解释实际上存在重大缺陷,偏离了词语原义,也影响到由此生发出的各种观点。因此,应谨慎、深入地探讨词语本义,揭示"三钱之府"所蕴含的与货币有关的历史真相。

一、司马迁所记是"信史"还是"小说"

"楚王封三钱之府",是司马迁在《越王勾践世家》中讲的一个故事。过去人们常常只引用与"三钱之府"有关的语句,其实对这一词语的准确理解必须建立在阅读完整故事的基础上,故照引全文如下:

朱公居陶，生少子。少子及壮，而朱公中男杀人，囚于楚。朱公曰："杀人而死，职也。然吾闻千金之子不死于市。"告其少子往视之。乃装黄金千溢，置褐器中，载以一牛车。且遣其少子，朱公长男固请欲行，朱公不听。长男曰："家有长子曰家督，今弟有罪，大人不遣，乃遣少弟，是吾不肖。"欲自杀。其母为言曰："今遣少子，未必能生中子也，而先空亡长男，奈何？"朱公不得已而遣长子，为一封书遗故所善庄生。曰："至则进千金于庄生所，听其所为，慎无与争事。"长男既行，亦自私赍数百金。

至楚，庄生家负郭，披藜藋到门，居甚贫。然长男发书进千金，如其父言。庄生曰："可疾去矣，慎毋留！即弟出，勿问所以然。"长男既去，不过庄生而私留，以其私赍献遗楚国贵人用事者。

庄生虽居穷闾，然以廉直闻于国，自楚王以下皆师尊之。及朱公进金，非有意受也，欲以成事后复归之以为信耳。故金至，谓其妇曰："此朱公之金。有如病不宿诫，后复归，勿动。"而朱公长男不知其意，以为殊无短长也。

庄生闲时入见楚王，言"某星宿某，此则害于楚"。楚王素信庄生，曰："今为奈何？"庄生曰："独以德为可以除之。"楚王曰："生休矣，寡人将行之。"王乃使使者封三钱之府。楚贵人惊告朱公长男曰："王且赦。"曰："何以也？"曰："每王且赦，常封三钱之府。昨暮王使使封之。"朱公长男以为赦，弟固当出也，重千金虚弃庄生，无所为也，乃复见庄生。庄生惊曰："若不去邪？"长男曰："固未也。初为事弟，弟今议自赦，故辞生去。"庄生知其意欲复得其金，曰："若自入室取金。"长男即自入室取金持去，独自欢幸。

庄生羞为儿子所卖,乃入见楚王曰:"臣前言某星事,王言欲以修德报之。今臣出,道路皆言陶之富人朱公之子杀人囚楚,其家多持金钱赂王左右,故王非能恤楚国而赦,乃以朱公子故也。"楚王大怒曰:"寡人虽不德耳,奈何以朱公之子故而施惠乎!"令论杀朱公子,明日遂下赦令。朱公长男竟持其弟丧归。

至,其母及邑人尽哀之,唯朱公独笑,曰:"吾固知必杀其弟也!彼非不爱其弟,顾有所不能忍者也。是少与我俱,见苦,为生难,故重弃财。至如少弟者,生而见我富,乘坚驱良逐狡兔,岂知财所从来,故轻弃之,非所惜吝。前日吾所为欲遣少子,固为其能弃财故也。而长者不能,故卒以杀其弟,事之理也,无足悲者。吾日夜固以望其丧之来也。"(本文所引《史记》及《汉书》文字,均据中华书局标点本。)

通读完司马迁这段文章,可以看出,与其说这是历史,不如说是小说。它讲的是一个阴谋事件,其中大节,如陶朱公与他的家人、陶朱公长子与庄生、庄生与楚王之间,行为言语都是极端秘密的,不可能为第三者所知。其中还夹杂有陶朱公夫妇、庄生夫妇、陶朱公长子和楚国贵人之间的对话细节,同样也不可能为外人所知。文章描绘的细节越多,讲述的语言越生动,作为真实历史记录的可信度越低。这段文字至少不会是楚国的官方历史,是可以断定的,因为史官无从得知事件背后的种种阴谋。解读"三钱之府",这是一个不能忽略的背景。

如果这个故事的来源不是楚国的官方档案和史书,就只能是文人创作或民间传说。我们权当它是司马迁记录下的一个传说。这就引来另一个问题。此事发生时,"朱公居陶,生少子。少子及壮",越王勾践灭吴,时在公元前473年,此后范蠡浮海出齐,"耕于海畔,苦身戮力,父子治产。居无几何,致产数十万"。虽然在齐国居住的年头不多,但依靠"苦身戮力"耕种获得数十万家产,也不会是一年、两年的事。去齐居陶后出生的小儿子,至故事发生时已长大成立,能办理如此重要的机密事宜,总要20岁上下。如此算来,陶朱公救子一事大致发生在公元前450年前后。此时去司马迁作《史记》的汉武帝时代(前140—前87),已有300多年。

这300多年,正是中国历史发生转折性变化的时期。中国货币在此期间也经历了从发生到发展、从凌乱到统一的巨变。众所周知,楚国的语言、文化与中原各国并不完全相同,从出土实物看,其货币也与中原各国不同,自成体系。"钱"作为货币名称,在中原显然是循着农具铲——铲形铸币路径演化而来的,语言背后有真实社会生活支撑,在楚国则没有这样的生活背景。传世楚国文献如屈原的作品,并未出现"钱"字。出土的楚国文字,滕壬生《楚系简帛文字编》(增订本,湖北教育出版社,2008)收字49054个,"钱"只出现1例(另有一字疑似),而且不能确认是货币。"金"则出现88例,以"益"为单位确属货币的有19例。因此,在找到更多文字证据证明楚国的货币也称"钱"之前,仅凭汉人记录下的"三钱之府"这一孤例,来判断此"钱"究竟属于故事发生时的楚国语言,还是流传过程中的中原语言,抑或司马迁记录时的汉代语言,是一件困难的事。从现有知识看,属于后世中原语言的可能性更大。解读"三钱之府",这是另一个不能忽略的背景。(图5)

在这样的背景下,让我们来研究一下"三钱之府"带来的几个问题:楚国的"三钱"究竟是什么?"三钱之府"是一个什么机构?它与赦免罪犯有何关联,为何楚国人看见"封三钱之府",

图5　楚国的金版(中国钱币博物馆藏)

就知道即将大赦?

二、"三钱"是金银铜三种金属货币吗

对这一问题,迄今为止几乎所有人都使用同一组肯定答案,其根据是南朝宋裴骃的注释。

裴骃在《史记集解》中引用东汉人贾逵和三国时人韦昭的观点来注释"三钱":

> 《国语》曰:"周景王时将铸大钱。"贾逵说云:"虞、夏、商、周金币三等,或赤,或白,或黄。黄为上币,铜铁为下币。"韦昭曰:"钱者,金币之名,所以贸买物,通财用也。单穆公云'古者有母权子,子权母而行',然则三品之来,古而然矣(俊川按:此处原标点作"单穆公云:'古者有母权子,

子权母而行。然则三品之来,古而然矣'",误。"古者有母权子,子权母而行"是单穆公的话,"然则三品之来,古而然矣"是韦昭的话。裴骃并将韦说"二品"误为"三品",详下)。骃谓楚之三钱,贾韦之说近之。

裴骃并未给出"楚之三钱"的明确定义,只表示接近"贾韦之说",读者按文字的内在逻辑不难推出:"金币"分"赤白黄三等";"钱"是"金币之名"而且自古分三品;"楚之三钱"即三种钱,亦即"赤白黄"三等。按裴骃的意思,大概还是说"赤白黄"三种铸币,他生活在铜钱时代,应无法脱离大的时代背景。到现代学者这里,"三钱"就被具体指为金、银和铜三种金属货币了。

但这一推论是受到误导的结果。

一方面,我国上古实行多元货币制度,同时流通贵贱几种货币,"钱"是青铜铸币,而且是低值货币,直到汉代,都与其他货币并称,不能用来表示其他币种。司马迁对此尤为严格区分。如《史记·平准书》中那段著名的"太史公曰",开章明义就说:

> 农工商交易之路通,而龟贝金钱刀布之币兴焉……虞夏之币,金为三品,或黄,或白,或赤;或钱,或布,或刀,或龟、贝。及至秦中,一国之币为三等,黄金以溢名,为上币;铜钱识曰半两,重如其文,为下币。而珠玉、龟贝、银锡之属为器饰宝藏,不为币。

在司马迁笔下,秦统一之前,"钱"是"龟贝金钱刀布"等多元货币中的一种;秦统一之后,"钱"是"金钱"两种货币中的一种。金、钱并称,并不互相统属。在金、钱之上另有抽象货币概念"币"与"货",并演化出今天的"货币"一词。

另一方面,对照韦昭《国语解》,细读裴骃的注释,可以发现

裴注充满误读和误导。《国语》"景王二十一年将铸大钱",韦昭注云:

> 钱者,金币之名,所以贸买物、通财用者也。古曰泉,后转曰钱。贾侍中云:"虞夏商周金币三等,或赤、或白、或黄。黄为上币,铜铁为下币。"
>
> 大钱者,大于旧,其价重也。唐尚书云:"大钱重十二铢,文曰大泉五十。"郑后司农说《周礼》云:"钱始盖一品也。周景王铸大钱而有二品,后数变易,不识本制。至汉唯五铢久行,至王莽时钱乃有十品,今存于民多者,有货布、大泉、货泉。大泉径寸二分,重十二铢,文曰大泉五十。"则唐君所谓大泉者,乃莽时泉,非景王所铸明矣。又景王至赧王十三世而周亡,后有战国秦汉,币物易改,转不相因,先师所不能纪。或云"大钱文曰宝货",皆非事实。又单穆公云"古者有母平子、子权母而行",则二品之来,古而然矣。郑君云"钱始一品,至景王有二品",省之不孰耳。

韦昭时代"金"有金属、黄金、青铜三义。他说"钱"是"金币之名",又说这就是古时候的"泉",显然此"金币"的概念是"青铜铸币"。但凡有些钱币知识的人,读了韦昭的论述,都不会把古称为"泉"、以铢两记重、上有文字的"钱"当成金、银。但他使用的"金币"一词,容易与近现代的"金属类货币"或"黄金货币"概念混淆。

单看贾逵(即贾侍中)的解释,也说不上错误。其实他在节述司马迁的观点,但简括过甚,语焉不详。贾逵说的"虞夏商周金币三等,或赤、或白、或黄",显而易见就是司马迁说的"虞夏之币,金为三品,或黄、或白、或赤",只不过将其流通年代下延至商周。需要注意的是,"金"只是司马迁所述虞夏六币中的一币,指不考虑铸造形态的金属,后面还有青铜铸币"钱"等五币与其并列。贾逵将六币中的"金"称"金币",循例"钱"就应称"钱币","贝"应称"贝币",等等,金币与钱币、贝币是同级概念,互不统属。分为"赤、白、黄"三等或三品,只是金币的特性,而非其他币种的特性,与"钱"并不相干。贾逵在谈论了上古币制中的"金币"后,却没有接着谈"钱币"等其他五币,而是转谈"黄金为上币,铜铁为下币(从司马迁所言看,应为'黄金为上币,铜钱为下币')"的秦汉币制,将黄金与铜钱区别为两类货币。虽然谈话有些跳跃,但有司马迁的完整论述作参照,读者也不会因此将"赤、白、黄"当成"钱"的属性。

但把韦昭、贾逵的注释放在一起,问题就出现了。韦昭本来在注释青铜铸币,忽然引入贾逵重在金属类货币的说明,两个不同概念共享"金币"一名,对读者的误导开始了。更大的问题出在裴骃那里。他对贾、韦二人的注释断章取义,删除了两家注中能看出所论为"铜钱"的内容,只把两个概念不同的"金币"放在一起,读者自然会认为贾、韦二人说的是同一件事。就这样,金属类货币"金币"偷换了青铜铸币"金币"的概念,与后者同义的"钱"被强行赋予金属货币才有的"赤白黄三等"属性。更令人惊讶的是,韦昭根据单穆公所云"钱有母子(就是大小)"指出钱自古就有"二品",到了裴骃这里,居然变成"三品"。这个本不存在的"三品"又被裴骃抓住作"合理推论",认为"楚之三钱"近于"钱之三品",亦即近于"金币三等"。后世读者不察,只看裴骃的注释,不看韦昭原注,也不看司马迁对金、钱概念的界定,就只能以讹传讹了。

三、"三钱之府"是什么性质的机构?

裴骃牵强附会,也属于情不得已。因为若把"钱"限定在青铜铸币概念内,即使在对古代货币知识的了解远超过古人的今天,也是难以解释的。不仅文字记载阙如,也得不到考古发现支持。一直以来大量出土的楚国铜币均为"蚁鼻钱",(图6)即使把偶见于楚国边地归属未明的"楚大布"算上,(图7)也找不出三种"钱"来。

图6　楚国"蚁鼻钱"(中国钱币博物馆藏)

既不是金、银、铜三种金属,又没有三种铜钱,那么楚国的三钱和三钱之府到底是什么?

这首先要从府字说起。府是古代赋税征收和保管机构。《礼记·曲礼下》:"天子之六府,曰司土、司木、司水、司草、司器、司货,典司六职。"郑玄注:"府,主藏六物之税者。"

在楚国也如此。1957年安徽寿县出土楚国铜器鄂君启节,铭文中就有"征于大府,毋征于关"的说法。

《周礼》地官司徒的下属机构"泉府",职责之一是"掌以市之征、布",即掌管市场上收取的"征"和"布"两种税。这个"泉府",东汉初年的经学家郑众说"故书泉或作钱",即古版本《周礼》中是写成"钱府"的。文本差异当由王莽避讳"卯金刀",改"钱"为"泉"所致。古《周礼》中的"钱府"是税务机构,命意相似的"三钱之府",性质应该类同。

图7 "楚大布"
(中国钱币博物馆藏)

古代男耕女织,政府最先征收的赋税是粮食和布匹,随着货币经济的发展,"钱"也渐渐成为赋税的实体、缴纳的对象。《管子·轻重九·山至数七十六》中说,"邦布之籍,终岁十钱"。又说,国家藏富于民的理想状态是"赋无钱布,府无藏财"。到汉代,很多税种特别是主要税种人头税,是用青铜铸币"钱"缴纳的。缴钱等于纳税,时日一久,某些赋税就被称呼为"钱"。汉代有许多由"钱"构成的赋税名称,如人头税算赋也叫"算钱(泉)",未成年人的人头税叫"口钱",马税叫"马口钱",山泽陂池之税,叫"禁钱",对富人财产征收的税,叫"缗钱"等。汉时古本《周礼》中"钱府"的"钱",是从货币概念演化出来的赋税概念。司马迁笔下的"钱"有时也是赋税概念,如《平准书》对武帝时"告缗钱"

有详细记载。钱的赋税意义一直延续到后世,至清朝人们还把向国家缴纳的税赋叫作"钱粮"。

因此,《史记》中楚国的"三钱之府"应是一个税务机构,负责征收用"钱(铜钱)"来缴纳、以"钱"为名(如汉时"口钱")的赋税。此处的"钱"应属于赋税概念。

从这个角度看"三钱之府",会发现困扰我们的问题可以得到合理解答。

首先是"三钱"。若从赋税角度看,一方面以"钱"为名的赋税可以多种并存,另一方面税额可以用钱数来计量。无论从哪个角度解释,都不会产生作货币概念理解时那种文字与事实之间的矛盾。

其次是如下文所述,可以圆满解释为何楚国大赦前要"封三钱之府"。

四、大赦前为何要封三钱之府

大赦与"封三钱之府",二者有何必然联系?裴骃是这样解释的:

> 或曰"王且赦,常封三钱之府"者,钱币至重,虑人或逆知有赦,盗窃之,所以封钱府,备盗窃也。

他引用一种说法,认为"三钱之府"是国库重地,楚王怕有人预料到将有大赦,前来盗窃钱库,然后借大赦免罪,所以预先封闭钱府,防止被窃。这个观点也被后人普遍接受。

此说貌似有理,实则一点也经不起推敲。"三钱之府"在非常时期需要"封",首先表明它在正常时期是"不封"的,是一个开放性机构。国家钱库平日不可能敞开大门,到晚上还不关闭。它一定是重兵把守、护卫严密的禁地。如此,"封"字无从谈起。从逻辑上说,如果封闭钱府的出发点真是为了不让盗贼知道将要大赦,那更要保持常态,而不是作出非常之举,引起人们注意。楚国每有大赦先封三钱之府,已成惯例,因此贵人看到后立刻知道将要大赦。若真有盗贼觊觎国库,焉能不知?那样,这个行动马上变成给盗贼下发的通知,岂非事与愿违。不合逻辑,说明这种解释牵强附会,没能把握楚王的真正用意。

作为税务机构,钱府平日收税,对外办公,人来人往。封闭钱府表示停止收税。古代统治者会因某些原因采取减轻百姓负担的政策,有时是被动的,称为"荒政",有时是主动的,算是"德政"。《周礼·地官司徒》中说大司徒的一项职责是:

> 以荒政十有二聚万民,一曰散利,二曰薄征,三曰缓刑,四曰弛力……

又说:

> 大荒、大札,则令邦国移民、通财、舍禁、弛力、薄征、缓刑。

荒是饥荒,札是瘟疫。国家遇到大的灾难,必须安抚民众,休养生息,其主要措施包括"薄征、缓刑"。《管子·戒》篇中,管仲向齐桓公进言:

> 人患饥,而上薄敛焉,则人不患饥矣;人患死,而上宽刑焉,则人不患死矣。……于是管仲与桓公盟誓为令曰:老弱勿刑,参宥而后弊;关几而不征,市征而不布。

主要措施也是"薄敛、缓刑",其在"薄敛"方面的措施,是取消关税和市场上的布税。

这类同时减轻刑罚和税负、大赦伴随减税的举措,历朝历代都有采用。楚王要实行的"德政",也使用这类手法,要点在于"薄征、缓刑"。德政是要惠及全体国人的。罪人获得了减刑乃至出狱的恩惠,守法的人更应获得好处,否则岂非大失公平?因此要给他们减税。减税与减刑的联动如此密切,使关闭钱府停止收税带有浓厚的象征意味,这才是楚国人一见到"封三钱之府",就立刻知道将要大赦的原因。

楚王每有大赦,先封三钱之府,正是一种高调宣传,让国人知道他要实行"德政"了,而不是不让人知道。"封三钱之府"符合实施德政时"薄征、缓刑"的联动机制,也为"三钱之府"是税务机构提供了又一关键证据。

五、馀论,对"三钱"的一点推测

上文仔细研读了《史记·越王勾践世家》中关于楚王"封三钱之府"的文本与后人的注释,并提出几项观点:司马迁所记陶朱公救子一事,其来源可能是民间传说或文人创作的历史故事,而非信史;"三钱之府"中的"三钱",古人将其释为"赤白黄三等金币",今人将其释为金、银、铜三种金属货币,皆难成立,属于误读。楚国的"三钱之府"是一个征收以"钱"为名的赋税的机构。楚王在大赦前"封三钱之府",是按照"薄征缓刑"的联动机制实施德政的举措。

如果忽略语言的时代和地域差异,在假设公元前450年前后楚人也说"钱"的前提下,"三钱之府"在货币史上的意义,主要是告诉我们当时楚国使用青铜铸币"钱",并有用钱来缴纳的赋税,其货币经济有一定程度的发展。除此之外种种引申、发挥,均属于过度解读,难以得到文本支持。而如果考虑语言差异,假设司马迁使用了汉代语言,那么从"三钱之府"中并不能了解到真实的楚国货币制度。它体现的只是汉代使用铜钱,并有各种以钱为名的赋税的事实。

从楚国文献中罕见"钱"这一概念来看,司马迁使用汉代语言、故事反映汉代制度的可能性很大。本文的一个遗憾,是将"三钱"还原为赋税概念后,限于孤证,仍不能说明其为何种赋税。一个推测是,"三钱"有可能是三种以钱为名的税。但是从实情考虑,荒政也好,德政也好,"薄征"只能是姿态性的,统治者不可能让出很多实际利益。如果一下子停征三种税,国家税收未免损失太大。另一个推测,是减免"三文钱"的税,这似乎更符合情理。而在司马迁时代,恰有一种"三钱"是统治者可以暂时减征的。《汉书·昭帝纪》如淳注引《汉仪注》:

> 民年七岁至十四出口赋钱,人二十三。二十钱以食天子,其三钱者,武帝加口钱,以补车骑马。

"以食天子"的二十钱,可以看做国税;外加的"三钱",可看作额外税。这本来就是苛捐杂税,在需要表姿态时暂停征收一段时间,不过是顺水人情。如果有一个专门征收、管理这"三钱"的机构,那不就是"三钱之府"吗(此解由杭州范焱先生指示,谨致谢忱)?如此,"楚之三钱"云云,只不过是映射"汉之三钱"的现实而已,与楚国货币的关系不大了。

附记:

《史记》所记大赦,多与赏赐并施。减免天下租赋的,有汉景帝元年(前156)四月乙卯赦天下,五月除田半租。《汉书·昭帝纪》:"元凤二年(前79)六月赦天下,诏曰……其令郡国毋敛今年马口钱。"这是一个大赦同时减免征收"钱"的例子,但发生在司马迁身后数年。

(原刊于《中国钱币》2012 年第 2 期)

司马迁是否误记了秦代币制

司马迁在《史记》的《平准书》中,用寥寥数语概括了秦代货币制度。(图8)据中华书局2014年修订出版的点校本《史记》,在《平准书》的最后,太史公说:

> 农工商交易之路通,而龟贝金钱刀布之币兴焉……虞夏之币,金为三品,或黄,或白,或赤;或钱,或布,或刀,或龟、贝。及至秦,中一国之币为二等,黄金以溢名,为上币;铜钱识曰半两,重如其文,为下币。而珠玉、龟贝、银锡之属为器饰宝藏,不为币。然各随时而轻重无常。

"及至秦"后一段话,构成了两千多年来人们对秦代币制的基本认识,但这段话又因不同版本《史记》之间、《史记》与《汉书》之间的文字差异,导致严重理解分歧,影响着人们的准确认知。这个差异就是,秦代货币究竟分为"二等"还是"三等"。

从宋代到清代,《史记》的多数版本此处写作"及至秦中一国之币为三等",但也有少数版本写作"二等"。清康熙间,学者何焯已发现这个问题,在《义门读书记》中指出:"一国之币为'二等':小字宋本作'三等'。"他当时看的版本写作"二",用来校勘的宋本写作"三"。

到乾隆间,梁玉绳又在《史记志疑》中指出:"一国之币为三

司马迁是否误记了秦代币制 55

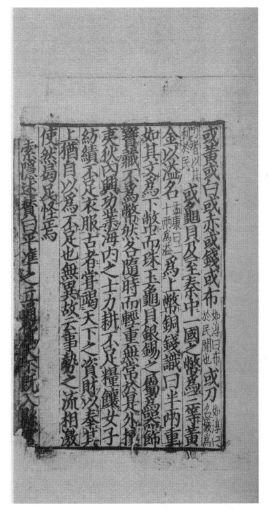

图 8 《史记·平准书》对秦代币制的记载（南宋黄善夫刻本）

等：案徐氏《测义》'名为三等，而止叙其二，不及中布，恐三字误'，而不知'三'字乃'二'字之误。《汉志》'二等'是也。"

梁玉绳首先引用了明末人徐孚远《史记测义》的观点：《平

准书》在前文提出秦币分"三等",后文却只叙说上币和下币,未提及"中币",所以"三"可能是个误字。对此,梁玉绳给出自己的意见:《汉书·食货志》相应文字就写作"二等",《史记》中的"三"为"二"字之误。

梁玉绳是研究《史记》的大家,他的意见看上去合乎情理,于是为后人接受。1959 年,中华书局出版点校本《史记》,使用的底本是清同治间金陵书局刻本,此处也写作"三等",整理者将其改为"二等",在"二"的下面用括号写上"三",表示它是被改掉的误字。至于改字理由,因该本不出校记,不得而知。2014 年的修订本改变体例,被改掉的字不再出现在正文中,而是在卷后校记中说明,这句话就变成了文章开头引用的样子:"及至秦,中一国之币为二等。"读者如果没有检看校记的习惯,或许会以为《史记》一直就是这么写的,秦代货币只有二种。

修订本《史记》校记给出了改"三"为"二"理由,说:

> 二等,原作"三等"。《汉书》卷二四下《食货志》下作"二等"。按:《史》云黄金为上币,铜钱为下币,所谓"二等"即此。今据改。

可见,整理者改字的依据,就是综合了徐孚远和梁玉绳的意见。但梁玉绳等人的校勘意见,在清代可以接受,在 1959 年出版《史记》点校本时也可接受,到 2014 年则不足为据。因为近几十年,大量出土文献提供了远比《平准书》要多的秦代货币史料,证实秦代确曾长时间使用金、布、钱三种法定货币,司马迁记下的"三等"币制并无错误,将"三"改为"二"反而错了。

1975 年在湖北云梦睡虎地出土的秦简《金布律》,是包含货币制度在内的财税法律,其中规定了金、布和钱三种货币之间的

关系和使用规则,有关律文说:

> 钱十一当一布。其出入钱以当金、布,以律。
>
> 贾市居列者及官府之吏,毋敢择行钱、布;择行钱、布者,列伍长弗告,吏循之不谨,皆有罪。
>
> 布袤八尺,福(幅)广二尺五寸。布恶,其广袤不如式者,不行。

货币史学家敏感意识到,《金布律》有助于解决秦币分"三等"还是"二等"问题。如1989年《中国钱币》第1期发表雒雷《秦代货币考》说:

> 《史记·平准书》记载秦货币分"三等",但缺少其中一种货币的内容,秦简《金布律》虽未说币分"三等",但在律文中却比《史记·平准书》多叙述了一种货币。结合这两种文献,我们可以认为秦法律规定货币分为三等。除了金、铜钱之外,"布"也是一种货币。

又说:

> "三等"为"二等"之误的说法是缺少根据的。因为《平准书》记载中出现的自相矛盾现象,不仅有"三"为"二"误的可能,也有下文少叙述一种货币的可能。究竟是司马迁少写了一种,还是古籍流传过程中脱简,便不得而知了,并不存在"三"为"二"误的必然性。

经过更多学者深入论证,秦代实行"三币制"的观点在货币史研究中较早就被接受。点校本《史记》在修订时参考了不少出土文献资料,不知是否参考过《金布律》和相关研究。

《金布律》证明《史记》中秦币为"三等"的记载不误,这是否说明《汉书·食货志》说的"二等"有误？其实不然，《汉书》的说法也是对的，因为它和《史记》说的并不是同一件事。

《汉书》卷二四《食货志》下云：

> 秦兼天下，币为二等：黄金以溢为名，上币；铜钱质如周钱，文曰"半两"，重如其文。而珠玉龟贝银锡之属为器饰宝臧，不为币，然各随时而轻重无常。

初看上去，班固基本照抄了司马迁的叙述，所以梁玉绳等人认为可以直接用《汉书》的文字来改正《史记》的"误字"，但他们忽略了一个细节——班固在抄写这段文字时，悄悄把《史记》中的"秦……国"改成了"秦……天下"。

众所周知，秦时"国"与"天下"词义大不相同，"国"是诸侯的领土，"天下"是一众诸侯国的合并，指整个华夏。在《史记》中，司马迁对这两个词区分得很清楚，聊举数例，以见一斑：

> 始皇曰：天下共苦战斗不休，以有侯王。赖宗庙天下初定，又复立国，是树兵也，而求其宁息，岂不难哉！

> 赵高……曰：秦故王国，始皇君天下，故称帝。今六国复自立，秦地益小，乃以空名为帝，不可，宜为王如故。

> （项羽）谓霸王之业，欲以力征经营天下，五年，卒亡其国。

因此，《史记》"及至秦中一国之币为三等"，说的是秦做诸侯国时的事；《汉书》"秦兼天下，币为二等"，说的是秦统一天下之后的事，而这两个时期，秦的币制并不相同。

从秦襄公受封立国，到秦始皇统一天下，秦国历史长达500多年。秦实行的"三等"货币制度，不知起于何时（或始于惠文王二年［前336］"初行钱"），直到秦始皇后期仍在实施。睡虎地秦简中所见纪年晚至秦始皇三十年,近年披露的岳麓书院藏秦简《金布律》,律中也有"皇帝""黔首"等词语,均为明证。

从秦始皇称帝,到二世而亡,秦拥有天下的时间只有十几年。正是在此期间,秦朝改革币制,将"币为三等"改为"二等",保留"金"和"钱",取消了"布"的货币地位。《汉书·食货志》中说"秦兼天下,币为二等",是对这一重要事件的确切说明。上世纪晚期湖北江陵出土的张家山汉简《二年律令》中有《钱律》,就是针对金、钱"二等"货币的立法。汉承秦制,这部汉朝早期法律,可为班固的说法提供旁证。(图9)

图9　秦代半两钱(中国钱币博物馆藏)

因长期未能察明司马迁所说"秦国"和班固所说"秦天下"的差别,这两条秦代币制史料在时间上的指向性未获足够重视,货币史研究也未能沿着线索深入挖掘。现在分析史料,可以推测发生在秦始皇驾崩之年的"复行钱"事件,就是这次币制改革的表现,也是此后沿用了2000多年的中国基本币制的源头。

《史记·六国年表》秦始皇三十七年(前210)栏下记:

> 十月,帝之会稽、琅琊,还至沙丘崩。子胡亥立,为二世皇帝。杀蒙恬。道九原入。复行钱。

对秦"复行钱",历来的释读也是众说纷纭。近年罗运环在《中国秦代汉初货币制度发微——张家山汉简与睡虎地秦简对比研究》(《武汉大学学报》,2012年第6期)中提出,秦末实行金、布、钱"三币制",汉初实行金、钱"二币制","复行钱"意味着取消布币的法定货币地位,转而行用铸币"钱",它是秦汉之际"三币制"转向"二币制"的标志性事件。此说差得其实。笔者也从财政与货币制度结合角度,提出秦国为保障连年战争的军需供应,曾有一个重视布匹、排斥铜钱的时期。在天下统一后,经济逐渐恢复常态,于是在秦始皇执政的最后一年调整政策,相应改革货币制度,让布币退出流通,加强了铜钱的货币地位,是为"复行钱"(见下文《秦朝为何要"复行钱"》)。《史记》中秦国"币为三等"、《汉书》中秦统一天下后"币为二等"的记载,为这一重大变革提供了确切证据。

因此,《史记》和《汉书》记载的秦代币制,既非同一时期,也非同一内容,即使司马迁所说真的有误,也不能根据《汉书》径直修改。中华书局点校本《史记》修订版对"三"字的校改并不恰当,应予纠正。

秦统一天下,奠定了中国后来各项政治经济制度的基础,在货币方面,就是建立了以铜钱为主、与贵金属并行的二元货币制度。这项制度一直沿用到清末,可谓影响深远,但从何时开始,因史料简略,在货币史中一直未能很好揭示。如今结合出土文献,对传世文献进行仔细梳理,阐明《史记·平准书》和《汉书·食货志》中对秦代两次币制改革记载的准确文义,可以得出一个结论:铜钱与贵金属并行的货币制度,产生于秦并兼天下之后,以秦始皇三十七年"复行钱"为标志。在对司马迁所记秦币究竟为"三等"还是"二等"的研究中,这是一个比判定文本准确性更加重要的收获。

附记:

对《史记·平准书》中"及至秦中一国之币为三等"的读法,清代学者大多断为"及至秦中,一国之币为三等",如何焯《义门读书记》(他读的是"二等"本)、梁玉绳《史记志疑》、沈家本《史记琐言》,均将"中"字属上。这样断句的好处,是符合文理与词义,因为"一",在秦代有"建立统一标准"之义,如传世秦权等度量衡器上的始皇帝诏书,要求"法度量则不壹、歉疑者,皆明壹之",同在《史记·平准书》中,还有"一黄金一斤"之文,意谓汉朝将黄金称量单位改定为"斤"。如此,"及至秦中,一国之币为三等"译成白话,就是"到了秦国时期,将国中的货币定为三等",文从字顺。

将"中"字连下读,清人中有姚范、吴汝纶等。姚范《援鹑堂笔记》卷十五有"及至秦中一国之币为二等按中犹分也"一则,从按语中可知他将句子断为"及至秦,中一国之币为二等",而"中"字在这里不好理解,所以要加按语自释词义。这个释义是建立在"币为二等"文本基础上的,姚范看到书中写着"二等",可以"中分",就如此解释下来。

问题是,在《史记》的版本中,"三等"本才是主流,而"三"

是无法平分的,"中"也就不能释作"分"。在这种情况下,要维持"中一国之币为三等"的读法,只能将"三"改为"二",像吴汝纶《桐城吴先生点勘史记读本》、中华书局点校本《史记》那样去做。如今"三"字被证实没有错误,不能更改,"中"字再连下文读就难以讲通了,因此《平准书》中的这句话,还是断作"及至秦中,一国之币为三等"为是。

(原刊于《中国金融家》2023年第1期)

秦朝为何要"复行钱"

秦始皇统一中国,也统一了货币制度,秦国创制的方孔圆钱此后沿用两千多年,可谓影响深远。《史记》记载了秦"初行钱""复行钱"两件与货币有关的大事,以及"一国之币为三等"的货币制度,勾勒出秦代货币发展的大轮廓。遗憾的是司马迁惜墨如金,几处记载均寥寥数字,语焉不详,影响后人对这些事件的了解,特别是其中的"复行钱"一事。

《史记·六国年表》在秦始皇三十七年(前210)栏下记:"十月,帝之会稽、琅琊,还至沙丘崩。子胡亥立,为二世皇帝。杀蒙恬。道九原入。复行钱。"这一年,秦始皇驾崩,秦二世继位,大将蒙恬被害,都是惊天动地的事情,"复行钱"与其并列,自然也不例外,但这是一件怎样的大事呢?

关于"复行钱",《史记》所记只此三字,从字面看,"钱"是铸币铜钱,"行"是"推行""使用","复"是"恢复"或"再次","复行钱"意味着秦朝恢复或再次行用铜钱。不过,自秦惠文王二年(前336)秦国"初行钱"以来,史书中并未记载秦国曾有废止铜钱的举动,"恢复"云云无从谈起,此事也就成为历史谜案,如何理解,历来众说纷纭。

一种说法是,秦朝曾经废除钱币,但史书失载。如陈直《史记新证》说:"此云二世复行钱,中间必脱有废行钱之记载。"

另一种说法是,此举指秦统一六国货币。如李剑农《先秦两汉经济史稿》提出,"三十七年之行钱,实非复也,特统一钱制度耳。"千家驹、郭彦岗《中国货币史纲要》认为:"秦始皇统一币制,前期仅在于统一货币种类和货币单位。后期秦二世继续推行货币统一政策,'复行钱',目的在于统一货币铸造和发行权。"

还有一种说法是,秦国后期钱法弊坏,故国家重新立法整顿,颁布新的钱式和重量标准。汪庆正、何清谷等人均持这一观点。

这些说法各有道理,但也各有缺陷。第一种说法,解释不了《史记》等古书中时有出现的秦始皇时期民间用钱记载,更无法解释后来出土秦代简牍中大量的涉钱内容。第二种说法,忽略了秦统一各项制度的进度。秦始皇二十六年灭亡六国,随即统一文字和度量衡等,可谓雷厉风行,而货币属于战争资源,随着秦军的胜利,秦钱即可在占领区使用,甚至不必等到全国统一后再推行,更不会在十多年后、秦始皇已死才开始统一币制。第三种说法,则无法从字面上解释"复行钱"三字。

近几十年,各地出土、公布了大量秦汉简牍文书,其中很多记载与钱有关,乃至有专门的涉钱法律,这为深入研究"复行钱"问题提供了新视角。如罗运环在《中国秦代汉初货币制度发微——张家山汉简与睡虎地秦简对比研究》中提出,秦末实行金、布、钱"三币制",汉初实行金、钱"二币制","复行钱"意味着取消布币的法定货币地位,转而行用铸币"钱",它是秦汉之际"三币制"转向"二币制"的标志性事件。这个研究不再将目光局限于铸币,而是扩展到两种货币之间的存废,很值得重视。不过从逻辑上说,"废行布"不等于"复行钱","复行钱"的

"复"字仍待解决,于是郭文又提出,所谓"复行",是秦朝在废除布币的法定地位的同时,"改12铢半两钱为8铢半两钱,对业已变轻变小的秦半两进行规范并牟利",这就又回到旧说法上了。

如果我们把视野再放宽一些,从秦时货币制度实为财政制度的一部分来研究,就会发现,利用目前公布的秦汉简牍文献,已可初步解决秦国在并未"废行钱"的情况下,为何以及如何"复行钱"的问题。

上世纪七十年代,湖北云梦睡虎地出土了多种秦国法律文书,颁布时间在秦统一之前,其中《金布律》是规范财政收支的法律,(图10)部分条文涉及货币:

> 钱十一当一布。其出入钱以当金、布,以律。
>
> 贾市居列者及官府之吏,毋敢择行钱、布;择行钱、布者,列伍长弗告,吏循之不谨,皆有罪。

秦国当时使用金、布和钱三种法定货币,也就是"三币制",但可以看出,《金布律》虽然规定钱、布并行,其实际作用是鼓励用布、抑制用钱。

一是法律的名称是《金布律》而非"金钱律",在三元货币体系中,代表的货币是"金"和"布",而不是"钱",布与钱并非平等关系。如果将秦《金布律》与张家山汉简《二年律例》中性质相同的法律《钱律》对比,就可看得更加清楚:汉初实行钱、金二元货币,钱是本位币,于是成为货币的代名词,被用来命名法律。这正是"行钱"与否的差别。

二是从兑换关系看,"钱十一当一布",钱数是要折算成布数的,钱在两种货币中处于辅币地位。

三是从流通关系看,"毋敢择行钱、布",规定两种货币都是

图10　湖北云梦睡虎地出土的《金布律》(复制品)

法定货币,交易者必须接受,不能排斥其中任何一种。这本质上是为了保证布币的流通。相对于布匹这种实物货币,铸币因难免减重,属于劣币,而劣币会驱逐良币,这条法律就是用来保障布币正常流通、或者说是保证国家可以顺利收进布匹的。

有这样的法律在实施,秦国虽然没有废除铜钱,但在经济运行中抑制用钱、重视用布,在国家赋税征收中重视实物货币,是可以确定的。这是秦兼并天下、连年征战的产物,因为在长期战争状态下,国家更需要的,是像"布"这种可以在战争中直接使用的军需物资,而不是铸币。

将"复行钱"之前的秦国法律与"复行钱"之后的汉初法律对比,从法律规定的变化中可以清楚看到秦在统一战争时期的税收和货币政策特点。

《金布律》强调布匹的地位,前面已经说过,而在其他各项税收中,秦国也是要求缴纳实物而非铜钱。如睡虎地秦简《田律》对"入顷刍稿"的规定:

> 入顷刍稿,以其受田之数,无垦(垦)不垦(垦),顷入刍三石、稿二石。刍自黄稣及荩束以上皆受之。入刍稿,相输度,可殹(也)。

张家山汉简《田律》的同类规定说:

> 入顷刍稿,顷入刍三石;上郡地恶,顷入刍二石;稿皆二石……收入刍稿,县各度一岁用刍稿,足其县用,其余令顷入五十五钱以当刍稿。刍一石当十五钱,稿一石当五钱。

刍是草,稿是秸秆,都是战马的饲料,也是古代长期征收的一种赋税。秦国《田律》只规定每顷土地需要缴纳的刍稿数量,并未允许用钱折算;汉朝《田律》则要求在满足县里马匹食用之需后,一律将刍稿折算成钱,此税只保留了"刍稿"名目,实际成为用货币缴纳的税。

秦汉财政收入的另一大来源,是对犯罪人员的经济处罚所得。这种刑罚,秦代叫"赀"。睡虎地秦简中随处可见"赀一盾""赀一甲"等规定,而在张家山《二年律例》中,官民犯有同样罪错,却不再赀盾、赀甲,而是改为罚金若干两。盾、甲是重要的战斗装备,在战争中作用重大,因此战时秦国通过法律强制征收。战争终结之后,盾、甲失去用途,相关经济处罚就用货币来缴纳了。

由此可见,秦统一前施行的《金布律》等法律,带有鲜明的战时经济特点,目的是快速、大量筹措战略物资和军事装备,保障战争胜利。国家在征收赋税时,在实物和货币中更重视实物;在实物货币"布"和金属铸币"钱"中,更重视"布"。

这时我们就会理解为何"复行钱"——它是在长期战争结束后,秦朝由战时状态回归正常状态时采用的经济政策,表现为在税收中偏重于接受货币,在货币中偏重于使用铸币,甚至可能取消了布匹的法定货币地位。"复行钱"乃是重申各项赋税均用"钱"来缴纳,不是单纯地对铸币做出某种决定。

秦始皇统一中国后的十年,秦朝经历了经济模式的转变。从近年新披露的秦代简牍文书看,在此期间,战时状态下抑制铸币的措施逐渐放松,税收中实物和布匹的地位下降,用钱的地方增多。岳麓书院藏秦简中也有《金布律》,里面出现"皇帝""黔首"等词语,可知为统一之后所颁布,其中关于"户赋"的规定说:

> 出户赋者,自泰庶长以下,十月户出刍一石十五斤;五月户出十六钱,其欲出布者,许之。十月户赋,以十二月朔日入之,五月户赋,以六月望日入之,岁输泰守。十月户赋不入刍而入钱者,入十六钱。

相比统一之前的《金布律》,此时"布"虽然仍被官府接受,但从"不得择行"变成"其欲出布者许之",接近丧失法定货币地位。户赋的刍税,也可以不缴纳实物而折算成钱。岳麓书院藏简还保留很多"赀盾""赀甲"的法律规定,而从同时期的里耶秦简可见,在实际操作中,一些"赀盾""赀甲"已被折算成钱。这都说明,统一之后,秦朝在税收中越来越多地接纳铜钱,到秦始皇驾崩之年,经济已恢复常态,于是朝廷采取了"复行钱"的政策。(图11)

图11 秦"半两"钱

由此回顾秦惠文王二年"初行钱",过去的研究普遍认为,这是秦国开始由国家控制铸币权、推动铸币流通使用。当然很有可能。但从货币的属性看,国家控制了货币的发行权,同时就必须承担回收义务,只有这样才能给货币注入信用,被人民广泛接受,而国家回收货币的主要途径就是收税。因此,即使"初行钱"的初衷是国家发行铸币,也必然要配套出台允许用铸币缴税的规定。在秦国早期经济落后特别是高度重农抑商的情况下,货币政策只能是财政政策的附庸。

《史记·六国年表》记录战国时期各国的大事,与秦国经济相关的,有秦简公七年(前408)"初租禾",秦孝公十四年(前348)"初为赋",秦惠文王二年(前336)"行钱"(《秦始皇本纪》称"初行钱"),秦始皇三十七年(前210)"复行钱"。将几个事件贯穿起来,就能发现,它们其实都是秦国的赋税大事:"初租禾"是开始征收土地税,用粮食缴纳;"初为赋"是开始征收供养军队的税,可能用布匹缴纳;"初行钱"是开始征收用钱缴纳的税;其后经历了偏重于实物和布的战时经济,至天下大定后"复行钱",再次鼓励用钱缴税。

从"初行钱"到"复行钱",反映了货币经济在秦代的发展,铸币在国家财政税收中地位的消长,以及从惠文王到秦始皇、秦二世,秦国和秦朝经济模式与国家状态的改变紧密关联。在此背景下,"复行钱"实为秦朝施行的集财政、税收和货币制度为一身的综合性经济政策,而非单纯的货币事务,更不宜将其理解为一项铸造发行某种铜钱的行动。

(原刊于《中国金融家》2022年第5期)

"钱"币何以成"布"币

先秦铜铸币主要有铲形、刀形和圆形三类,今天分别称作布币、刀币和钱。不过,这些名称并不是从它们流通使用时自然沿续下来的,而是后人对出土古钱币的重新命名。从考古角度说,这会引出名实是否相副的疑问,实际上问题也确实存在,尤以"布币"最为显著。

对铲形币"布"原本是先秦的"钱",钱币学界在几十年前已达成共识。中华书局于1995年出版的《中国钱币大辞典·先秦编》,在"空首布"类下首先设立"钱""铲币"词条,根据《诗经》"庤乃钱镈"、《说文解字》"钱,铫也,古者田器"等记载,指出"钱"是商代中期以后广泛使用的铲形农业工具,后来由商品交换媒介而逐步演化为货币,"钱"是铲币的本名,也是中国货币的统称。

这个释义是学界多年研究讨论的成果,有理有据,堪称定论。

既然铲形币本来是"钱",为何现在称"布"?对此,《中国钱币大辞典》在"称量货币"类"布币"条下阐释说:"因布帛是我国古代的实物货币,后来的铲币即沿用其名,故称布币。或谓铲币起源于农具钱、镈,因镈、布音近可通,故名。"

"布"系"镈"字音转,是民国以前古泉界的看法,现在已少有人采用,《中国钱币大辞典》说"铲币"沿袭布帛之名而称"布币",代表着现代观点。

然而铲币被叫成"布",并非简单的"沿用旧称",因为考察先秦文献中与货币有关的"布"的词义,可以发现所指皆为布匹,未与铸币共用名字或概念。如果说铲币在先秦流通时即沿用布帛之名而称"布",没有文献根据。

实际上,将先秦铲币称为"布",最早源自唐朝人对出土古钱币的定名尝试,归类的标准是王莽铸造的布币,后经清代学者引证文献,至清末才确定下来,其间经历了对纺织品"布"名称的冒用、对赋税"布"概念的误用,过程曲折复杂,值得考辨。

一、最早的青铜"布币"为王莽铸造

先秦的"布"并非铸币,但中国历史上确实存在以"布"为名的铸币,即王莽铸造的"十布"。

西汉末年,王莽代汉自立,国号为新。新朝建立后,王莽改革币制,推行名色繁多的货币,其中一大类名为"布"。《汉书·食货志》下说:

> 莽即真,以为书"劉"字有金刀,乃罢错刀、契刀及五铢钱,而更作金、银、龟、贝、钱、布之品,名曰"宝货"……
>
> 大布、次布、弟布、壮布、中布、差布、厚布、幼布、幺布、小布。小布长寸五分,重十五铢,文曰"小布一百"。自小布以上,各相长一分,相重一铢,文各为其布名,直各加一百。上至大布,长二寸四分,重一两,而直千钱矣。是为布货十品。

王莽的新币制，一口气推出"宝货"二十八品，分为"五物六名"，即五种材质、六个名目，"泉"和"布"两种使用青铜铸造，可称"一物二名"，其中"布"又分十品，均为铲形，币面铸"布"字及与本位币"泉"之间的比值。这是中国最早明确称"布"的铜铸币，也是真正的布币。

王莽号称"托古改制"，但儒家经典成书太早，未能提供足以参考的货币制度，于是他依照《史记·平准书》所记虞夏之币"金钱布刀龟贝"六种，一一仿制，最后形成金银龟贝泉布"六名"。(图12)此"六名"与司马迁所述相比，有两个变化，一是将"刀"改为"银"，是政治上避忌"刘"字的需要，二是将"布"的材质改为铜，是经济上敛财的需要。

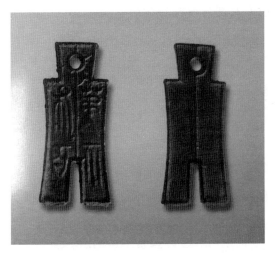

图12　王莽铸造的"第布八百"(中国钱币博物馆藏)

王莽推行的十种布货，都是面值百倍以至千倍的大钱，目的是用虚值货币搜刮民财，解决改朝换代后面临的财政困难。作为西汉人，王莽深知古代的"布"是布匹，如在改革税制时，他

"又以《周官》税民：凡田不耕为不殖，出三夫之税；城郭中宅不树艺者为不毛，出三夫之布；民浮游无事，出夫布一匹"，将《周礼》提到的"夫布"明确为布匹。虽然如此，敛财目的决定即将发行的"布"不再可能是布匹，因为布作为实体财富，是虚值货币掠夺的对象，如果其本身成为货币，交换起来总是等值的，那就无法聚敛了。王莽一方面必须复古、发行一套布币，另一方面又不能使用布匹，在此情况下，改变"布"的材质、制造一种名为"布"但不是布的货币，也是惟一选择了。

王莽将铲形铸币命名为"布"，并非无知，而是有意冒用布匹这类先秦实物货币的名称。从此，"布"字增加了"铸币"一义。

二、唐人发现并命名"异布"

秦统一天下，先秦铲币"钱"退出流通，名字也被圆钱占用，逐渐被世人遗忘。从王莽袭用铲币的外观铸造"十布"看，其实物在西汉末年尚零星存在，但到东汉，已基本无人知晓。大学者郑玄在注释《周礼》中"邦布"一词时，用王莽铸造的"货布"来说明周代"布"的形态，并不符合古籍注释的体例。这既说明郑玄深受王莽冒用"布币"概念的影响，也说明他没有见过先秦铲币，否则他会描述古币形制，而不仅仅是王莽的货布。

铲币再被世人所知，已是唐代作为出土器物出现，最早的记录在唐天宝年间。南宋洪遵《泉志》卷九在王莽的"刀布"钱币后面著录了14品铲币，称为"异布"，（图13）并引用北宋人李孝美的话说：

> 按先王刀布文字制度，书所不载。然今世所有古刀异布甚多，岂非当时所用者乎？旧谱别作品俱列于后。

李孝美推测"异布"是先王时代的货币,所谓"先王"指三皇五帝唐尧虞舜。在"长平古刀"下,李孝美注:"旧谱曰:天宝元年西河郡别驾李幼奇于长平溪涧中所得。"在"长平异布"下,李孝美注:"旧谱曰:亦幼奇所得也。"唐末人张台著有《钱录》,已佚,但遗留下两条"异布"记载:其一在"宝鼎尉王铸(《永乐大典》及《路史》作'镈')处见之",其二在"检校膳部李涿处见之"。可见,先秦铲币刚出土时,唐人将它们叫作"异布",宋人继承了这个叫法。

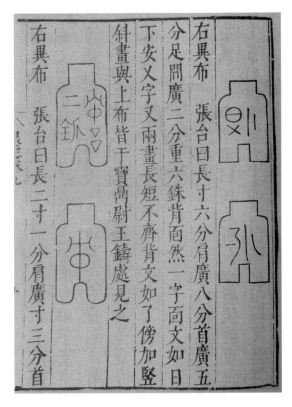

图13 《泉志》著录的唐人所见"异布"

用今天的话说,"异布"是"特殊的布币",与"异"相对的是王莽布币,言其形状与莽布相似而又不同。这个"异"字,说明唐宋时人并不认识这些钱币,既不知其时代,也不知其名称。他们只是以王莽铸造的布币形状为标准,将铲形币归为同类,附在莽布后面。

三、"布币"之名定于晚清

宋代以来,铲币出土日多,学者们在研究中,将精力主要放在与"先王刀布"的对应上,给这些铲币赋予太昊金、帝喾金等名目,离事实越来越远,但未径直称呼它们为"布币"。

清乾隆间官修的《钦定钱录》,卷一收录"伏羲氏帝昊钱至舜当金",后附"异布十种",从形制上看,所谓"帝昊钱""舜当金",都是铲形币,与"异布十种"无大区别,说明直到此时,出土铲币尚无定名。

此后乾嘉考据学兴起,人们逐渐认识到铲币是先秦各国使用的货币,而非上古帝王所铸,并开始从古代文献中寻找依据。如段玉裁《说文解字注》"布"字下引用了郑玄关于"邦布"为"泉"的观点。倪模《古今钱略》据《管子》"刀布为下币",提出"布亦币也"。蔡云在《癖谈》中列举《周礼》《礼记》《孟子》《荀子》《管子》等古书中的"布",并根据郑玄等人的注释,认为它们都是铸币。其实,古书中这些"布"指作为赋税实体以及充当交易媒介的布匹,并非铸币,但这个无意中偷换的概念,被当时人普遍接受,称铲币为"布"的人逐渐增多,并且见惯不怪,不再称其为"异布"。先秦铲币由此摆脱了对王莽布币的依附,成为古钱币中独立而重要的一大类别。(图14)

值得注意的是,直到清朝后期,人们对铲币的称呼仍然各种各样,并无一律。在几部影响较大的钱币学著作中,嘉庆间成书的翁树培《古泉汇考》称"布";同期稍晚成书的《古今钱略》卷二著录"古币"五十八品、"空口铲布"一百一十七品,"古币"即今所谓"平首布","布"的称呼在同一部书中也未统一。

倪模对"空口铲布"这个名字还有专门说明:

> 外有币,首方而空,多出豫省……近人目为"铲布",亦曰"空口币",又呼"农器币"。按《管子》"以刀布为下币","布"亦币也,故谓之"铲布"……江秋史亦云"钱取钱镈之义,于农器为近",则目为"铲布",名虽无据,义自可通。

可见倪模著书之时,此类空首铲币的称呼有三种之多,"空口铲布"是他选用的名字,并且坦言没有根据。

图14　先秦铲币(中国钱币博物馆藏)

其他人和书,如蔡云《癖谈》虽然从文献中找出很多先秦使用"布"的资料,却将铲币称为"币";道光间成书的戴熙《古泉丛话》称"化"也就是"货";王锡棨《泉货汇考》则通篇称"币"。王书编纂已在同治年间(1862—1874),"布币"之名此时仍未确立。

"布币"成为先秦铲币的专名,还是清光绪间李佐贤出版《古泉汇》、民国间丁福保出版《古钱大辞典》以后的事。他们将铲币统称为"布",书的影响又大,左右了民国以来的钱币收藏和研究,也让"布币"之名走完约定俗成的路程,其时距今不过100多年。

可以说,为先秦铲币命名,是一个典型的对出土文物"定名与相知"的过程。这一进程从唐朝开始,到清末才结束,可惜的是,由于相知不深,导致定名有误,本应称作"钱"的铲币被误定为"布",算得上一个千年奇案。

(原刊于《中国金融家》2023年第4期)

释"王信金钱"

近几十年在中国出土的数十枚拜占廷金币,已成为丝绸之路联结东西方的历史物证。针对这些金币的研究也越来越深入。其中人们感兴趣的一个问题就是:它们是通过怎样的途径来到中国的?

对拜占廷金币的来历,在我国史书中尚未发现记载,但幸运的是,虽然吉光片羽,古人还是为我们留下来一点珍贵的文字资料。上世纪初,日本人大谷光瑞组织的探险队从我国新疆吐鲁番等地掘得大量古代文书,被称为"大谷文书"。其中一件文书中提到的"金钱",被研究者认为是拜占廷的金币。

林英的《西突厥与拜占廷金币的东来》(《华夏文明与西方世界》,香港博士苑出版社,2003)一文对中国发现的拜占廷"金钱"做专门研究。她引用了日本龙谷大学图书馆所藏编号为大谷1040的文书背面记录的文字:

头六抴书后作王信金钱一文。
迦匕贪旱大官作可顿信金钱一文,作王信青马一匹、书一卜、绫二叠。

林英首先论证文中"金钱"即拜占廷金币,既而指出:"这件文书告诉我们,在公元6—7世纪之间,西突厥的部落首领和可敦发给鞠氏高昌王朝的信件附带两枚拜占廷金币作为信物。"并认为:"它反映了拜占廷金币流入高昌的渠道很可能是多种多样的,与将金钱同国际贸易相连的常识性推断相反,至少有部分金币通过西突厥贵族同高昌王室的外交往来流入当地社会,它们不再是流通的货币,而是'王信',统治者权力和地位的象征。""在西突厥统治者的手中实现了从'金钱'到'王信'的转变。"

按林英的阐释,这两枚从突厥来到高昌的金钱已不是流通货币,而是具有高度政治属性的被突厥可汗用来向周边民族炫耀权威的"王信"——国王用以取信的信物。但是,在上引大谷文书中,除了金钱,作为"王信"来到高昌的还有"青马一匹、书一卜、绫二叠",这些东西显然不具有那样高的政治权威。因此,对"王信"的这种解释,难称恰当。

任职于法国国家图书馆的历史学家弗朗索瓦·蒂埃里(Francois Thierry)多年研究拜占庭和东亚钱币,他也主张拜占廷金币未必是作为通货来到中国的。2006年在天涯社区举办的一次网上访谈节目中,他认为,所谓"王信",是指国王在金币上打上印记,注明金的含量,也就是说其货币的价值等同于该份量的金、银。据此说法,"王信"表示国王的铸币信用。但同样,这个解释也无法涵盖"青马一匹、书一卜、绫二叠"。

那么"王信"究竟是什么?

在中国古书中,可以发现"信"有一个义项,现有大型字典辞书均未收录。如苏轼的尺牍作品中就出现很多像下面用法的"信":

> 欲求土物为信,仆既索然,而黄又陋甚,竟无可持去。
>
> 马公过此嘉便,无好物寄去,收拾得茶少许,谩充信而已。

桃、荔、米、醋诸信皆达矣,荷佩厚眷,难以言喻。

显然,这些"信",都是亲友间互相赠送的礼物。蒋礼鸿《敦煌文献语言词典》(杭州大学出版社 1994 年 9 月版)则引用例句,说明唐代语言中"信"有"礼物"的意思。稍后董志翘曾作文专论"信物"为"礼物",并认为文献中的"国信"就是"国礼"。

按"国信"一词在唐宋史书中大量出现,除了蒋礼鸿、董志翘等引用过的之外,另如《旧唐书·回纥传》记载:"可汗等出迎郊野,陈郭锋所送国信器币。"又记载:"遣品官田务丰领国信十二车使回纥。"而在《新唐书》中,"领国信十二车"写作"领币十二车"。"国信"等于"币",也就是"礼物"。这是对"国信"性质的一个很好说明。

既然在唐代"信"为礼物,"国信"为"国礼",那么,大谷文书中的"王信"就应是"王的礼物","可顿信"就是"可顿的礼物"。西突厥王的礼物可以是一文金钱,也可以是一匹青马等等。认为"王信金钱"是权力象征或信用标志的说法并不准确,但"王信金钱"确实说明了这样一个现象:在唐代,至少有部分拜占廷金币是作为外交礼物,通过丝路各国的外交往来传入中国的。(图15)

图 15　拜占庭帝国金币,年代相当于唐代初期

附：苏轼尺牍中的"信"

苏轼的尺牍作品中，经常出现"信"字。除了书信、信用等意义以外，还有一种用法，虽然与邮寄密切相关，如果作"消息"或"书信"解释，则扞格难通。

如苏轼给别人寄出的"信"：

> 欲求土物为信，仆既索然，而黄又陋甚，竟无可持去。（卷五十二，《与王定国四十一首》之四）

> 马公过此佳便，无好物寄去，收拾得茶少许，谩充信而已。（同上之十一）

> 屏居荒服，真无一物为信。有桄榔方杖一枚，前此土人不知以为杖也。勿诮微陋，收其远意尔。（卷五十二，《答张文潜四首》之二）

> 人行速，无佳物充信，谩寄腰带一条。（卷五十九，《与杨济甫十首》之十）

> 阿胶半斤，真阿井水煎者，青州贡枣五斤，充信而已。（卷六十，《与子安兄七首》之三）

> 黄州无一物可为信，建茶一角子，勿讶尘浼。（卷六十一，《与宝月大师五首》之三）

显然，这些"信"，乃是土物、茶、桄榔杖、腰带、阿胶、青枣等日用物品，而不是书写的信札。再如苏轼收到的"信"：

> 问所欲干，实无可上烦者，必欲寄信，只多寄好干枣、人参为望。（同上之四十一）

> 桃、荔、米、醋诸信皆达矣，荷佩厚眷，难以言喻。（卷五十八，《与欧阳知晦四首》之一）

这些说得更明确,都是一些食品,和书札毫无关系。至此已经可以肯定,在东坡尺牍中或说北宋口语中,"信"的一个重要义项是礼物,且一般是远道馈赠的。这和学者们已经揭示出的唐代"信"有"礼物"一义一脉相承。

东坡尺牍中另有一些由"信"组成的词语:

> 辄有一书及少信烦从吏,甚不当尔。(卷五十三,《与钱济明十六首》之三)

> 来年春末,求般家二卒,送少信至子由。(卷五十八,《与周文之四首》之二)

少信,数量不多的礼物。在前函中,"书"和"信"明确分为二物;后函中,"少信"需要两个人去送。

> 寄惠建茗数品,皆佳绝……江郡乃无一物为回信,惭悚之至。(卷五十七,《答吴子野七首》之三)

回信,收到馈赠后回赠的礼物。并非回书。

> 必欲寄信,只多寄好干枣、人参为望。

寄信,寄赠礼物。并非邮寄书问。

> 无以为报,亲书《松醪》一赋为信,想发一笑也。(卷五十三,《与钱济明十六首》之二)

这里说亲自抄写《中山松醪赋》为"信",乍看似乎是写回书,其实仍然是以书法作品作为礼物。

根据"信"是"礼物"的义项,又产生了另外一些词语。

信物:

> 黄州绝无所产,又窘乏殊甚,好便不能寄信物去,只有

> 布一匹作卧单。(卷六十一,《与参寥子二十一首》之四)

> 仍已有书,令儿子辈准备信物,令送去俞处,托求稳当舶主,附与黄州何道士也。(同上之十九)

> 闻俞主簿者附少信物,如果为带得来,乞尽底送与范子礼正字。偶索得此冷债,信天养穷人也。(卷五十八,《与杭守一首》)

"信物"也就是上述的"充信"之物,礼物。从赠送的目的来说是礼物,从赠送的方式来看则是邮件。《汉语大词典》注释"信物",只有一个义项"作为凭证的物件",显然内涵不足,未容纳上面各例的意义。大词典引用《水浒传》中的例句:"封宋江为镇国大将军,总领辽兵大元帅,赐与金一提,银一称,权当信物。"这里的"信物"是不是单纯指"作为凭证的物件",也很可以探讨。从例句的语言环境来看,辽国狼主派欧阳侍郎去策反宋江,带一些金银作为赏赐,更具礼物的性质。无论如何,词典中对"信物"的诠释应加上"寄送的礼物"或宽泛的说法"礼物"这一义项。

信笿:

> 却有书一角,信笿三枚,竹筒一枚,封全,并寄子由。(卷六十一,《与南华辩老十三首》之二)

> 信笿元不发,却付来人。盖近日亲知所寄惠,一切辞之,非独于左右也。(卷五十三,《答李方叔十七首》之七)

> 有一信笿并书,欲附至子由处。(卷五十四,《与程正辅七十一首》之六十八)

信笿,装信物的器具。笿字《康熙字典》不收,《汉语大词典》谓篯箩。可从。

信笼:

> 子由信笼敢烦求便附与。(卷五十七,《与毅父宣德七首》之二)

信笼与信箅应该相似,都是盛装信物的容器。《汉语大词典》释信笼:"封口加盖印信的箱笼。"不确。虽然邮寄箱笼可能要加封加印,但这个词中的"信"却并非从"印信"来,而是"礼物"的意思。因此对"信笼"的注释,应为"盛放礼物的箱笼"。《汉语大词典》所引例句《水浒传》中"蔡九知府安排两个信笼,打点了金珠宝贝玩好之物",正是远途送给蔡太师的生日礼物。

金朝铸有"礼信之宝"。

> 是日(大定二十五年十二月甲戌),命范铜为'礼信之宝',凡赐外方礼物、给信袋,则用之。(《金史·世宗纪下》)

"礼信"并用,"信"显然与"礼"同义,也就是"礼物"的意思。只不过此"信"是国家之间赠送的,属于外交礼物。而"信袋"与"信笼"属于一类,是盛放礼物的口袋,"礼信之宝"则用于封印信袋。《汉语大词典》释"信袋"为"加盖印信的封袋",犯了和解释"信笼"同样的错误,没有理解此"信"的真正含义。至于《词源》将"信袋"解释为"伫放符信的袋子",则错得远了些。"赐外方礼物、给信袋",信袋显然是要送到外国去的,如果它是"贮放符信的袋子",岂非把国家的玺印送出去了吗?名与器不可以假人,更不要说国玺了。

交子未必双色套印

产生于北宋初年的交子,是世界上最早的纸币,也使中国成为最早拥有印钞技术的国家。

交子是印刷的,有史可征,但怎样印刷,印成什么样子,则因史料语焉不详,又无实物流传,只能根据有限的文字推测研究。有一种意见认为它是彩色印刷的,如刘森《宋金纸币史》说,"(交子)是我国彩色印刷的滥觞";张树栋等《中华印刷通史》则说,"(交子)统一用'朱墨间错',两色印刷"。

彩色也好,两色也好,都指它用红黑两色印成,在印刷史中称为套色印刷。这些说法都基于以下两处记载。

宋李攸《宋朝事实》卷十五:

> 始益州豪民十余[万]户,连保作交子……诸豪以时聚首,同用一色纸印造,印文用屋木人物。铺户押字,各自隐密题号,朱墨间错,以为私记。书填贯不限多少,收入人户现钱,便给交子,无远近行用。

明嘉靖《四川总志》之《全蜀艺文志》卷五十七引《楮币谱》:

> 蜀民以钱重难于转输,始制楮为券,表里印记,隐密题号,朱墨间错,私自参验书缗钱之数,以便贸易,谓之交子。

李攸是两宋之交的人,《楮币谱》原题元人费著所撰,今人考为南宋庆元时期人的著述(谢元鲁《对〈楮币谱〉〈钱币谱〉作者及写作年代的再认识》,《中国钱币》1996年第一期)。两位宋人记录下的交子形态,关系到印钞技术和套色印刷技术起源的问题,值得仔细研究。

首先,仅凭这两段记载,不能说明交子是彩色印刷或双色印刷的。可以看出,交子的票面内容明显分成两部分,一是"用同一色纸印造,印文用屋木人物",二是"铺户押字,各自隐密题号""表里印记,隐密题号"。交子虽然具有纸币性质,但并不是我们今天使用的不可兑现钞票,而是随时可以兑换铜钱的可兑现钞票,类似现在的银行支票。无论古今中外,这类凭证都需要在票面上填写重要内容加盖图章后才能生效。因此,"用同一色纸印造,印文用屋木人物"的部分,是交子的印刷票面,相当于空白支票;"铺户押字""表里印记,隐密题号"的部分,相当于支票上的户名、号码、密押、图章等。这一部分,因为有文字用墨笔填写,有印章用朱色钤盖,所以看上去"朱墨间错"。它们的用途是"以为私记",供发行铺户在兑现时核对真伪,因此不可能是印刷的。统一印制的图案即使颜色再多,也不能起到"私记"作用。

"铺户押字"即交子发行人签字画押,它可以用笔签写,或者也可用花押章钤盖。"题号"在宋代典籍中常见,如《产育宝庆集》卷下:"凡产妇合要备急汤药,并须预先修合、题号,恐临时仓促难致。"《宾退录》卷四:"曾有人惠一册书,无题号,其间多说《净名经》。"可见题号是物品的物主标记或标题名称。交子上的"隐密题号",应该就是发行铺户题写的留有暗记的名号,作用相当于密码。

在最初的益州十六户富户发行的交子丧失信用之后,交子由北宋政府接办发行,"其交子一依自来百姓出给者阔狭大小,仍使本州铜印印记"(《宋朝事实》卷十五)。票式不变,仅私人的印章改为官印。据此推论,早前私交子上的朱色图案也为印章,并非由印版印出。

在交子被弃用之后,宋代仍有仿效交子的各类凭证在使用,它们的印制过程可以用来佐证交子的印刷。《古今事文类聚·新集》卷三十六有南宋人吴必大《交引库厅壁记》:

> 交引库,外府属之一,交引所由造也。若稽国朝,惟四川用交子法,引钞算请则制于汴都。六飞南跸,诏造用交子如四川。居无几何,改为关,再改为会。自会子法立,领以他局,今库惟引钞出焉。……库无他贮,储惟官纸若朱、常日文书。行梓以墨,铜籀以红。柿比者、题号者,胥史工徒鱼贯坐,各力乃事。既成,持白丞簿,白:是当书。既书,乃枚数而授之榷货务,商族趋焉。

虽然南宋末年的交引不是北宋初年的交子,但文中明说交引是从交子沿袭下来的,此时的交引印刷还是"行梓以墨",即用木版墨色印刷票面,"铜籀以朱",用朱色印泥钤盖铜印。在这两项工序之后,"柿比者"即整理排序者、"题号者"即题写名号者是坐在座位上完成工作的,显然这已是印刷之后的一道工序。直到此时,交引的印刷仍然是用单色雕版,然后钤盖印章,再用笔填写部分内容。溯源到交子的制作,应该也是同样的过程。

在交子之后,宋金元明各朝长期发行纸币,现在出土的可靠的印钞铜版已有多块,元代和明代的纸币也有流传。从实物看,这些纸钞仍是单色印刷,然后加盖官印。印钞技术长期应用、高度发达后的产物尚且如此,很难想象草创时的交子会是套印的。因此,不能仅根据一句"朱墨间错"的记载,就断定交子为双色印刷或彩色套印,并得出套印发源于北宋初年的结论。

(原刊于《金融时报》,2009年6月12日)

从伪钞案看南宋会子

会子是几乎伴随南宋始终的纸币,前后流通了一百多年,发行量可谓天文数字,但令人郁郁的是,至今不仅未发现会子有实物流传,史书中也没有留下多少对其形制和印制的记载。有限的直接记录会子的史料,只能让我们知道它用铜版印刷,并钤盖由政府颁发的官印。

不过,宋代文献中还有一些间接史料,可以帮助我们更多了解会子。比较重要的,有两起伪钞案审问记录,以及一项对北宋发行的纸币"小钞"的说明。钱币学界和印刷史界早就注意到这些资料,也做了很多解读,但现在看来,仍有信息被忽略,有语句被误读,没能充分揭示出会子的真面貌,因此有必要咬文嚼字一番,对这些史料进行仔细释读。

刻字匠蒋辉伪造会子案见于南宋大名人朱熹的《晦庵先生朱文公文集》(卷十九)。淳熙九年(1182),朱熹弹劾台州知州唐仲友,指控他的多项不法行为,其中包括庇护因累次伪造会子而获罪的蒋辉,乃至指使蒋辉再次伪造会子。在奏状中朱熹详列了蒋辉两次印造伪钞的过程。

淳熙七年,蒋辉"同黄念五在婺州苏溪楼大郎家开伪印六颗,并写官押,及开会子出相人物,造得成贯会子九百道"(《按唐仲友第四状》),事发断配台州。"开"即雕刻,"印"是朝廷颁发的钤盖在纸币上的印章,"官押"是负责官员的花押,"出相人物"是会子的票面图案。值得注意的是蒋辉三项造伪行为的顺序。朱熹为什么不把"开"官印与"开"图案印版放在一起说明,而要把它们隔开?应是为了适用当时的法律"伪造罪赏如官印文书法",前两项分别对应伪造官印、文书,而图案印版在二者之外,所以放到后面,同时也清楚地说明"官押"是用笔写上的,不是雕刻印章钤盖的。

第二年也就是淳熙八年,唐仲友又胁迫蒋辉为他伪造会子,共印制面额为"一贯文省"的假币近3000道。这次案件大概由朱熹亲自审问,所以案情记录特别详细。与会子形制、印制有关的内容也非常详尽:

> 仲友使三六宣教(唐仲友的侄子)令辉收拾作具入宅……次日金婆婆将描模一贯文省会子样入来,人物是接履先生模样。……当时将梨木板一片与辉,十日雕造了,金婆婆用藤箱乘贮,入宅收藏。……至十二月中旬,金婆婆将藤箱贮出会子纸二百道,并雕下会子版及土朱、靛蓝、棕、墨等物付与辉,印下会子二百道了,未使朱印……至次日,金婆婆来,将出篆写"一贯文省"并专典官押三字,又青花上写字号二字,辉是实使朱印三颗。辉便问金婆婆:"三六宣教此一贯文篆文并官押是谁写?"金婆婆称:"是贺选写"。(《按唐仲友第六状》)

从造伪过程可见,会子票面上有下列内容:带人物形象的图案;印章,最多六颗,至少有三颗是朱色的;笔写项目三处,面额、官员花押和编号;整个制作使用三种颜色:墨、朱、蓝,墨色应该是刷印的,朱色是作为印泥盖上去的,蓝色图案不知印法,也不知与墨色图案是否在同一面。过去人们在读"土朱靛蓝棕墨"时，多将句子断成"土朱、靛蓝、棕墨"，把"棕墨"当成一种颜料，其实是误读。清代以前的颜色系统中没有"棕色"，也没有所谓"棕墨"。宋代建筑学巨著《营造法式》讲到建筑彩画时罗列大量颜色，五花八门，但就是没有棕色。这里的"棕、墨"当指"棕"和"墨"，墨是主要颜料，棕则是制作印刷所用刷子的材料。宋淳熙三年舒州公使库刻本《大易粹言》卷末记书本的刷印工费有"棕墨糊药"各项，可为旁证。

从印制次序来看，会子先用雕版印刷票面，然后填加手写内容，最后再盖上三枚印章。这种作法符合制度要求：盖章表示纸币质量合格，具有信用，准许发行，理应是最后一道程序；同时也符合技术要求：当黑红两色重叠时，朱色在上才能两不妨碍，否则墨色会掩盖朱色，使印文不完整，损害官印的凭信作用。

虽然详略不同，但两次案情记录都将"印"与"写"进行区别，"专典官"的花押属笔写内容，是可以确定的，会子钤盖的诸多印章中，并无所谓"专典官印"。这有助于解决一个现实问题。八十年代在安徽东至发现了一套"关子"版，共有各类印版、印章八块，被认为是南宋末年贾似道发行的关子印版的仿制品，但又与当时记载的关子形制不符，特别是没有史书中所说的下方两枚"小黑印"，无法拼合成"贾"字。于是有多套拼合方案引用蒋辉伪会案的资料，认为关子版丢失了两枚"专典官印"，并在复原图中添上这两枚印。现在我们知道会子上并无此印，这类复原方案就失去依据，应该重新考虑。

淳熙八年假会案说会子上的面额"一贯文省"系用笔书写，又与另一处记载形成互证。南宋谢采伯《密斋笔记》中记北宋大观二年发行的小钞，"其样与今会子略同：上段印'准伪造钞已成流三千里,已行用者处斩。至庚寅九月更不用'。中段印画泉山。下段平写'一贯文省'、守倅姓押字"。他的描述也是将票面上的"印"和"写"部分明确分开,写的部分同是面额和官员花押。会子的样式与小钞类似,这样,在对会子有较详细描述的三条资料中,官员花押手写有三条旁证;纸币面额手写有两条旁证,应能反映出会子的面貌。实际上,最早的私人交子"书填贯,不限多少",后来收归官办,仍"逐道交子上书出钱数,自一贯至十贯文",钱贯数都是写上去的。《楮币谱》记元丰元年(1078)益州交子务有"贴书六十九人、印匠八十一人、雕匠六人、铸匠二人","贴书"即书手,从人数之多可见工作之繁,宋代纸币手工填写面额也是一项传统了。

(原刊于《金融时报》,2009年6月26日)

大明宝钞与活字印刷"不搭界"

铜活字印刷究竟起源于何时何地,一直是印刷史界争论不休的问题。由于现存最早的金属活字印书《白云和尚抄录佛祖直指心体要节》是 1377 年高丽清州牧兴德寺用"铸字"印刷的,再加上朝鲜史料中还有更早的关于"铸字"的零星记载,韩国学者便主张"铜活字"印刷技术是古代朝鲜人的发明。而中国学者认为,根据沈括在《梦溪笔谈》中的记载,北宋庆历(1041—1048)间布衣毕昇就发明了用胶泥烧制活字然后排版印刷的技术,虽无印成品流传下来,但技术说明详细可靠,此后至晚在元代已发明了木活字、锡活字。铜活字与其他各种活字的区别只是材质不同,技术原理是一样的,而且古代中国铸铜技术高度发达,不能排除在宋代已使用铜活字印刷的可能。

在 1997 年前后,中韩两国学者关于铜活字印刷发明权的争论趋于激烈。在辩论中,中国学者潘吉星发现一个重要实物证据:在古代的纸币印刷中,使用了"铜活字"。

我国自北宋使用交子以来,历南宋、金、元、明、清,各朝都曾发行流通纸币,用铜版印刷而成。目前世人可见的古钞版,宋代有三件不完整的残版,分别是"千斯仓图"钞版(实物下落不明,传有拓片)、"行在会子库"版(铜质,现藏上海博物馆)和"关子"版(八块一组,铅质,安徽东至出土)。金代钞版存世较多,连完整带残缺有十件以上；元、明、清三代，除了各有钞版传世，还有纸币实物保留下来。潘吉星发现，在金代钞版上用来印刷"字料""字号"和官员花押的"字"是活动的。

金代纸币，除了钞名、面额、赏格等内容外，还有两处编号，右称"某字料"，左称"某字号"。"字料""字号"四个字是铸在版面上的，但上面的编号"某"，需要按《千字文》的排序，不时更换文字，故在版上留有两个空槽，以便换字。版面下方有若干处需要官员签字画押的地方，也留了空槽，以便随不同的人更换花押印。上海博物馆藏金"贞祐宝券五贯"钞版，"字料""字号"上方及官员职名下方各可见一个空槽。有一张清人所拓"贞祐宝券五贯"版的拓片，"字料"的上方存有一"辖"字，表明在使用时这里确实是要安放活字的。潘吉星还认为南宋"行在会子库"版上"第壹佰拾料"中的"壹佰拾"三字也是插入空槽的活字。在宋、金之后，元代钞版上也留有这种空槽，而且纸币上也印刷着千字文编就的"字料""字号"。潘吉星在他的《中国金属活字印刷技术史》中得出结论说："宋、金纸币是铜版印刷和活字印刷相结合的产物，而铜活字也随纸币的发行获得长期的大规模应用。""中国铜活字印刷技术至迟始自12世纪初，已不容质疑。"

这个发现很重要，它把在印刷中使用活字的实物证据提早到宋、金时期，而且把印钞技术纳入整个印刷技术中来考察，比仅根据书籍印刷的研究来得更加全面。但这项成果也有需要进一步细化之处，如钞版上虽使用活字，尚未证明其材质就是铜的，这需要进一步的科学检验。又如在印刷版中使用"活字"，与"活字版"在概念上毕竟不能完全重合。人们讨论的"铜活字"印刷，实际上是"铜活字排版"印刷，除了使用单个的铜字外,还有排版、固定、印刷后拆版再排等一系列技术环节,缺一则不可称为活字版。

在上述结论基础上,潘吉星又提出,11世纪初(北宋初年)已有铜活字印刷,理由是交子上已有编号系统;明代出现了用铜活字印钞的高潮,证据则是大明宝钞的钞版。这两个说法,前者缺少根据,后者则属错误。因为北宋交子虽有编号,但无法证明是用活字并且是铜活字印上去的,它也可能是手写或用印章钤盖的。如清后期发行的户部官票和大清宝钞的千字文编号就是用戳子钤盖上去的。大明宝钞的问题则需要细说一下。

明代的纸币称为"大明通行宝钞",(图16)仍用铜版印刷,但与金元已有所不同。它的票面上不再有"字料""字号"等编号,也没有官员的签押,全部都是一次铸造好的固定内容,所以也没有用来安放活字的空槽。但它的背面,有几个编号性质的字,如民国间在南京明工部遗址出土、现保存于贵州省博物馆的"一贯"宝钞钞版,背面除4个足外,中心还有"泉字""三十号"五个编号文字。潘吉星将它们当作金元钞版上的"字料""字号",说"明初自1375年起所印发的6种面额的宝钞,每张钞币背面都印有'某字''某某号'不同组合的几个铜活字"。又说"所印铜活字为手书体,字体美观"。实际上,明代宝钞流传到今天的不少,中国金融出版社1992年出版的《中国古钞图辑》就收录了很多,其中两种给出背面照片,均没有什么印出的"铜活字"。那么,是不是这两张钞票漏印了呢?

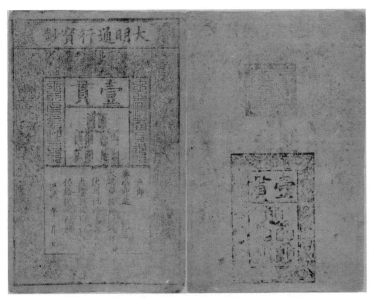

图 16　大明通行宝钞的正反面均无使用活字痕迹
（中国钱币博物馆藏）

其实不是。大明宝钞本身就不带编号，钞版背面的号码是其自身的编号。国家一次铸出多块钞版，分发到各地印刷，是要给它们编号登记的。"泉字三十号"还是其他什么号，铸字也好，活字也好，都不是为印刷而设的，证据则非常直观：其一，钞版背面四角有较高的足，并非平面，无法印刷；其二，从照片上看，这些字都是正字，若是印版，印出的字岂不是反的吗？

（原刊于《金融时报》，2009 年 9 月 4 日）

明永乐二十年钞法榜文阙字试补

1974年,山西在修缮应县木塔时,在塔中发现一批古代纸质文物,其中有一件明永乐二十年(1422)山西提刑按察司转发的都察院榜文(布告),内容是皇帝禁止拒用昏烂纸钞的谕旨。众所周知,我国是最早使用纸币的国家,至少自元代起,朝廷关于纸币流通的法令就用张榜公布的方式传达到民间。这张榜文是目前所见惟一的古代钞法榜文实物,弥足珍贵。

美中不足的是,历经岁月侵蚀,这张榜文出土时已破损,文字残缺。如《中国古钞图辑》(中国金融出版社,1992)在著录它时,就留下了32个空格,影响阅读和研究。不过值得庆幸的是,榜文的主体内容保留了下来,而通过其文字的内在逻辑和当时的语言习惯、典章制度,借助残存的字画,榜文中残缺的多数文字是可以复原的,至少可以了解其文意。

有的词语出现两次以上,可以参照完整的语句,补齐残缺文字。如第7行"一般使□",缺1字。按第15行有"不行使用",可知缺的是"用"字。又如第9行"泼□无□之徒",缺2字。对照第20行"泼皮无藉之徒",可知缺的是"皮"和"藉"二字。

有的词语虽只出现过一次,但根据逻辑、语言规律和制度,并结合残字,可以判断出缺掉的是什么字。如第5行"奉天门"下缺一字。按奉天门即今北京故宫的太和门,明成祖朱棣定都北京后,承太祖南京旧制,常时在奉天门设朝处理政事,百官则在门下接受谕旨。如《国朝典汇》卷七十八:"永乐四年二月,左右军都督府官早于奉天门钦奉圣旨……"根据残存笔划,"奉天门"下也应是"钦"字。第12行"□都察院",残坏的字剩下大半,属"心"旁。这是一个"恁"字,在元代和明初白话中常见,表示"你们"。《古今说海》卷一百三十七录天顺元年(1457)正月二十六日谕旨,有"恁都察院便出榜晓谕多人每知道"一句,可为旁证,同时也可知道第13行"多人"下面所缺的是"知"字。又如第18行的"充军"、第19行的"铺面"等,都可以根据词语本身及残字补足。再如第16行"许诸□□□□所在官司",缺4字,看似残缺过甚,但如果熟悉元、明法律的一句常用语———"许诸人首告",就会发现"诸"字下面残存的正是"人"字和"首"字,并可推出下面的"告"字。这样就补上了4个字中的3个。

还有的词语完全残缺,但也可以根据其他文献和当时的语言、制度等来补全。如第23行"□□□钦遵外","除钦遵外"是固定语,表示除遵旨外,还要采取进一步措施,同时也表示上面引述的是圣旨,而圣旨的结尾照例是"钦此"。所以我们知道残缺的这3个字是"钦此除"。明代文献中这样的用例甚多。如李诩《戒庵老人漫笔》卷一《半印勘合户帖》:"户部洪武三年十一月二十六日钦奉圣旨:'说与户部官知道……钦此。'除钦遵外,今给半印勘合户帖,付本户收执者。"

榜文最后两行大字"右榜谕众□知",缺一字。《明会典》卷二十二:"成化元年奏准各处修盖榜房,将洪武、永乐、正统年间节次颁降榜文,誊写张挂,谕众通知。"《封神演义》第二十三回,周文王贴出的告示最后说:"为此出示谕众通知"。结合残字,知道这里也是"通知"。还有一个词有些特殊,就是第17行"□□处死"。

依残字,缺的很可能是"凌迟"二字。但容易引起疑问的是,仅拒绝使用昏烂钞票,何以就犯下凌迟大罪?其实按当时法律,拒用昏钞连一般死罪也犯不了。这只表明封建统治者对百姓的威胁恫吓无所不用其极。如此,说"凌迟处死"也是可以理解的。

还有一些地方,不能确定是某一个字,但可知道是某项意义的字。如第16行前几个字已知是"许诸人首告",剩下一个字,必然是对"所在官司"带有命令意味的词,如"着""命""教"等。上引"洪武户牒"的圣旨中有"教中书省……"的说法,这里或可拟为"教"字。又如第24行"备云□□",按照文义,所缺应是"于右""于前"之类的词。《百丈清规》卷首录元代上谕后说,"除外,钦录全文在前。使院合下,仰照验,钦依施行"。用"在前",可资参考。

也有几个字无法复原,如第22行"强买强□□□货的",就不能确定是哪几个字。但这句话的意思,"强买强卖商人货物",还是明白的。

现在,我们可以试着读这篇榜文了。(图17)不能复原的字用□表示,推测的字加括号,有根据的字不作标识:

山西等处提刑按察司近奉
都察院为钞法事:永乐二十年
九月十五日早,本院左都御史
刘观同户部等衙门官于

奉天门钦奉
圣旨:洪武年间钞法流通,不分新旧
昏软,一般使用,军民买卖十分
便当。如今街市上做买卖的,有
等泼皮无藉之徒,不肯接钞。及

有接钞的,只要新钞,将那昏软
旧钞□不肯使用,故行阻滞钞
法,好生无理。恁都察院便出榜
去,晓谕多人知道:那新旧昏软
钞贯,务要一般行使,不许阻滞。
敢有□[旧钞]昏软不行使用的,
许诸人首告,[教]所在官司拿问,
那正犯人[凌迟]处死,户下追钞,
全家发边远充军。其中若有因
行钞法,辄将铺面关闭不做买
卖,及有等泼皮无藉之徒,倚恃
钞法于□街市铺面并客商处
强买强□□□货的,拿住都一般
治罪不饶。钦此。除钦遵外,今将
圣旨事意备云[在前],仰钦遵施行,须
至榜者。
右榜谕众通知。

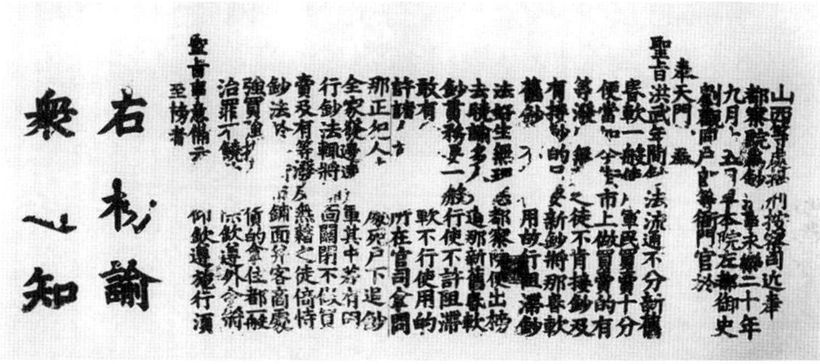

图17 明永乐二十年钞法榜文(引自《中国古钞图辑》第154页)

"银行"一词的由来

鸦片战争后,近代信用机构由西方进入中国,也催生了"银行"一词。"银行"就是英语"Bank"的汉译。中国人为何将"Bank"译成"银行",又从何时起使用这一名词？这是值得深入探究的有趣问题。(图18)

对中国何时出现"银行"一词,彭信威的《中国货币史》第八章"银行的兴起"中曾做过详细的考证。他说：

> 嘉庆二十四年(1819)英人穆里逊(R. Morrison)的《汉文字典》(Dictionary of the Chinese Language)里面,只有银铺、银票,而没有银行。道光二十九年(1849)的《英汉历》(Anglo-Chinese Calendar, 1849)里,广州的外人名单中,有Oriental Bank(东方银行)一家,仅注译作"银房",可见那时还没有用银行这一名词。不过当时对于各种商店既有称行的习惯,如隆顺行、公司行等,大概后来对于专门处理银钱事物的行号就称为银行。
>
> 最早提到"银行"一词的似乎是咸丰六年(1856)香港出版的《智环启蒙塾课初步》一书,其中 Bank Note 译作银行钱票。而咸丰九年太平天国的干王洪仁玕著的《资政新篇》中也有"兴银行"一条。洪仁玕正是来自香港,可见当时银行一词在香港已通行了。同治五年(1866)香港出版

的《英华字典》中的 Bank 一字下，第一个译语就是银行，其次才是银铺、银号、钱铺等。同年英国的 Oriental Bank 所发行的钞票，中文名为东藩汇理银行。

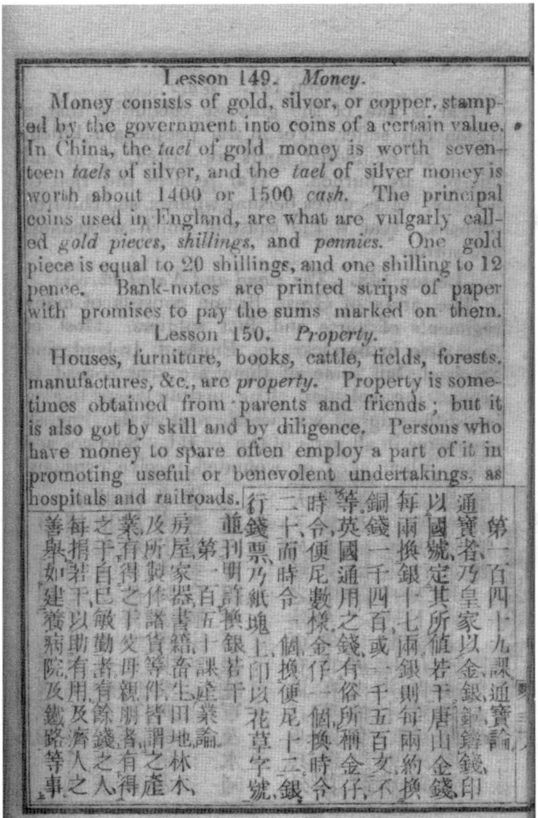
Lesson 149. *Money.*

Money consists of gold, silver, or copper, stamped by the government into coins of a certain value. In China, the *tael* of gold money is worth seventeen *taels* of silver, and the *tael* of silver money is worth about 1400 or 1500 *cash*. The principal coins used in England, are what are vulgarly called *gold pieces, shillings*, and *pennies*. One gold piece is equal to 20 shillings, and one shilling to 12 pence. Bank-notes are printed strips of paper with promises to pay the sums marked on them.

Lesson 150. *Property.*

Houses, furniture, books, cattle, fields, forests, manufactures, &c., are *property*. Property is sometimes obtained from parents and friends; but it is also got by skill and by diligence. Persons who have money to spare often employ a part of it in promoting useful or benevolent undertakings, as hospitals and railroads.

第一百四十九課通寶論

通寶者、乃皇家以金、銀、銅、鑄錢、印以國號、定其所值若干、唐山金錢每兩換銀十七兩、銀則每兩約換銅錢一千四百、或一千五百文、不等。英國通用之錢、有俗所稱金仔、時令、便尼數樣。金仔一個、換時令二十、而時令一個、換便尼十二。銀行錢票、乃紙塊上、印以花草字號、並刊明許換銀若干

第一百五十課產業論

房屋、家器、書籍、畜生、田地、林木、及所製之作、諸貨等件、皆謂之產業、有得于父母親朋者、有得之于自己敏勤者、有餘錢之人每捐若干、以助有用及濟人之善舉、如建養病院、及鐵路等事。

图 18　出版于 1864 年的《智环启蒙塾课初步》中提及“银行钱票”

（此为日本庆应三年［1867］年翻刻本）

到目前为止，彭信威的研究仍是最细密、最有说服力的，尚未看到有人提出更早的“银行”用例。可见，在汉语中，作为信用机

构名称与 Bank 对译的"银行"一词,大致产生于 19 世纪 50 年代的香港,然后传入内地。今后若能发现新的语例,年代也不会提早很多,毕竟 1845 年才有第一家 Bank 在香港开业。

清代的传统信用机构,多称为银号、银铺、钱庄。那么,为什么人们翻译 Bank 时没有选用这些现成名称,而是另造"银行"新词呢?对这个问题,至今为止研究得并不透彻。近几十年,学术界的流行观点是古汉语中已有"银行"一词,近现代的"银行"是从古代概念延伸演变而来的。其根据是古书中有零星的"银行"词语出现,如宋代地方志《景定建康志》《淳熙三山志》中都提到"银行";元代的一块石碑碑文在说到各行各业时包括"银行";明代小说《金瓶梅》也出现过"银行"。很多学者遂认为近代"银行"是古词新用。其实不然。因为古今"银行"虽然用相同的字,说的是不同的事,无法自然演变,两者只能算是巧合。

较早的中国市场格局,是城中有"市",市中有"行","行"是同类商家聚集买卖的区域。这种模式影响到后世,使某类商品的经营或商人组织被称为一"行",也就是今天说的"行业""行当""三百六十行,行行出状元"。宋、元、明文献中偶尔出现的"银行",都是指制造、售卖银器的行业。《金瓶梅词话》中挑担沿街叫卖的小贩来旺儿向西门大姐说:"我不会磨镜子,我只卖些金银生活、首饰花翠。……我便投在城内顾银铺,学会了此银行手艺、各样生活。"可见,到明代晚期,"银行手艺"仍然是打造、发卖首饰花翠的技艺,"银行"则是制造银器的行业,与今天的"银行"几乎没有共通之处。宋代白银尚未取得完整货币地位,其"银行"更不会与明代有本质区别。而且这有限几处"银行"的出处,或是地方志,或是石碑,或是禁书,都难以被大众看到,影响到 1850 年前后香港人的可能性实在不大。所以追究今天"银行"的历史,到 Bank 来到中国之时即可,不必远溯到宋朝。

古今"银行",用相同的字,说不同的事。那么今天的"银行(bank)"是否属于"旧瓶装新酒",即通过给古代已有词语赋予新义创造出来的呢?综合各种资料看,并非如此。古语中的"银行"要演变成近代的"银行",至少要经过两道重要转变:一是"银"的概念由"白银加工售卖"转为"货币",二是"行"的概念由"同业商人组织"转为"商业机构",即彭信威所说的"店""铺"一类意思。

"银"概念的转变,随着白银在中国货币体系中的地位日趋重要,到明清之际基本完成,"银"在特定场合已是"货币"的同义词。康熙二十八年(1689)十月,副都御使许三礼上疏弹劾原任刑部尚书徐乾学,其中一项罪状为"布商程天石新领乾学本银十万两,在大蒋家胡同开张当铺。其余银号、钱桌,发本放债,违禁取利,怨声满道"。此"银号"的功能是"发本放债","银"已用来表示货币。

但作为商人组织的"行",并未发生根本变化。加藤繁《论唐宋时代的商业组织"行"并及清代的会馆》曾论清代广东(省城)的行会:

> 广东的行,俗称为七十二行,在清末,实数比这还多,银行、金行、当行、丝行、茶行等,总计也达九十七个。行有这样的规定:在同一地方,不加入行,不能经营商业。有的行建立了会馆(也叫做行馆或者会所),集合在这里,或者祭神,或者议事。据长崎高等商业学校教授武藤长藏的调查,吊在银行会馆忠信堂的神坛前的钟的铭文如下:"在银行会馆玄坛祖师案前永远供,奉旨,康熙五十三年岁次甲午季

春吉旦佛山隆盛炉造(俊川按:录文不通,'旨'可能是'岢(时)'字之误,当读为'祖师案前永远供奉。岢康熙五十三年'云云)。"根据这个铭文,可以知道,广东的银行在康熙五十三年已经建设了会馆。

康熙时建有会馆的"银行",是与"银"有关的行会,其"银"有可能是传统的银器业,也可能是新兴的银钱业,但"行"不是具体的商业机构,"银行"更不是信用机构。1850年前后广东的传统信用机构不称"银行",彭信威已有说明,兹再补充数例。嘉庆十二年(1807),在广州的英商成立过一个"Canton Bank",现存几张中文的票帖,其上英文行名外,并无"银行"二字。道光二十三年(1843),英国与清政府在广东虎门签订《五口通商章程》附则《海关税则》,其中一款规定"海关应择殷实铺户设立银号数处"。1876年5月20日的《申报》,报道广州商人议设"荣康银号"。可见,在英式银行出现于香港前后,广州经营银钱业务的商铺名称并非"银行"。这些都说明"银行"确是香港本地语言。

香港在1842年只是一个2000多人口的小岛,为何能在10年后创造出"银行"一词?查考下来,在于其背后特殊的语言和商业文化背景。实际上,"银行"一词与清代在广东实行的"洋行"制度密不可分。

从隋朝开始,我国就通过"牙行"与外商进行贸易,牙人是居于买卖双方之间撮合交易的中间商,牙行则是牙人的行业。明朝广州和澳门的对外贸易,牙行作用重要:"凡外夷贡者,我朝皆设市舶司以领之……其来也,许带方物,官设牙行,与民贸易,谓之互市。"牙行可以官设,似已有向"牙人店铺"之义转化的趋势。清朝没有延续市舶司制度。康熙二十四年(1685),朝

廷在广州设立粤海关,管理广东一带的对外贸易。第二年四月,广东巡抚李士桢发布《分别住行货税》文告,规定:

> 今设立海关……今公议设立金丝行、洋货行两项货店……为此示仰省城佛山商民牙行人等知悉:嗣后如有身家殷实之人,愿充洋货行者,或呈明地方官承充,或改换招牌,各具呈认明给帖;即有一人愿充两行者,亦必分别两店,各立招牌,不许混乱。

著名的"广州十三行"由此产生。发现这条史料的史学家彭泽益在解释"十三行"名称由来时认为:"'金丝行、洋货行两项货店',和'分别两店'等句,则是把'行'、'店'两字通用。"十三行就是若干家(或许定名时为十三家)从事牙行业务的商号。可见,到此时,在广东的洋货贸易业,"行"由"牙行"一义发展出"店铺"一义,可以用来构成一个商业机构的名称。广州十三行中的行商名号均带有"行"字,著名的如伍秉鉴的怡和行、潘绍光的同孚行等。洋货行后来简化为"洋行"。此时的"洋行"兼具二义,既是从事贸易的牙行组织,即洋货行业;也可表示具体的店铺。行商组织与外人通信,往往自称"洋行";商人有时也称自己的商号为"某某洋行",如嘉庆十六年(1811)万成行商人沐士方呈送澳门官府的文书,就说自己"开张万成洋行"。清代长时期在广州一口通商,洋行是十分封闭的圈子,"行"的新意义对大众语言影响不大,却影响着洋行从业人员和外国商人。

在乾隆五十八年(1793)马戛尔尼访华事件中,乾隆皇帝在给英吉利国王的第二道谕旨中说:"向来西洋各国前赴天朝地方贸易,俱在澳门设有洋行,收发各货。……又据尔使臣称,尔国买卖人要在天朝京城另立一行,收贮货物发卖,仿照俄罗斯之例一节,断不可行。京城为万方拱极之区,体制森严,法令整肃,从无外藩人等在京城开设货行之事。""洋行"又叫"货行",可以开办、设立,显然已具商铺之义。

仔细分析一下,会发现"银行"与"洋行"一样,既是一个行业的名称,又可以构成一个具体商号的名称(如最初的"东藩汇理银行",后来的"中国银行"),并在店名中表明业务范围,其实具有非常鲜明的文化特点。在清代的传统商业中,这几个概念通常难以集于一身。如"药铺"是药品商铺的通称,具体到商家,则叫"同仁堂""鹤年堂"等,店名并不直接表明经营范围;又如"票号"是主营汇兑业务的信用机构的通称,但票商如"日升昌"等的店名也不体现经营范围。从这点看,"某某银行"并不符合中国传统的商家命名习惯,它体现的是在广东延续近200年的外洋贸易文化,而非内地的店铺商业文化。

有了表示货币的"银"、表示店铺的"行",以及可用作构词参照的"洋行","银行"一词在紧邻广州、华夷杂处的香港产生就顺理成章了。1842年之后,近代西方商业机构来到香港,从事贸易的"company"被译成"洋行",经营信用的"bank"被译成"银行",一个汉语新词就此诞生。

"银行"一词随着西方经济势力的扩张、银行分支机构的开设,逐渐从香港向内地扩散。1872年,《申报》创刊伊始,就刊登了大量有关银行的新闻与广告,看得出,这个词以爆炸式传播姿态进入中国人的语言,到1897年中国通商银行成立,它已成为一个成熟、稳定的汉语名词。

(原刊于《中国金融家》2012年第8期)

宋代已有"银行街"了吗?

在金融史研究中,经常有人提出:古汉语中早有"银行"一词,并且南宋建康(今南京)的银行业非常发达,曾形成一条"银行街",以此来证明银行古已有之。实际上,古代的"银行"一词虽然与今天表示信用机构的"银行"用字相同,却不是一个意思,将古今"银行"的词义等同起来,实属对古书的误读。

对于南宋建康有一条"银行街",学者们的论述都差不多,可用曾康霖等著《信用论》(中国金融出版社,1993)中的说法作为代表:

> 我国使用"银行"一词已有900多年的历史。据《景定建康志》记载,公元1057年福州知府蔡襄作教民十六事,其中第六条为"银行辄造吹银出卖",这是中国历史文献记载中,最早使用"银行"一词的出处和时间。公元1170年,南宋的建康(今南京市)城内,不但有"银行",而且"银行"成"市","今银行、花行、鸡行……皆市也"。公元1260年,建康城内的"银行"成了一条街,称"银行街",可见当时"银行"之多,生意之兴隆,已经使这种业务形成了一个独立的行业。那时,"银行业"的主要业务是打制金银器饰,并兼营金银器饰及生金银的买卖,如果要按马克思主义经济学的标准去衡量,它还不是银行。但应当看到它也是一种信

> 用机构,因为它们受人之托保管钱财,进行货币兑换,办理异地汇兑,在一定条件下还从事存放款业务。

这段论述讹误甚多,也没有经过细致考证。首先,"《景定建康志》记载,公元1057年福州知府蔡襄作教民十六事"云云就叙事错误。记载福州"银行"之事的,是纂修于南宋淳熙九年(1182)的《三山志》,史称《淳熙三山志》,三山是福州的别名。《景定建康志》是今天南京的地方志,不会去记载福州的事。

《淳熙三山志》卷三十九"土俗类·戒谕"下记"教民十六事":

> 嘉祐二年十月,乡老于翰等请纪密学蔡公教民十六事,立碑于虎节门下。……五、市行见行铜钱,如有夹杂砂鑞新钱,许人告。六、银行辄造次银出卖,许人告捉。

蔡公即蔡襄,庆历五年至七年(1045—1047)任福州知府并提出"教民十六事",即针对吏民的十六条禁止性规定。此事发生在1045—1047年间,而非1057年。后者是嘉祐二年福州人请求就此立碑纪念的年份。

作为"教民十六事"的第六事,蔡襄规定"银行辄造次银出卖,许人告捉",而且紧随在禁止伪劣铜钱通行之后,很像一条对"银行"制造买卖白银制品的质量规定。但"次银"二字费解。《淳熙三山志》最早刻本为明崇祯十一年(1638)本,刊刻前经过辗转传抄。在此前150年,明弘治己酉(二年,1489)修成、次年刊刻的《八闽通志》卷八十五"拾遗"记录此事,写作"银行辄造吹银出卖,许民告捉"。日本学者加藤繁作《论唐宋时代的商业组织"行"并及清代的会馆》时,曾据蔡襄的文集《蔡忠惠公别集补遗》引用,"次"也写作"吹"。因此,《淳熙三山志》中的"次银"很可能是"吹银"的形近之误。从白银冶铸角度看,"吹银"或指成色不足的掺假银制品,因为高纯度银锭在铸造时表面会产生细密的丝纹,成为所谓"纹银"。这也是检验银锭成色的标准。如果掺入较多铅等杂质,银锭产生不出标准的丝纹,就需要向溶液吹气来制作假丝纹。这条材料可以说明北宋庆历时,福州已经有铸造银器的行业和对银锭的成色要求。但这个首次出现的"银行",就像唐代的"金融"一样,和今天的概念没有关系。

其次,《景定建康志》所记的"银行",只是一个地名,并非"信用机构",更没有在1170年"银行成市"。现将此书卷十六"疆域志二·镇市"中"古市"一节文字完整录下,以见其实:

> "古市":按《宫苑记》,吴大帝立"大市"。在建初寺前,其寺亦名大市寺。宋武帝永初中立"北市"。在大夏门外归善寺前。宋又立"南市"。在三桥篱门外斗场村内,亦名"东市"。又有"小市"、牛马市、谷市、蚬市、纱市等一十所,皆边淮列肆,裨贩焉。内"纱市"在城西北耆阇寺前。又有"苑市"在广莫门内路东。"盐市"在朱雀门西。今银行、花行、鸡行、镇淮桥、新桥、笪桥、清化市,皆市也。(旧志)

这段文字后面加注"旧志",表示是对"旧志"即乾道五年纂修的《建康志》(史称《乾道建康志》,今已不传)的引文。从原文可以清楚地看出,这里说的"市",既不是景定(1260—1264)时的市场,也不是更早的乾道(1165—1173)时的市场,而是根据古书《宫苑记》追述三国吴和南朝宋设立的"古市",说的是公元229—479年间的事,与南宋时代相去甚远。"今银行、花行、鸡行、镇淮桥、新桥、笪桥、清化市,皆市也",指乾道时建康的"银行、花行、鸡行"等地都是古代"市"之所在,银行、花行、鸡行与镇淮桥、新桥等一样是地名。这些地名来源可能很古老,如"鸡行",纂修于庆元六年(1200)的《建康续志》说:"鸡行街自昔为繁富之地,南唐放进士榜于此。"科举考试后张榜的繁华街道,肯定不会是贩卖鸡禽的市场,对"银行"也应如此理解。《景定建康志》卷二十一在记"楼阁"时说:"东南佳丽楼在银行街。"可见景定时的"银行街",就是乾道时的"银行",是一个相沿下来的地名。

到元至顺年间(1330—1333),建康府已改为集庆路,郡人戚光纂修《集庆续志》,在注释《乾道建康志》的"古市"时说:"银行,今金陵坊银行街,货物所集;花行,今层楼街,又呼花行街,有造花者。诸市但名存,不市其物。"这是对《景定建康志》中"银行"的很好说明:南宋时建康的"银行",就是元代集庆路金陵坊的"银行街",是一个"货物所集"的地方。更重要的是,由银器而得名的"银行","但名存,不市其物",并不买卖银子。

到明代,"银行街"被改名为"银作坊"。明洪武二十八年(1395)所绘《洪武京城图志》中的"街市"图已标出"银作坊"。(图19)嘉靖十六年(1537)陈沂撰《金陵世纪》,卷二"纪衢市"说:"银行,即今银作坊。"万历五年(1577)《应天府志》卷十六"建置志":"江宁县治在府治南银作坊,即宋东南佳丽楼故址。"这个地名一直沿用到20世纪。可见,明朝人认为宋元时的"银行"即"银作坊之行",与信用机构没有关系。

古时一种职业称为一"行",也就是今天说的"行业"。同"行"的作坊店铺集中在一地,日久"行"名就成为地名。南宋时建康有"银行"或"银行街",和那里曾有银器作坊聚集有关,但它只是地名,充其量反映出一个行业名,而不是具体的商铺,因

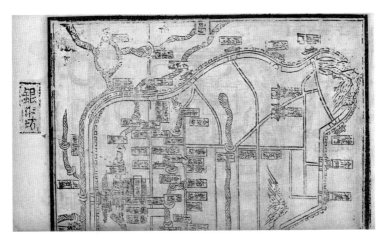

图19 在明洪武二十八年(1395)所绘"京城图"中，宋代的"银行街"已改名为"银作坊"

此不能说"'银行'成了一条街，称'银行街'"。将宋代地方志中的地名"银行"当成"信用机构"，进而说它们多得"成街成市"的论点，可以休矣。

(原刊于《中国金融家》2015年第6期)

"银行"名称源自香港新证

中国的银行是近代中西交流的产物,最早出现在鸦片战争之后的香港。1845 年,英国的 Oriental Bank 在香港设立分行,后来陆续延伸到内地。Oriental Bank 的香港分行是开设在中国的第一家银行,开业之初是否已有汉语名称,现在尚不清楚,但由"Bank"翻译而来的"银行"一词,不久就在香港产生。

对中国人从什么时候起使用"银行"这一名词,彭信威的《中国货币史》曾做过比较详细的考证(参见《"银行"一词的由来》),认为"最早提到银行一辞的似乎是咸丰六年(1856)香港出版的《智环启蒙塾课初步》一书"。现在看,彭信威的研究仍是最有说服力的,不过现在有了 e 考据的助力,还可以举出比"咸丰六年(1856)《智环启蒙塾课初步》"更早的语例,以为补充。

1854 年 1 月的中文月刊《遐迩贯珍》中,已有关于"银行"的报道。《遐迩贯珍》是在香港出版的第一份中文期刊,创刊于 1853 年 8 月,停刊于 1856 年 5 月。杂志由马礼逊教育会出版,英华书院印刷发行。在 1854 年 1 月 1 日出版的当年第二号杂志(与第一号同日出版)"近日杂报"(图 20)栏刊登消息说:

> 十一月十三日,福州来信云:数月来,因地方多故,致数家大银行关闭歇业,而小经纪挑贩贫民,多受苦累。……原

其起事之由，因各家银行，仓促间银钱支绌，不敷应付，阛市骚然，莠民藉端鼓众哄闹，乘衅抢掠铺户，波及各富室。署制府王懿德闻变，派兵捕办，擒枭为首六人以徇，事稍定。旋访得各银行实有咎失招衅之瑕，提鞫根由，据云银项现尚敷支结，惟铜钱缺乏，所以壅塞不通……

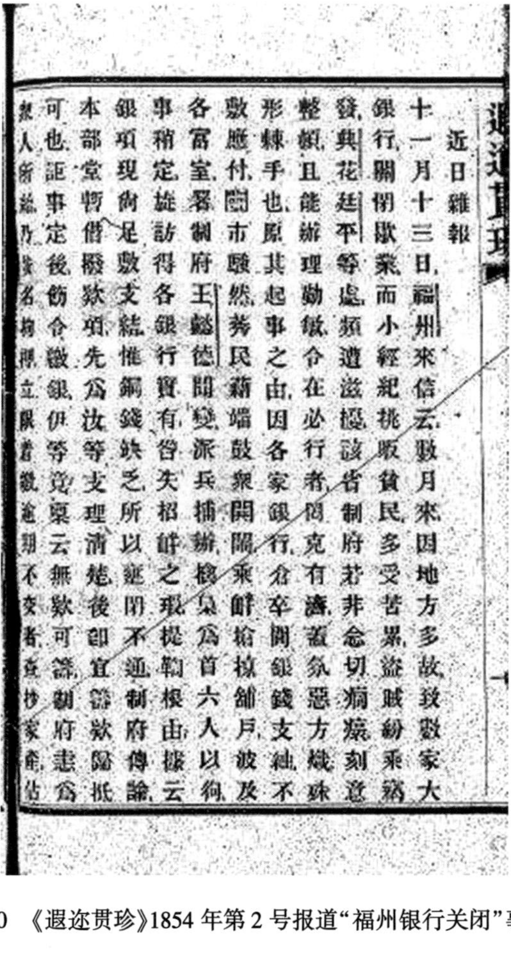

遐邇貫珍

近日雜報

十一月十三日福州來信云數月來因地方多故致數家大銀行關閉歇業而小經紀挑販貧民多受苦累盜賊紛乘竊發興化延平等處頻遭盜劫該省制府若非念切痌瘝刻意整頓且能辦理勸懲令在必行者何克有濟蓋糸惡方熾殊形棘手也原其起事之由因各家銀行倉卒閉銀錢支絀不敷應付闤市騷然莠民藉端鼓衆閧鬧乘衅搶掠舖戶波及各富室署制府王懿德聞變派兵捕辦擒梟爲首六人以徇事稍定旋訪得各銀行實有咎失招衅之瑕提鞫根由據云銀項現尚足數支結惟銅錢缺乏所以壅閉不通制府傳諭本部堂暫借撥款項先爲汝等支理清楚後即宜籌款歸抵可也詎事定後飭令繳銀伊等竟稟云無款可籌制府恚爲衆人所惑乃發名掛牌立限書繳逾期不交者查抄家產估

图 20 《遐迩贯珍》1854 年第 2 号报道“福州银行关闭”事件

这则新闻发生在咸丰三年四五月间,说的是福州四家钱店遭遇"滚支"即遭挤兑而倒闭的事件。文中3次出现"银行"一词,与今天语义相同。《遐迩贯珍》编辑部于1853年11月13日收到福州来信,于次年1月1日出版杂志,算上编辑日程,可见"银行"一词至晚在1853年已在香港流行。这比《中国货币史》指出的最早语例要提早3年。

这是否说明当时内地如福州已经流行"银行"一词了呢?答案是否定的,因为福州方面对此事的记载截然不同。《遐迩贯珍》报道的"数家大银行",按当事人的说法却是"钱店""钱铺"。如署理闽浙总督王懿德的年谱记录此事说:"时省城钱店票存不敷支应,奸民乘机抢掠,获六人诛之,始定。"亲历事件的福州人刘存仁在给亲友的信中说:"自五月初三日起,中和滚支,继而各店纷纷停闭。钱店限支,典铺限当。"(傅衣凌《十九世纪五十年代福建金融风潮史料摘抄》,《明清社会经济史论文集》,第255页。中华书局,2008)显然,当时福州并无"银行",只有"钱店"。《遐迩贯珍》所言"银行",是对传统钱店的香港话表述。据台湾学者苏精研究,《遐迩贯珍》的每月稿件由各地寄来香港,主编翻译成中文后,再请中国教师加以润色(《铸以代刻》,第281页,台大出版中心,2014),可见"银行"确是香港本地语言。这是仿造清代外洋贸易中"洋行"一词而创造出的汉语新词。

搜寻"银行"早期用例,是金融史研究的一项有趣工作。随着阅读更多史料,特别是检索电子资源,也许还会发现更早的"银行",但不会早过1845年,应是可以肯定的。

(原刊于《中国金融家》2015年第2期)

"金融"溯源

"金融"是什么意思？这个词是怎样来的？应该是金融学和中国金融史探讨的第一个问题。

近年来，学界对汉语"金融"一词的词义、词源取得基本共识，即认为"金融"定型于19世纪末、20世纪初，是伴随着近代银行业进入中国产生的外来词，最初表示以银行等信用机构为中介的资金融通。

黄达先生自20世纪90年代以来，撰写了好几篇文章讨论这个问题。如他为修订《中国金融百科全书》撰写的词条《金融》，发表于2001年。此文指出：

> 金融一词并非古已有之。"金"与"融"这两个字，是极古老的中国字，可是这两个字连在一起组成一个既不能单独用"金"字解释也不能单独用"融"字解释的词——金融——则不见于任何古籍。《康熙字典》及其以前的所有辞书均无金与融连用的记载。作为一个词条，最早见于1915年初版的《辞源》和1937年初版的《辞海》。这说明，至迟在19世纪下半叶，金与融这两个字组成的词已经定型，并在经济领域中相当广泛地使用；两部辞书的释义均指通过信用中介机构的货币资金融通。

同一年,黄达在武汉大学发表题为《够不上方法论的"方法论"——由"金融"与"金融学"引起的》演讲,再次阐述这一观点,并指出:

> 连起来的"金融"始于何时,无确切考证,最大可能是来自明治维新的日本。那一阶段,有许多西方经济学的概念就是从日本引进的——直接把日语翻译西文的汉字搬到中国来。(以上两文后均收入《与货币银行学结缘的六十年》,中国金融出版社,2010)

黄达是著名经济学家,他的考证有理有据,很快就被学界广泛接受。现在的金融学著作谈到这一问题,基本上都采用他的观点。对此观点作出补充的,主要有张亚光先生发表在2011年第11期《中国金融家》杂志上的《"金融"一词的由来》一文。他在引述黄先生的考证后,又引述民国时东北大学教授张辑颜《中国金融论》中对"金融"称谓的考证和定义:

> 金融者,金币之融通状况之谓也。故金融学科,为研究金币之融通状况,及其与国家财政,民生经济,所生各种关系之学科也。金融之名词译自日本:盖日本以金币为本位,故称金融。

张辑颜的书出版于民国十九年(1930,商务印书馆),其时金融业兴起未久,他对"金融"一词的来历应比今人更清楚。"金融"一词源自日本,民国和当代学者的看法是一致的。

接下来的一个问题,是"金融"这个词何时从日本传入中国?又何时广泛流行?对此,目前的研究没有给出明确答案。黄达认为"至迟在19世纪下半叶"汉语词语"金融"已经定型;张亚光认为"到民国初年,'金融'概念才正式出现",但均未举出具体例证。不过,曾有学者考出"金融"较早出现在汉语文献中的例子,是民国元年(1912)财政部的一道呈文,里面说:"自去秋以来,金融机关一切停滞,公私出纳皆以现金,遂至周转无方,商民交困。"(刘凤林、陈文生,《"货币"和"金融"两名称的由来》,《天津金融研究》,1983年第3期)这似乎是"民国初年说"的根据。但从语言规律来看,一个新词一般要在社会上广泛流行之后,才会进入官方语言。把财政部呈文中的用例作为"金融"概念的初现,难称定论。

在纸本书时代,要查考一个词的出处及源流,堪比大海捞针。但时至今日,网络搜索工具和各种数据库已初见规模,这项工作变得相对容易起来。本文尝试结合平时读书所见和网络搜索、阅读所得,查考"金融"一词在日本演变、传入中国及早期流传使用的情况。惭愧的是笔者无力阅读日语文献,只能查考日本古文献中的汉字词语,故未参考日本学者的相关研究成果。如果本文结论与已有观点相同,自应以前贤所论为是。

首先说明一下,经济学意义上的"金融"是汉语新词,并无疑义,但不能说"金""融"两字相连组成的词"不见于任何古籍"。古籍中"金融"组词连用虽不常见,也不算罕见,只是与现在的词义无关而已。如唐代僧人澄观《贞元新译华严经疏》卷二说,"如金师子一切皆金,以金融故","金融"义指"黄金融制而成"。李峤《洛州昭觉寺释迦牟尼佛金铜瑞像碑》的铭文说佛像"毫文玉洁,额理金融",也是此义。宋代张耒的诗《六月八日苦暑二首》说,"三伏方肇序,金融未能完",则形容天热得能把金属融化。

既然"金融"来自明治维新后的日本,我们不妨先考察一下这个词在日本的来龙去脉。

日本在明治四年(1871)年5月10日颁布《新货币条例》,

统一币制,确定金本位,次年颁布《国立银行条例》,开始建立效仿西方的近代银行体系,但这两部条例中未出现"金融"字样。先后在大藏省担任要职(先为大藏大辅,后为大藏卿)的大隈重信(1838—1922)是这一进程的重要推动者,保留下很多当时有关此事的档案文献。大隈重信的档案后来捐赠给他创办的早稻田大学图书馆,称为"大隈文书"。现在看,明治早期的大隈文书中已出现了"金融"一词。

明治八年(1875)年九月,三野村利左卫门上"金融之义义付建言書"(图书馆目录作《金融ニ関スル建言書》,图21)。这个建议书中多次出现"金钱融通"一语。在第九至十页,作者略谓一国"金钱之融通"如同人的血液流动运转,一旦停止流动就会危害脏腑和健康,必须百方医治。当时日本国内"金融壅塞",恰如人体血液运行停滞。这个"金融"二字连用之词,显然是"金钱融通"的缩略。

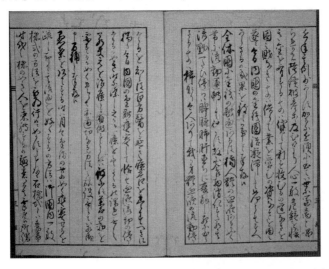

图21　日本明治八年《金融ニ関スル建言書》中出现"金融"一词
(早稻田大学图书馆藏书)

稍晚，明治八年十月七日由吉原重俊写给大隈重信的《金融蔽塞百业不振ニ関スル建議書》，开篇即言"方今金融蔽塞百业不振"，其"金融"也是"金钱融通"的缩写。

以上二书都是写本。在明治时期的印刷出版物中，明治十年（1877）牧山耕平译《初学经济论》的第三十八章"金融壅塞"、第三十九章"金融壅塞的恢复"中，"金融"一词多次出现，并且不再借助"金钱融通"而独立使用，说明它在日语中已经很流行了。《初学经济论》的原本是1875年在美国出版的由Alfred Bishop Mason和John Joseph Lalor编写的经济学初级教科书 *The Primer of Political Economy*，其第38章为 A commercial crisis is caused by the destruction, the unproductive consumption of wealth，意为"由财富的破坏，亦即财富的非生产性消费引发的商业危机"；第39章为 The effects of a commercial crisis can be removed only by the production of wealth，意为"财富的生产可以消除商业危机的影响"。日译"金融壅塞"对应的大致是"a commercial crisis（商业危机）"。从这些用例看，早期的"金融"基本上与"壅塞""蔽塞"等词连用，词义偏窄，与今日用来对译的英语词"finance"意义相差较大。

在此后10年间，日本书籍报刊中"金融"一词爆发性使用，词义也开始转变，被用来指称与货币和信用有关的交易与经济活动，并组成金融机构、金融制度等新词。如明治十六年（1883）出版的小池精一讲述、杉中利平次笔记的《英国金融事情》，"金融"仍为"金钱融通"缩写，但已脱离"壅塞""蔽塞"等情景，用来表示整个货币市场，包括货币运行、交易以及银行等信用机构的活动。这本书的原作是英国经济学家Walter Bagehot所著 *Lombard Street: A Description of the Money Market*

(《朗伯德街：货币市场纪实》，初版于1873），朗伯德街是当时伦敦银行机构和货币交易集中的区域，即今天的所谓"金融街"，作者以此入手，介绍英国货币市场的基本情况。日译本"金融"对应的英语名词是"money market"，也不是"finance"，但与我们今天使用的意义已基本相当了。

以上是日语词"金融"演变的大致过程。那么，它又是怎样进入汉语的呢？

一方面，19世纪末20世纪初，日本人在中国做了很多调查工作，出版的书中多有"金融"一节。如明治二十五年（1892）日清贸易研究所编纂的《清国通商综览》，第四门为"金融"，介绍了当时中国的银行、货币兑换、存贷款和票据等情况。明治二十八年（1895）出版的仁礼敬之《清国商话》，其第五回即为"金融"。这类书有些还在中国出版。虽然此时的"金融"属于日语词，但难免会对汉语产生影响。

另一方面，是中国人的翻译引进。甲午战争后，中国从日本引进了大量汉字新词，但"金融"进来得较晚。利用现有的数据库，可以检索出来的最早出现"金融"的中国书，是麦仲华编辑的《皇朝经世文新编》。此书中《德国公司总数考》一篇，系翻译一位不知名日本作者的文章，其中说"德之金融会社纸币发行银行三百五十九所"。《皇朝经世文新编》未署出版年月，但有梁启超于光绪戊戌年（1898）正月撰写的《叙》，应该即出版于此年。后来该文又发表于光绪二十五年九月二十六日（1899年10月30日）的上海《申报》，题目改为《论德国商务》。同年，《湖北商务报》第十八期刊有《论正金银行兼营日清贸易金融机关事宜》，注明译自《时事新报》；第二十六期刊有《上海金融之前途》，注明译自《大阪朝日新闻》。这几处"金融"都源于日本人的文章,虽然出现在中国书报中,仍属于借用的日语词,不能说是汉语词。

此后很长时间的中国文献中未能再检索出"金融"一词。特别是《申报》,在当时集中了中国最多银行的上海每日出版,保留下大量近代汉语史料和银行史料,在长达7年的时间里却从不谈及"金融",只能说明当时还不用这个词。

到了光绪三十二年(1906),"金融"突然开始大量出现在《申报》中。二月十八日(3月12日)《日本建议创设日清银行》一文说,"今日亟当设一日清共同之金融机关",仍然来自日本人的文章。六月初五日(7月25日)《俄国政界变局之影响》一文说,"初三日柏林电云,欧洲各国初得俄国所生变故之消息,金融价值为之迟钝",这已经是中国人的口吻了。这一年,《申报》共出现"金融"13次,下一年则出现29次。如果把在《申报》上大量使用作为一个词语流行的标志,那么大致可以说,"金融"成为汉语词汇是1906年前后的事。

再后来,"金融"一词的应用记录就更多了。到宣统间(1909—1911),这个词已进入官方语言。时任度支部尚书的盛宣怀,在他的奏疏、电报中屡次使用,如宣统元年闰二月他在《请推广中央银行先齐币制折》中说,"握全国金融之机关者,尤必赖中央银行"(《愚斋存稿》卷十四)。同年度支部奏设币制调查局,列明调查的内容包括"世界金融之消息"(《清续文献通考》卷二十四钱币考六)。与此同时,各省督抚官员的奏疏均经常提及"金融"各种情形(见《宣统政纪》及《清续文献通考》等书),表明这个词已在全国流行开来。

最后总结一下。"金融"一词产生于明治维新(1868)之后的日本,是"金钱融通"的缩略语,指资金在社会上的流通,后来意义得到扩展,表示与货币、信用有关的交易和经济活动。光绪三十二年(1906)以后,"金融"大量出现在上海的报纸上,成为一个汉语新词。随后几年,它又进入官方语言系统,并在全国各地流行。到宣统三年(1911)年清朝终结之时,它已成为汉语中的一个常用词。以前的观点,认为"至迟在19世纪下半叶"汉语词语"金融"已经定型,说得未免过早;认为"到民国初年,'金融'概念才正式出现",又未免过晚了。

(原刊于《中国金融家》,2014年第6期)

梁启超谈"金融"

"金融"一词,是20世纪初从日本传入中国的,其复杂过程可见《"金融"溯源》。那么,最早使用"金融"一词写作的中国人是谁呢?

1902年,梁启超在《新民丛报》第六期开辟问答专栏,回答读者的问题。一位"东京爱读生"提问:"日本书中'金融'二字其意云何?中国以何译之?"

梁启超答道:"金融者,指金银行情之变动涨落,严氏《原富》译为金银本值,省称银值。惟值字仅言其性质,不言其形态,于变动涨落之象不甚著,且省称银值,尤不适用于金货本位之国。日本言金融,取金钱融通之义,如吾古者以泉名币意也,沿用之似亦可乎?"

他的解答简明扼要,可惜并不准确。"金融"是"金钱融通"之义不错,但"金钱融通"并非"金银行情之变动涨落"。"金钱融通"指通过借贷等业务形成的货币交易和流通,"金银行情"则指货币相对于商品的价格。严复译《原富》中的"金银本值",在亚当·斯密原作中是"values of gold and silver",省称"银值"的是"value of silver"。"金融"在19世纪对应的英语词是"circulation of money"和"money market",二者不是同一概念。虽然如此,梁启超仍是现在知道的第一个论及"金融"的中国人,而且他认为"金融"胜于严复创造的"同义"新词,不必翻译就可直接沿用,可以说为"金融"在中国流行打开通道。因为梁启超和《新民丛报》在引进日本词语、创造中国新词方面影响巨大,如果当时他另造一个新词,说不定后来就没有"金融"什么事了。

接下来的问题是,"金融"是个简单的词,为何提问者看不懂,回答者梁启超也没看懂?究其原因,"金融"虽由汉字组成,却是一个纯粹的日语词,仅凭汉字难以理解其意义。

首先,"金"是日本货币本位。中国使用银本位,凡与货币有关的词多用"银"字构成,如"银行""银票"等,仅看"金"字,未必会联想到货币。其次,"融"在汉语中很少单独使用,"融通"的意思,汉语和日语也大不相同。

汉语中"融通"主要见于佛学和理学著作,指融会贯通,在思想上与佛或圣人合为一体,与金钱搭不上关系。

不过两个字翻过来的"通融"一词,有时与银钱有关。"通融"词义复杂,可以指贯通融会,也可指商量、变通、协洽、统合等等。除此之外,"通融"还带有"互通有无""以丰补歉"的意味。在官,常指各地方或部门之间挪借钱粮。如清乾隆《钦定授时通考》卷四十八记雍正帝谕旨:"朕君临万方,普天率土,皆吾赤子,一省米谷不敷,自然接济于邻省,有无相通,古今之义。……倘各存偏向本省之见,不肯通融接济,则朕办理甚难。"丁宝桢《丁文诚公奏稿》卷二十一《解部减成减平留川待拨折》:"将历年扣收减成减平银两随时通融挪凑,勉强支持。"这也是清代"通融"最常见的用法。在民,有时是"借贷"的代名词,如丁曰健《治台必告录》卷四《请筹议备贮书》:"地方绅商无通融借贷也。"又如无锡人廉泉在光绪末年写给盛宣怀的信中说:"侄自来沪上,缓急之需,向恃祝兰舫处通融。"(《历史文献》第二十辑,295页)这类"通融"虽指银钱借贷,但只是具体行为,无法指称整个货币市场或货币运行。

"融通"在日语中表示货币运行的状态,在汉语中却与货币无关;"通融"虽然可以帮助理解"融通",但"金钱融通"是一个超越了具体行为的抽象概念,二者并不同义;将"融"字抽出与"金"字组词,"金"在中国又不是货币。如此"金融",也就难怪中国留学生看不懂,甚至在日本生活有年、博学多闻的梁启超也一时读错了。

1903年,再次有中国人撰文讨论"金融"问题,这就是发表在《浙江潮》第三期上的《中国金融之前途》一文。作者无逸,应是浙江留日学生。

文章的标题下,有双行小注"金融者,金银之融通也,以金银流通于市面之谓",准确解释了词义,也道出当时留学生大多仍不了解"金融"真义,更不用说国内的人了。

《中国金融之前途》起首即云:"金融者何?实业之元素,生计之胚胎也。是故金融不敏捷,则各实业之资财,皆将成为废物而无可利用。"在这一认知高度上,作者对比了中国和外国金融业的差距,指出外国银行大肆进入中国,必然导致中国在融资、贸易乃至货币发行等方面遭受重大损失,呼吁中国特别是浙江发展自己的金融机构和金融市场。这篇长达十页的文章,是目前所见最早的中国人撰写的金融论文。

《浙江潮》虽是中文杂志,但由留学生在日本编辑出版,和中国本土刊物有所不同,因此还不能说这篇文章的发表,就是"金融"一词在中国流行的开始。

此后中国书报中仍少见"金融"的身影。直到清光绪三十二年(1906),"金融"突然大量在《申报》中出现(当年使用13次),标志着它成为一个汉语新词。

(原刊于《中国金融家》2018年第4期)

金融和 finance

今天,"金融"被用来翻译英语名词"finance"及形容词"financial",人们早已习惯,以至于认为"金融"就是为翻译"finance"而创造出来的词。

其实不然。无论日语还是汉语,早期的"金融"虽表示与货币、信用有关的经济活动,却并不用来翻译"finance"。它们形成对译关系,还是在"金融"流行几十年之后的事。

日本人翻译英文著作中较早出现"金融",是明治十年(1877)牧山耕平译的《初学经济论》(*The Primer of Political Economy*, 1875),书中将"a commercial crisis"造成的货币紧缩后果意译为"金融壅塞",英文原书中并无 finance 或 financial 一词。"金融"的"金钱融通"这个本义在很长时期内都和英语的"the circulation of money"相对应。如 J. H. Gubbins 编《汉语英译词典》(1892)、高野岩三郎等著《和英辞典》(1897)以及井上十吉编《新译和英辞典》(1911),都将"金融"注释为"the circulation of money"。

"金融"的词义后来扩展到"货币市场",于是又被用来翻译英语中的"money market"。如 *Lombard Street: A Description of the Money Market* 一书译作《英国金融事情》(1883)。这一释义用得比较广泛,时间也久,像《武信和英大辞典》(1918)就将"金融"释为"money market"。

英语"finance"的词义很宽,凡国家、企业、家庭、个人与金钱财务有关的事情,都可使用这个词。不过,早期对"finance"的汉语和日语解释偏于国家财政税收一面。较早的英汉词典,如 H. M. Walter 编 *English and Chinese Dictionary*(1844),对"finance"的解释只有寥寥 4 个字:"钱粮之事";清末所编、不断再版的颜惠庆《英华大辞典》,则注释为"财政,收支,国君之财赋"。英日字典也是这样。早的,如柴田昌吉等编《英和字汇》(1873),将 finance 注释为"钱粮,岁入";晚的,如再版《井上英和大辞典》(1925)仍将其释为"财源;财政,会计;财政法,财政学;岁入,所得",五十年中未发生大变化,均无"金融"之义。

对 19 世纪后期英美著作中的"finance"和"financial",当时日本的译述者也未将其译为"金融"。如《英国金融事情》原文说:"The earliest banks of Italy, where the name began, were finance companies. (p.78)"日译后半句为"其银行ハ唯政府ノ财政ニ关スル一会社(第三篇廿四页)","finance"对应"政府的财政"。又如明治十九年(1886)的《劝业理财学》,译自 *The Economics of Industry*(1885),日译将序文中的"economics of trade and finance"译为"贸易税务理财学","finance"对应"税务",细细体味,似乎不很贴切。

也有将"finance"译为"理财"的,这就比墨守字典中的"财政""税收"更贴近一些。如明治十二年(1879)出版的《大英商业史》,译自 *The History of British Commerce*: *and of the Economic Progress of the British Nation* 1763 – 1870,原有一章"Finance and Banking",被译为"理财与银行"。要放在今天,大概会译成"金融与银行"。

是谁、何时将"金融"与"finance"对应起来的？很难有精确答案。不过，1908年美国经济学家Theodore E. Burton出版 *Financial Crises and Periods of Industrial and Commercial Depression*，两年后就有了日译本，题为《恐慌论》。书名中的"financial"虽未译出，但原文第一章第二节对"financial"的阐述"financial is defined as of pertaining to or relating to finance or money matters"，"finance"译作"金融"，"financial"译作"金融上"，已经和今天的译法一样了。

虽然学界对"finance"有了新译法，但日常语言总会有些滞后。1925年再版的《井上英和大辞典》对"finance"的汉文注释仍无变化。到了1929年，《英和法政经济商业辞典》（南信好著）对"finance"的注释变成"财政，财政学，金融"，并将大量由"finance"和"financial"组成的词注释为"金融××"，可以说，此时"金融"与"finance"的对接已经完成。

最后说说中国的事儿。"金融"一词，光绪末年自日本引入，至民国二年（1913）已收入张在新编辑、商务印书馆出版的《汉英辞典》中，释为"circulation of money"，相当于日英翻译初时的释义。这种译法流行了很长时间，1937年出版的《辞海》也在沿用。不过，《辞海》明显过时了，因为早在1925年，周佛海的译著《金融经济概论》（原本为日本学者饭岛幡司的《金融经济讲义》，1922）中的"金融"已是"finance"之义。

1933年，上海南强书局出版柯柏年等合编的《经济学辞典》，据凡例说是第一部"关于经济的辞书"，里面未收"金融"，但收了"金融资本，financial capital""金融资本家，financial capitalist"等三个词。又过了一年，高希圣、郭真编辑的《经济科学大辞典》出版，他们对"金融"的长篇注释，是这样开始的：

金融,finance。这是指一切通货的融通状态而言。还有票据公债以及各种有价证券的融通状况,也叫做金融。

至此,汉语"金融"与英语"finance"二词完成了意义对接。

(原刊于《中国金融家》,2014年第7期)

尤努斯模式的中国远亲

2006年10月,诺贝尔和平奖授予孟加拉人穆罕默德·尤努斯和他创立的乡村银行,以表彰他和银行在消除贫困、从基层推动经济和社会发展方面做出的努力。尤努斯和孟加拉乡村银行开创的小额信贷扶贫方式,不仅在孟加拉国推行,也传播到世界各地,我国近年来也多所借鉴。

尤努斯通过小额信贷扶助穷人的事业始于1976年。而在此前100年,即清光绪初年,曾有一位中国人发起了一个民间机构,试图运用小额信贷方式帮助穷人,并取得了局部成功。这个人就是近代重要启蒙思想家和实业家郑观应。

郑观应的著作《盛世危言后编》中,有一篇《拯贫借钱局序》,后面附录了《绅士禀稿》《局章》六则、《局规》十二则、《查办要诀》《十不借》和《借据式样》等内容,是"拯贫借钱局"的文件汇编。笔者存有一本刊刻于光绪四年(1878)的《扬州借钱局章程》,内容与《盛世危言后编》中收录的完全相同,但无编者署名,题扬州因利局公刊(因利局是古代地方慈善机构的通名)。由两书内容可见,拯贫借钱局就是扬州借钱局,大约开办于光绪元年,到光绪四年时已运行了近3年。其时,郑观应在扬州一带经营茶业、盐业和船运,已是有名的富商。

郑氏倡设此局的目的,在《拯贫借钱局序》中说得明白:"从来为善莫要于拯贫,拯贫必期于遍及。然而博施济众……诚莫若借钱局之设矣。是局之设,其法与印子钱相仿,其意与印子钱迥殊,总期便于贫民而已。"一是为了更多贫民能获得资金,二是避免贫民受高利贷"印子钱"的盘剥。

《局章》是借钱局的章程,《局规》是内部经营管理规定,《查办要诀》《十不借》等都属于审贷、收贷规则。《局章》六条简明扼要:公同凑出钱一千串,权行试办,仅以此数轮转。倘有窒碍难行之处,即行停止;此举专为小本营生而设,不取分文利息。借一千文者每日还本十文,五日一送,以百日为期,收清为止,不准延期拖欠;借钱之数自数百文起至数千文止,看其生业之大小,需本之多寡,酌量借与,不准争多论寡;借钱之人须要有家有保。或有住居一处者连环互保互借。均可先行到局挂号,将姓名住址生业及保人姓名地址生业说明注簿,候司事往查的确,系在本地做小本生意者方准借与。若兵勇丁役及游荡赌博吸食洋烟抵债不习正务等人概不准借;借去之钱按期还清方准再借。若前次未清,不准再借;按日送收本钱,当面加收字戳记,收入账簿。并立小折一个,亦加收字戳记,交借户收执,以免讹错。

可以看出,除了扬州借钱局纯从慈善角度出发,贷款不收利息以外,其余办法如以穷人为对象,小额度,短期限,分期还款,连环互保,连续放款等等,与"尤努斯模式"的小额贷款可谓异曲同工。

借钱局的运行状态也不错。"计自开局以来,将及三载,凡来借者大凡鹑衣百结,蓝缕不堪,乃皆如约归偿,从无迁延短少等事。且暗访舆情,颇为称便,是虽所借无多,竟有得之则生,弗得则死之意……当创立之始,同人凑集壹千串,先行试办,现已愈推愈广。借出肆千余串,而实本仅增至贰千串,盖以每日收回之钱循环流转故也。以现在借户计之,共有二千四百余户,每户作三口,约计七千余口。其所费者不过每年局用肆百余千耳。以四百余千之费,养活七千余人,真可谓惠而不费矣。"不仅穷人得到了实际帮助,而且资本增加,资金流动性良好,扶助规模不断扩大。而且"尤奇者,今正故意停借数月,略试其心。及收至三月,除病故两户少去柒百五拾文外,余皆如数归还,分文不少,足征贫民具有天良,可无借而不还之虑",借贷者虽为穷人,但其信用无可挑剔。这些,与尤努斯小额贷款的效果也十分类似。

当郑观应"将一切章程刊布"时,他对这项慈善事业或说扶贫事业是充满希望的:"或由一邑而推之四方,或由暂行而传之永久,远近举行,庶贫民各安生业,不至流为匪类,而地方宵小亦可渐化为善良,不独为周急之阴功,抑亦保富之良策也。"他想把这一模式推向全国,泽被苍生。可惜的是,一百多年前的中国,毕竟不同于当今世界,他的创举注定是昙花一现。这样的结果该是扬州借钱局和孟加拉乡村银行的最大不同,而这一差别如此之大,留给后人的只有叹息。

(原刊于2006年10月27日《金融时报》)

唐宗愈的币制建言

清朝末年,由于支付《辛丑条约》规定的对外巨额赔款需要与各国以贵金属为本位的货币制度对接,引发国内的币制改革。在光绪、宣统之交的几年中,清朝的主要货币由铜钱改为白银,白银则由银两改铸银元,铜钱改铸铜元成为辅币。这是自秦始皇并兼天下、建立统一货币制度之后二千多年中,中国币制发生的最大变化。

在这一改革过程中,清朝与外国、中央与地方、官方与民间,对如何设计新的货币制度进行了反复讨论、辩难,各方根据自己的利益立场提出多种币制方案。朝廷的决策也屡经反复,最终建立了以白银为实际本位、以七钱二分为银元一元的标准、以铜元为辅币的新制度。

参与新币制讨论的各方,或著书、或撰文,留下不少文献资料,绝大多数已得到学术利用,不过也有遗珠,如唐宗愈为东三省币制改革拟定的方案,具有清醒的近代货币思想和完整可行的技术路线,虽未被实际采用,但在当时讨论币制的著述中别具一格,至今未见有人研究引用。

唐宗愈(1878—1929),字慕潮,无锡人。他的父亲是清末著名善士唐锡晋。唐宗愈自成立起,即随父在各地赈灾,后以捐纳任户部主事。1903年京师大学堂开办仕学馆,他考试入馆,于1906年8月以优等毕业,保奖补用。8月23日,学部根据成绩,拟派唐宗愈等五人赴日本帝国大学法科游学,以期深造,但未及成行,唐宗愈先被外务部调用,后被盛京将军赵尔巽调至东北,襄办奉天法政学堂,又以候补道身份会办奉天大清银行、先后总办长春和江宁大清银行,是仕学馆34名毕业学员中惟一精于金融银行事务的人。这份币制改革方案,就是他在总办长春大清银行期间提出的。(图22)

光绪三十三年(1907)三月,清廷改东三省为行省,任命徐世昌为东三省总督,唐绍仪为奉天巡抚,即唐宗愈上书对象"徐菊帅"(徐字菊人)和"唐少帅"(唐字少川)。三省行政合一,需要建立统一的货币制度。此外,清廷本来在光绪三十一年十月已谕准以重量一两的银元作为本位币,但反对者众,尤其是主管货币事务的度支部尚书载泽率先反对,屡次上奏要求应以七钱二分为标准。至三十三年十二月二十六日,清廷政务处致电各省督抚,征询对银元重量的意见,即唐宗愈上书中所谓"日昨恭读上谕,以币制关系重要,着各督抚体察情形,据实电奏"。唐宗愈上书的时间尚在"丁未冬",去政务处来电只有几天,应是此前已有成案,借机建言。

唐宗愈的建言分四部分。一是"上徐菊帅、唐少帅改正币制书",二是"拟定东三省《造币办法》八则";三是"拟定《货币条例》十八条",四是"采录各国货币制度及日本造币局调查各表"。

唐宗愈在上书中,极力反对将一两定为银元的重量标准,为此提出"不合"者十项,建议铸造成色九成、重量七钱二分的银元,并建议实行"金汇兑制",即以虚拟的金币为本位币,与银元建立规定汇兑关系,实际上以银元为本位币。《造币办法》及

《货币条例》则是他拟定的对东三省货币铸造、发行、流通、管理的各项办法。他的理论根据,是各国特别是日本的现行政策和标准,故在文后又附上各国币制调查表。

图22　唐宗愈《丁未冬上徐菊帅唐少帅改正币制书》首页

虽然唐宗愈的货币改革方案是为东三省拟定的,但长远目标是将其推行到全国,所谓"请定三省货币之制,藉示全国改正之型"。只是他的建议并未得到徐世昌和唐绍仪的采纳。在回复政务处关于银元重量的调查时,徐、唐二人选择了一两银元,其他建议也未见在东三省实行。从全国来说,光绪三十四年九月十一日,上谕再定一两重银元为本位币。

不过,此后政策继续反复,清朝在宣统二年(1910)四月十六日决定实行新的《币制条例》:"中国币制单位,著即定名曰元,暂就银为本位。以一元为主币,重库平七钱二分,另以五角、二角五分、一角三种银币,及五分镍币,二分、一分、五厘及四种铜币为辅币",银的成色定为九成,终于结束了关于银元重量和成色的争论。对比清《币制条例》和唐宗愈拟定的东三省《造币办法》和《货币条例》,内容多数吻合。这倒不是说朝廷最终采用了他的建议,而是他的建议既符合社会实际,又遵循货币原理,是一个切实可行的改革方案。

唐宗愈的建言文本,用铁笔蜡版油印而成,是我国现存较早的油印本书。今将《改正币制书》《造币办法》和《货币条例》三部分标点整理以供参考,各国币制调查诸表省略未录。

丁未冬上徐菊帅、唐少帅改正币制书

钦帅、大帅钧座:

敬禀者:币制良窳,国脉攸关。中国币制之坏,已达极点,而东三省尤甚。侧闻钦帅、大帅整顿币制,将停撤吉厂,归并奉局,改为东三省造币局。更新之始,允宜规画周详。职道前在京师大学堂肄业,承日本法学士杉荣三郎君授以货币专科研究学理,略有心得。张文达公任户部尚书时,曾著《铸币刍议》一书呈阅,谬蒙嘉许,留备参考。嗣缘一两银币之说,政府坚持,碍难采行,今夏东渡,在大阪造币局详细调查,并与该局局长长谷川为治君讨论一切,藉征所学。日昨恭读上谕,以币制关系重要,着各督抚体察情形,据实电奏。仰见朝廷整饬庶政、博采众议之至意。职道寸有所知,未敢缄默,谨为我钦帅、大帅陈之。

议铸一两暨五钱重十足银元为主币,不合甚多。

夫用金用银,本位论也;从两从元,单位说也。以一两及五钱为主币,以两为单位乎?以钱为单位乎?兼用并施,无所适从,不合一。

自合金之理发明,东西各国以纯金纯银铸币者无有也,缘纯金纯银易于磨损,不适于货币之铸造,故各国皆取用合金法。今以十足银元为主币,必易磨损,不合二。

货币进化,与时俱迁:田猎时代,以皮革为货币;畜牧时代,以牛羊为货币;耕织时代,以粟布为货币,废皮革、牛羊、粟布而取用金属。与夫改银为金,废两为圆,同为货币进化一定不易之理。货字从贝,幣(币)字从巾,当制定货币之时,未尝不以贝革布帛为交易之媒介,如谓沿用已成习惯即不宜轻废,则自古迄今,将沿用贝革布帛而不变,遑论银与金、两与元乎?用两多,用元少,未可以少易多,但视货币沿用之地域,不顾货币通行之时代,不合三。

即以地域论,各省衡法尚未统一,平之著名者约百余种,复参以色,两则一也,而两之轻重异焉。今铸一两银币,势不能就各地沿用之平色分为铸造,则欲顺民间之习惯而用两,仍不能就各地平色之习惯而分别铸两,存两、废两,有何区别?不合四。

铸银为两,如用库平,官俸军饷,虽以库平核计,而民间贸易从未以库平称兑者。今铸一两银货,仅为发给俸饷计乎?抑将为人民贸易之通用品乎?如为人民贸易之通用品,恐折合计算较七钱二分之银元尤为不便,不合五。

适者存,不适者亡,天演公理。向用银两之处,自银元输入,用元之范围渐大,用两之范围渐小,久必纯用元而废两。通商各口岸可为前鉴。既用银元以后,复以两计,则必梗塞不通,孰适于用,孰不适于用,不待智者而知矣。今欲存不适于用者,必改适于用者而尽归不适于用,不合六。

铸银为锭,有宝藏之性质;铸银为圆,有流通之性质。目的在宝藏,则取固定;目的在流通,则求便利。固定则以大为贵,便利则以小为贵。经济家有言曰:货币大小有一定准则,取一枚握手而不露者为合式。以一两银币握手则露,以七钱二分之银元握手则不露。今易宝藏目的为流通目的,而废形式较小之圆,铸造形式较大之两,不合七。

既铸一两银币,势不能复铸五两、十两、二十两等银币,当纸币未及遍行之时,设有军事及水旱灾意外急变,需用多数正货,则积重而运输难,体散而计数难,不合八。

各省设立银元、铜元等局铸造一元及二角、一角之银货,当十、当二十之铜货,已充塞于经济市场,即银、铜元未及流行之域,而制钱则沿用之,今忽改铸一两银币,则前铸之一元、二角、一角、当二十、当十之银铜币,及内地向用之制钱,将收回重铸乎?抑割合通用乎?如收回重铸,不特造币费虚掷,且收回时经济必异常激变,稍不审慎,国计民生两受损害;如割合通用,则中国惯例向以十进法计算者,至此不得不以十四进、十五进及十四有奇、十五有奇进核算,整理不足,扰乱有余,不合九。

商业有世界性质,而货币实握商务枢机,故国际货币学者争议万国货币会议,如千八百九十二年比利时勃拉齐都府之货币会议等指不胜屈,日本理学博士藤泽喜太郎著《结合货币论》,

均注意于万国共通。所议即难实行,而新定币制之国必依附最密切之一二国为制定之基本,即为共通之准备。日本定元,亦依附英镑,今改定一两银币,遍视法之佛郎、美之道拉、德之马克、俄之罗本及英镑、日圆,无一国可以相通者,商务发达、国际竞争必处劣败,不合十。

特是见闻既异,趋向难同,徒托空言,曷征实效?请定三省货币之制,藉示全国改正之型。谨就东三省现在情形,拟造币办法八则、货币条例十八条,并采录各国货币制度及日本造币局调查各表,恭呈察核。是否有当,伏乞钧裁。越俎妄言,不胜惶悚。肃此恭叩勋安。职道唐宗愈谨禀。

谨就东三省现在情形拟造币办法数则,恭呈钧鉴

(一)名义

奉天银元局不仅铸造银元,则以银元命名,意义未能概括。应请更名东三省造币局。

(二)铸造

甲、种类

奉天银元局现铸铜元,拟请通筹全局,酌定限制。查铜元有补助货之性质,实质价格视额面价格较低,若铸造及行用毫无限制,则实质价格日渐显出,物价腾贵,民生窘迫,经济扰乱,流弊甚大。

且东三省生计程度较高,零星支拂,半用角洋,铜元铸造与各省比例,尤宜酌量从减。

乙、模型

部颁模型,详细研究,尚多可议之处。中国货币边注洋文,不可解者一。铸造成元,以元计数,复注分量,不啻以计数制度

与称量制度混合，不可解者二。既称大清铜币，复于中心加一奉字、直字等各分省界，不可解者三。现当改正币制之时，不妨奏请另造模型，但注光绪某年东三省造币局造，不注洋文、量目及省界字样，尊重国权，并为统一全国货币之准备。

(三) 制度

甲、本位

本位之说，悬论数年，未衷一是，理本易决，特非实验无以释群疑。拟请先由东三省实行，为全国表率。取用银本位，必受制于金本位国，折耗甚多，流弊昭彰，无俟赘言。特金本位制不敢毅然取用者，最大阻力谓金，地金不敷铸造。不知金本位制虽定，而金币之鼓铸不妨从缓。乙巳夏，日本内阁总理大臣伯爵桂太郎、大藏大臣男爵曾称荒助代韩国改定新币制，取用金本位，至今两年有余，金币尚未开铸，而全国货币已整齐画一。盖银货以下均照所定之制鼓铸，而金货暂以纸币代表，通行无阻。今东三省应请奏定币制，取用金本位，先铸一元银货及各种银、铜补助货，其五元、十元、二十元之金货暂缓铸造，别设东三省银行（即以官银号改设）或户部银行发行纸币，为金货之代表，并以所铸一元银货暂作准备金，一面探采金矿，为金货铸造之豫备，既可统一币制，且可豫蓄金块，杜绝漏卮。俟东三省办有成效，即全国推行，亦无阻力。

乙、补助

角洋及铜元均为补助货，但须严定规则。铜元十枚为一角小洋，小洋十角为一元，不准民间另定比价。惟各省小银元荟萃之区，若以十角为一元，经济必为扰乱，应以东三省造币局成立后所造之角洋，以十角为一元，各省输入之小洋，不在比例。且角洋及铜元实价较低，亦易显露，一面支拂，必预订限制。各国补助货故有限制成例:英国银货以两镑为限,铜货以一先令为限;美国银货以十元为限,铜货以二角半为限;德国银货以二十马克为限,铜货以一马克为限;法国银货以五十佛郎为限,铜货以五佛郎为限;俄国银、铜货均以三露布为限;日本银货以十元为限,铜货以一元为限。今东三省造币局所造银、铜元,除一元银货无限额外,其余各银、铜货均为补助:银角以十元为限,铜元以一元为限。各有限制,既得流通之便,并无扰乱之虞。

丙、量目

银、铜各币,均有一定量目,但额面花纹不必注明(详另拟货币条侧折)。

丁、纯分

金、银、铜均有杂质,非提净后再用合金法参合,不能铸造。若以不提净之块金铸造,不特成色参差,难征信用,且造币局舞弊,私掺杂质,亦无从纠查。

戊、公差

量目、纯分,充技手之能力,决不能纤毫无差,若漫不注意,流弊滋多。故各国造币局均有公差之规定,视技师能力之精粗,定货币公差之大小。公差分量目公差、纯分公差为二。纯分公差即以造成之货币,任取一枚,化分其成色,在公差范围以内方可通用;至量目公差,又分为二:一曰大数公差,二曰小数公差。小数公差以一枚称量,或轻或重,在所定公差范围内者方可通用。犹恐造币局舞弊,重者取出,轻者行使,一元所差甚微,千百万元则为数甚巨,故必继以大数公差,任取千元称核分量,在大数公差以内者通用。无论量目、纯分,轶于公差以外,必更铸方准发行。

(四)流通

东三省现行之块银、小银元等,当新货币未及遍行之时,不得不兼用,但须以新铸之币为价格标准,各项俸饷及各局所应领额支活支各款,均发新铸货币,征收租税亦概用新币,俾得畅行。

(五)制限

甲、定期

铸用新币,则旧有之块银等均须严定期限,禁止通用。自新币铸造之日起五年以内,旧有之块银等准以新币为标准,割合并用。五年以后只准行用新币,银块及各省小银元等一律禁止通用。

乙、代铸

民间所有银块及外国货币等,均作地金核计,送交造币局代为鼓铸,两年以内不取手数料。

(六)统计

奉天银元局既改东三省造币局,则资本经费宜三省分担,馀利亦宜三省分派。以改设之日截止,估计局中原有机器、存料、房屋等共核资本若干,作十股分拆,奉天认五股,吉林三股,黑龙江两股,由吉黑分筹归还奉天度支司。将来应添资本、应用经费,亦由三省照股分交,余利亦照股分拆。

(七)规则

货币法规及造币条例均宜规定,奏明办理(拟货币条例另折拊呈)。

(八)报告

东三省造币局长每届会计年度(自改设之日起阅一年即为会计年度),应将本局概况、地金输纳、银块铸造、矿物试验、局员分课、收入支出及金、银、铜各料实存等事项分表说明,调制年报书,报告公署查核。

谨拟东三省造币局货币条例恭呈钧诲

货币条例

第一条　货币之铸造及发行之权属于政府。

第二条　改正币制先由东三省试办。

第三条　奏设东三省造币局,暂归东三省总督管辖,候全国币制改正统一后,再行奏请移作度支部造币分局。

第四条　以纯金之量目二分为价格之单位,称之为圆。但货币以十进法计算,一圆之十分之一称为角,角之十分之一称为分,分之十分之一称为厘。五角称半圆。

第五条　货币之种类分定如左:

甲、金货币　二十圆
　　　　　　十圆
　　　　　　五圆

乙、银货币　一圆
　　　　　　半圆
　　　　　　二角
　　　　　　一角

丙、白铜货币　五分

丁、紫铜货币　二分
　　　　　　　一分

戊、黄铜货币　五厘

第六条　货币之形式、品位、量目分定如左:

本位货

金货

二十圆　径尺　七分九厘
　　　　量目　十六"克兰姆"六六六五

　　　　　　　合性　纯金九百分　参和铜一百分
　十圆　　　径尺　五分八厘
　　　　　　　量目　八"克兰姆"三三三三
　　　　　　　合性　纯金九百分　参和铜一百分
　五圆　　　径尺　四分九厘
　　　　　　　量目　四"克兰姆"一六六六
　　　　　　　合性　纯金九百分　参和铜一百分
　银货
　一圆　　　径尺　一寸零八厘
　　　　　　　量目　准照现行银圆
　　　　　　　合性　纯银九百分　参和铜一百分
补助货
　银货
　半圆　　　径尺　七分四厘
　　　　　　　量目　十三"克兰姆"四七八二
　　　　　　　合性　纯银八百分　参和铜二百分
　二角　　　径尺　六分一厘
　　　　　　　量目　五"克兰姆"三九一四
　　　　　　　合性　纯银八百分　参和铜二百分
　一角　　　径尺　五分
　　　　　　　量目　二"克兰姆"六九五五
　　　　　　　合性　纯银八百分　参和铜二百分
　白铜货
　五分　　　径尺　五分六厘
　　　　　　　量目　四"克兰姆"六六五四
　　　　　　　合性　尼支克二百五十分　参和七百五十分

紫铜货

二分　　径尺　九分六厘

　　　　量目　一四"克兰姆"二五六〇

　　　　合性　铜九百五十分　锡四十分　亚铅十分

一分　　径尺　七分九厘

　　　　量目　七"克兰姆"一二八〇

　　　　合性　铜九百五十分　锡四十分　亚铅十分

黄铜货

五厘　　径尺　六尺二厘

　　　　量目　三"克兰姆"五六四〇

　　　　合性　铜七百分　锡一百分　铅二百分

第七条　金货币及一圆银货为无限额之法货；其半圆及二角、一角之银货，通用以十圆为限；白铜货、紫铜货及黄铜货均以一圆为限。

第八条　纯分公差金货币千分之一，银货币千分之三。（注：倘所聘技师能力未逮，公差不妨稍宽，但须豫先核定。）

第九条　金银货币量目公差如左：

甲、金货币　二十圆　每一枚　八毫六四

　　　　　　　　　　每千枚　八分三厘

　　　　　　十　圆　每一枚　六毫〇五

　　　　　　　　　　每千枚　六分二厘

　　　　　　五　圆　每一枚　四毫三二

　　　　　　　　　　每千枚　四分一厘

乙、银货币　一　圆　每一枚　二厘五毫九二

　　　　　　　　　　每千枚　一钱八分六厘

　　　　　　半　圆　每一枚　二厘五毫九二

　　　　　每千枚　一钱二分四厘

　　二　角　每一枚　二厘五毫九二

　　　　　每千枚　八分三厘

第十条　金货币之通用最轻量目如左：

甲、二十圆金币　四钱四分二厘

乙、十圆金币　　二钱二分一厘

丙、五圆金币　　一钱一分〇五毫

第十一条　金货币自然磨损在通用最轻量目以下者，及银、铜货币显着磨损不便流通者，准照额面价格向造币局引换，不取手数料。

第十二条　凡货币模样难于辨认或私自模印及故意毁伤者，均无货币之效用。

第十三条　凡有输纳金银地金及金银块锭或外国货币、旧货币等呈请制造金货或一圆银货者，造币局得承受之。

但半圆以下之补助货不得纳请代铸。

附则

第十四条　东三省造币局成立后，先造一圆银货及各种银、铜补助货，金币暂缓鼓铸。

第十五条　凡银、铜货币自东三省造币局成立之日起，悉照新定模型铸造，不用边注洋文及分量、省界等字。

但旧铸之当十铜圆准作一分之紫铜补助货，当二十之铜圆准作二分之紫铜补助货，暂准一律通用，俟新币遍行后由造币局渐次引换。

第十六条　五厘之黄铜补助货应收取旧用之制钱镕改，俾得杜绝私销。

第十七条　凡炉造小大银锭、银块及从前发行之旧货币，市场通行之外国货币，均听造币局之便，以新货之割合渐次引换之。

前项引换未完以前，应以新货币之割合作为无制限法货，暂许通用。至禁止通用之时，则于六个月以前出示晓谕，自禁止通行之次日起算，五年内不请引换者，概作地金看待。

第十八条 当金货未铸之时，先由户部银行或另设东三省银行发行纸币，代表金货之支拂，即以新铸一圆银货为准备金，并以准备金渐收金地金，为铸造金货之豫备。

《保富述要》的原作与译作

近代银行在19世纪下半叶进入中国,同时跨海而来的,还有西方的货币银行学说。清光绪间翻译出版的《保富述要》,是学术界公认的最先被译成中文的货币银行学著作。

《保富述要》现存数个版本,最早的"江南制造总局锓版"本,题"英国布来德著;英国傅兰雅口译,无锡徐家宝笔述"。(图23)除了在传播西方货币银行知识方面产生影响外,《保富述要》也给中国读者留下几个疑问:布来德的英文名字叫什么?此书译自他的哪一部著作?原本和译本各是哪一年出版的?100多年来,这些问题一直没有确切答案。虽然这并不妨碍人们的阅读和对其内容的研究,但一本堪称中国银行学"开山之作"的书,存有如此谜团,总是一种遗憾。

过去学者们在研究《保富述要》时,为解答上述问题付出很多努力。如对此书刊刻于何时,就有1889年、1894年、1895年、1896年、1897年等多种说法,其中以1889年和1897年两说引用者较多。又如原书作者及书名,有人说是Bright所著的Money,中国国家图书馆馆藏目录则说作者是Pratt, John Thomas,但检索国内外图书目录,都没有与之相符的著录。

现在终于到了解开这些谜团的时候了。这首先要感谢一部新书,即《傅兰雅档案》的出版。英国人傅兰雅(John Fryer,

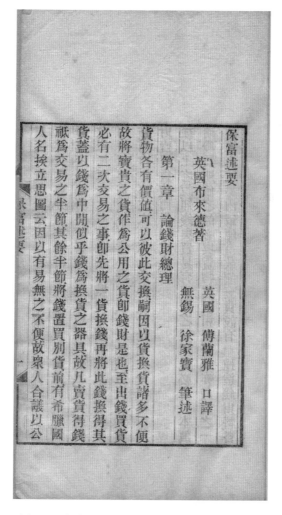

图 23 《保富述要》(1896 年江南制造总局刻本)

1839—1928)是《保富述要》的口译者,也是清末长期在江南制造总局工作、翻译西方著作最多的人。1896 年,他离华赴美,任加利福尼亚州立大学教授,最后卒于美国,图书资料均遗留在加州伯克利大学。《傅兰雅档案》收录了珍藏在加州伯克利大学档案馆的全部傅氏档案,由戴吉礼(Ferdinand Dagenais)编纂,弘侠中文提示,广西师大出版社于2010年3月出版。该书第2卷第8章第1节为《1869—1911年傅兰雅翻译的157部中文书籍名单及相关的词汇表》,其第127项为"1896年:《保富述要》",对应英文著者和书名为"Plat, Money",使前述问题迎刃而解。

先说《保富述要》的原本。检索英美图书馆书目,我们很容易就可以知道,《保富述要》原作者的全名为James Platt,原书名为 *Money*。根据英国不列颠图书馆的目录,从1875至1895的20年间,布拉德写了近20种书,多数由伦敦的一家出版社Simpkin, Marshall & Co. 出版。从书名看,所论以经济题材为多,但不限于经济,而涉及广泛的社会问题。如 *Business*、*Economy*、*Poverty*、*Life*、*Progress*、*Morality*、*Democracy*、*God and Mammon*、*Men and Women* 等各论,都是以经济学、社会学概念为名的小册子。他还出版过一本散文集,也与以上内容有关。布拉德著作既多,发行量也大,如 *Money* 至少印了23版,*Life* 至少印了21版,*Business* 则更为惊人,至少印了75版。可见在当时,他是一位博学而受欢迎的畅销书作者。

不过进入20世纪后,布拉德声名不彰,辞书中没有详细的传记。藉由19世纪末一部《英语文学和英美作家要典》(Kirk, J. F, *Critical Dictionary of English literature and British and American authors*)的简略介绍,我们可以略知詹姆斯·布拉德1831年生于伦敦,是一名羊毛加工者和仓库管理者,伦敦商会会员,还是统计学会的资深会员。布拉德最晚出版的一本书是《回忆与思考》(*Recollections and Reflections*, 1895),既然称"回忆",从书中应能勾稽出更多作者资料。

Money 初版于 1880 年,是一本只有 208 页的小书,出版后风行一时。1889 年,美国出版社 G. P. Putnam's Sons 在作者安排下据英国第 19 版再版。这个版本内容有所增补,加入对 1880—1889 年间发生的一些经济、金融事件的分析和评论,页码也增加到 267 页。如第三章 What is Money(《论钱之名义》)述英国 1887 年时发生通货紧缩,金钱不敷使用,导致贸易清淡。第六章 Silver Money(《论银钱》)论金钱虽不敷使用,但现钱价格不升反跌,并以 1851 至 1890 年间英国每 10 年期平均贴现率(average orate of discount,傅译"从期票扣现钱之价")逐期走低为证。其中说"the average value for 1881 - 90 will be under 3 percent",说明此时未到但已接近 1890 年。傅兰雅将此句译为"一千八百八十一年至一千八百九十年,则不到三分",忽略了时态,影响到后来的研究。叶世昌即因书中出现"一千八百九十年",推断原书出版于 1891 年后(《中国货币理论史》,厦门大学出版社 2003 年,316 页)。将《保富述要》与 1889 年版 *Money* 对观可见,除了译者根据中国读者阅读能力所做的变通处理外,后者内容可以涵盖前者,傅兰雅所据原本,可能就是这个出版于 1889 年的本子(图 24)。

　　再说《保富述要》的刊刻时间。1889 年肯定不是了,那时英文版刚刚出版。对于 1897 年说,叶世昌曾作考定,理由是:"查梁启超编于光绪二十二年(1896)的《西学书目表》,其中没有《保富述要》,而有《保富兴国》,译者为傅兰雅、徐家宝,制造局本,未印。显然,《保富兴国》是《保富述要》的原定名,当时尚未刊行。又梁启超于次年编辑出版的《西政丛书》,其中有《保富述要》。这可能是《保富述要》的最初版本(出处同上)。"按叶说《保富兴国》是《保富述要》的异名,很有见地,但说最初版本

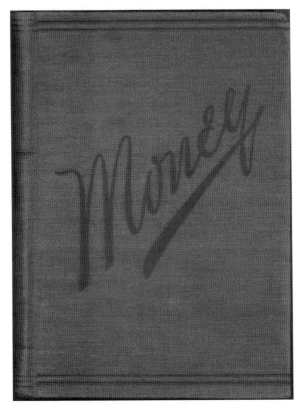

图 24 *Money*, G. P. Putnam's Sons, New York, and London, 1889

为梁氏所辑《西政丛书》本,应无可能。因为《保富述要》是江南制造总局组织翻译的书,自应由制造局刊行,而且也确实刊行了,梁启超何由得到书稿来发行初版呢?《西学书目表》中未列此书,以及注明"未印",也不足以证明1896年此书未曾刊行,因为一年有12个月,应充分考虑制造局刻书与梁氏编目之间的时间差。梁启超将此书编入《西政丛书》,只能是在见到制造局刻本之后。《傅兰雅档案》的整理者说明,译书名单主要根据傅兰雅藏书编写，而且加州大学图书馆也将《保富述要》的出版时间著录为1896年，必有所本。因此，江南制造总局刻本也就是《保富述要》初版的刊刻时间，应定为1896年为宜。

现在回头来看，过去与《保富述要》有关的说法，虽然不准确，也并非空穴来风：Bright 不是作者，但 Money 确实是书名；Pratt 也不是作者，但与 Platt 只有一个字母之差；1889 年不是汉译版的出版年，却是美国版的出版年。这也许说明，各种说法其实是有一个共同来源的，只是时日既久，本来明确的出版信息变得模糊了。

Money 共 17 章，外加序言和总论，用夹叙夹议的方式，介绍了货币原理、货币在西方和英国的发展史，银行的设立、业务、管理，银行对积累资本的作用，货币与发展经济的关系等，其中不乏对当时英国经济、货币政策的批评和建议。《保富述要》章节与原书相同，译文共计 5 万 7000 馀言。书中那些令当时中国读者耳目一新的知识，今天有的成为常识，有的已成旧闻，本文不拟多加评论，但对读原本与译本，可以略窥傅兰雅等人译书的门径与得失。

《保富述要》名为"述要"，已表明并非逐字直译，而是择要意译。译本介绍了原书的主要内容，省略掉过于文学化的文辞，对一些非普遍性事物的叙述，较多保留了作者的观点。原书富于文采，引用很多诗文，读来颇为煽情。如第三章讽刺拜金主义者，说他们每天高唱"钱神歌"："Gold！Gold！Nothing but Gold！Bright and Yellow, and hard and cold！"这类文字，汉译基本删落。另有一些对读者不重要的内容，则以概括出之。如第二章"英国货币"一节分述历代英王造作各种钱币，汉译乃译成"英国初以银铜等质造钱，六百年始作金钱，至西历一千六百年，始造大小五种金钱、大小六种银钱、大小六种铜钱",可谓言简意赅。以当时中国读者的知识水平,是无从分辨英国历史上的列位君主与各种钱币的。

在原著成书的年代,西方已建立起完整的货币银行制度和相应概念,并为读者熟知,作者只需使用这些概念而不必加以解说。但对中国读者来说,这些概念既系初闻,汉语中也没有对应词汇,故翻译者在遇到这些概念时,往往加以申说,补足其内在含义。如第一章 Money(《论钱财总理》)论及政府发行的铸币必须足值,原文作"No government should be allowed to debase the coinage, the coin in circulation should be always really the value it represent, and not a fictitious value put upon it by the government stamp(p.2)",译文则作"国家造作金银铜各钱,而所用质料之价不到其钱所值之价,则为大谬。如将其钱熔化而当为金银铜料,则竟亏少,此为国家愚弄其民而攘夺其利,钱面所打之印,与记价之字样,亦为假伪"。如果这段译文并非另有来历,这样的翻译对初次接触近代货币学的中国读者来说,理解起来要比直译容易得多。这种译法贯穿全书。不过因为要用汉语寻常词句表达原文专门意思,《保富述要》在创立汉语的货币银行学概念方面作为不大,除了当时已在社会上使用的"银行"一词令人印象深刻外,没有造出多少沿用到后世的学科名词。

译文在一些细微之处,似乎还传达出译者的某些深意,如第五章 Gold Money(《金钱》)有一大段描写,极言采金潮中采金人工作生活之艰辛与下场之悲惨,译文不仅照实翻译,还把原在文末的美国"旧金山"提至文前,称"前闻美国西边揩里福尼邦多开黄金,各国之人成群而往"云云。联系到当时中国人的赴美淘金热,此处或有劝世之意。

一斑窥豹,从这些地方可见《保富述要》的翻译特色。

清末吴趼人著讽刺小说《二十年目睹之怪现状》,第三十回为"试开车保民船下水,误纪年制造局编书",借书中人物方佚庐之口,肆行褒贬江南制造局译书:

> 还有广方言馆那译书的,二三百银子一月,还要用一个中国人同他对译,一天也不知译得上几百个字。成了一部书之后,单是这笔译费就了不得。却译些甚么书呢?天文、地理、机器、算学、声光、电化,都是全的。所译的书,我都看过,除了天文我不懂,其余那些声光电化的书,我都看遍了。若是打算看了他作为谈天的材料,是用得着的;若是打算从这上头长学问,却是不能。这本难怪。大凡译技艺的书,必要是这门技艺出身的人去译,还要中西文字兼通的才行。不然,必有个词不达意的毛病。你想,他那里译书,始终是这一个人,难道这个人就能晓尽了天文、地理、机器、算学、声光、电化各门么?外国人单考究一门学问,有考了一辈子考不出来,或是儿子,或是朋友,去继他志才考出来的。谈何容易,就胡乱可以译得!只怕许多名目还闹不清楚呢。何况又两个人对译,这又多隔了一层膜了。

这虽然是小说家言,但也折射出当时一部分人对江南制造局译书的看法。小说中具体指摘的《四裔编年表》,系美国人林乐知(Young John Allen,1836—1907)与中国人严良勋同译,李凤苞汇编,并非傅兰雅的译作。不过吴氏既然将"声光电化"诸译一网打尽,傅兰雅又是这些书的主要翻译者,其中免不了有暗讽傅兰雅的成分。那么,如何看《保富述要》的翻译质量?

《保富述要》并非逐字对译,内容取舍无论从今天看是否合理,皆应尊重译者的考虑;介绍的知识系初次引进,并无对等汉语概念,翻译工作又注重使用通俗语言以求读者理解,因此不能以译文与原文能否准确对应作为评价标准。从大处看,译文算得上明白晓畅,在当时读者中也产生了较好反响。

但从编辑角度看,《保富述要》也存在一些错误,不能说是一部完美无缺的书。试举两例,皆见于第二章《论造钱源流》(The Origin of Money)。

"美国古钱比别国更多。"不必对照原文,仅从译本就能发现问题:此节前后所述皆古希腊、罗马时代的造钱历史,却忽然在中间插入美国。以美国的历史之短,有何古钱可言,而且还"比别国更多"?原来英文是这样的:"The modern series consists of Anglo-Saxon, Anglo-Norman, and English coins, and is perhaps more perfect and complete than that of any other state. (p.13)""美国"显系"英国"的笔误。这或为手民之误,不必苛责译者。只是原文说,经由各个时代的发展,英国现时铸币体系比列国更为完善,由此引出下文,详述英国古今钱币。译文将其简化为"英国古钱比别国更多",是高度概括的翻译,但未能完全达意。

"西历一千一百年至一千三百年之间,在伦敦之犹太人与意大利人甚多,至今其地仍为之老犹太界与巴浪特界。"这一句可说是失败的翻译。因为原文是"Old Jewry and Lombard Street marked the districts in London that were frequented by these foreigners between the twelfth and fifteenth centuries (p. 20)",译文一句话中有不止一处错误:"一千三百年"应为"一千四百年";"巴浪特"应为"浪巴特"。还有一处,即"仍为之老犹太界与巴浪特界","为之"似通非通,对照原文,译成"谓之"更为贴切。"四"与"三"音近,"为"与"谓"音同,"巴浪特"实为笔记错误,这几处误译都可能与一人口译、另一人笔述的翻译方式有关。

翻译的功用是消除两种语言之间的隔膜,两个人"对译"的方法,又会在同一种语言中制造隔膜。前举《保富述要》中的误译及疑误之处,似为这种隔膜的存在提供了证据。然而吴趼人的观察固然细致,但他的挑剔完全无视傅兰雅等"译书的"在引进、传播西方先进科技知识方面的巨大功绩,总体上并无道理可言。清末翻译中的"对译"方式延续了几十年,是努力中的无奈。对于这样一个大时代中的小缺陷,作为个人,傅兰雅不能也不必为此承担非议。

(原刊于《国际汉学研究通讯》第五期)

《顾烜钱谱辑佚》补遗

南朝梁人顾烜(约502—548),著有我国最早的钱币学著作《钱谱》。可惜的是,顾氏《钱谱》后来失传,现在能看到的内容,主要来自南宋洪遵《泉志》一书的引用。1993年,邹志谅先生将《泉志》所引《钱谱》文字辑为一编,题为《顾烜钱谱辑佚》,收入马飞海、王贵忱先生主编的《中国钱币文献丛书》并冠于卷首,既方便读者阅读《钱谱》内容,更为中国钱币文献确立了源头,洵有功于顾氏和钱币学研究。

《顾烜钱谱辑佚》共辑得《钱谱》佚文41则,《泉志》中凡所称引"顾烜曰"者已网罗无遗。不过,《泉志》中另有一则未标明顾烜姓名或《钱谱》书名的引文,极有可能也是源自顾烜《钱谱》,《辑佚》未及采录。

《泉志》卷九刀布品"白金三品"名下,洪遵在引述《汉书·食货志》所记汉武帝时铸造白金三品史事后,又引了唐司马贞《史记索隐》中有关文字,说:

> 《史记索隐》:白金三品,其一龙文隐起,肉好皆圜,又作云霞之象;其二肉好皆方,隐起马形,在好之下又有连珠文者;其三肉圜好方,皆为隐起龟甲文。

对读现在通行的《史记》三家注合刊本,洪遵引用的这段

话,分见于《索隐》对白金三品的逐一注释。其第一品注云:

> 顾氏案:《钱谱》"其文为龙,隐起,肉好皆圜,文又作云霞之象"。

第二品注云:

> 《钱谱》:"肉好皆方,隐起马形。肉好之下又是连珠文也。"

第三品注云:

> 《钱谱》:"肉圆好方,为隐起龟甲文。"

将这三条注文连缀起来,可以发现就是《泉志》引用的《史记索隐》内容,只是洪遵并未照抄原文,而是对虚字有所简省,并将"肉好之下"改为"在好之下",或许他认为"肉"作为钱币的边缘,其下无从铸字,故"连珠文"只能位于"好"即穿孔之下的币面上。

《泉志》这段引自《史记索隐》的文字,原本注明来自《钱谱》,这个《钱谱》应该就是顾烜《钱谱》。

《史记索隐》的引文,并非直接引自《钱谱》原书,而是从"顾氏"那里转引的。《史记索隐》中凡引顾氏之说 29 次,未书其名,应三玉《〈史记〉三家注研究》认为系初唐时史学家顾胤。顾胤生活在唐太宗、高宗时期,撰有《汉书古今集义》二十卷,今不存,观《史记索隐》引述的顾氏文字,均与汉代有关,此说可从。

顾烜《钱谱》最早的著录,见于《隋书·经籍志》:"《钱谱》一卷,顾烜撰。"《隋书》修成于唐太宗贞观十年(636),去顾胤注释《汉书》的时间甚近。此时题名《钱谱》的书仅此一部,顾胤引用的理应是这一部。

又《泉志》卷二"景和钱"下:"顾烜曰:宋中废帝景和元年铸,重二铢,文曰景和。其年还用古钱。"此条已辑入《顾烜钱谱辑佚》。

国家图书馆藏汲古阁本《泉志》,经清人翁树培与《永乐大典》本对校,录有校文,此处有"顾曰:景和钱有二等,其一等景在上和在下,其一等景在左和在右,文曰(按"文曰"当为"各"字之误)二铢,皆篆书"等语。按出土景和钱有上下"景和"与左右"景和"二品,《永乐大典》本信息完整,《泉志》引文有所遗漏。结合二者文字,顾烜《钱谱》所言应为:

> 景和钱有二等,其一等景在上和在下,其一等景在左和在右,各二铢,皆篆书。宋中废帝景和元年铸,其年还用古钱。

此外,《史记索隐》引用《钱谱》文字,上述三则之外,另有一则。《平准书》前文云"于是为秦钱重难用,更令民铸钱",《索隐》注:

> 《食货志》云"铸荚钱"。按:《古今注》云榆荚钱重三铢,《钱谱》云"文为汉兴"也。

按《泉志》卷一"荚钱"名下,洪遵谓:"顾烜曰:今世犹有小钱,重一铢半,径五分,文曰汉兴,小篆文。"《史记索隐》引用的《钱谱》"文曰汉兴",恰在顾烜的谱文之内,可证二人所引为同一部书,进而证明顾氏在"白金三品"下所引《钱谱》为顾烜所撰。

唐人张守节《史记正义》,在注文中也引用过"钱谱"。在《孝武本纪》"以发瑞应,造白金焉"句下,张守节注:

> 钱谱云:"白金第一,其形圆如钱,肉好圆,文为一龙。白银第二,其形方小长,肉好亦小长,好上下文为二马。白

> 银第三,其形似龟,肉好小,是文为龟甲也。"

在《佞幸列传》"赐邓通蜀严道铜山,得自铸钱"句下,注:

> 钱谱云:"文字称两,同汉四铢文。"

前一则与《史记索隐》相较文有异同。后一则《泉志》卷四"邓通钱"下未引,若此"钱谱"为顾烜《钱谱》,那么也是一则佚文。但《正义》与《索隐》二书关于"白金三品"的引文还是有些差异,特别是对第二品形状图案的描述差别较大,难以确定出处相同,因此也难以确定《史记正义》所引"钱谱"即顾烜《钱谱》,只能附此俟考了。

《永乐大典》本《泉志》校文

清嘉庆十四年(1809),翁树培利用纂修《全唐文》的读书便利,将《永乐大典》所引《泉志》与明万历刻本《泉志》对校,并将异文记录在刻本上,保存下《永乐大典》本《泉志》的基本内容。残存的校本及一个完整的过录本收藏在中国国家图书馆,此校文即据二本整理。

序

护叶题记:"嘉庆己巳冬以《永乐大典》所引序校此。"

"太古杳邈",大典本"太"作"泰";"纂录蜂出",大典本"纂"作"籑";"下逮稗官所纪",大典本"纪"作"记";"分汇推移",大典本"分"作"与"。

泉志卷之一

虞钱 "贾逵曰……金币三等,黄为上币",大典本"黄"下有"金"字。

夏钱 "管子曰……禹以历山之金铸币赎之",大典本"币"下有"以"字。"郑障南北史隽曰……铸钱救人之用",大典本"用"作"困"。

商钱 "《管子》曰……汤以庄山之金铸币赎之",大典本

"币"下有"以"字。

荚钱 "顾烜曰……文曰汉兴小篆文","小篆文"大典本作"以小篆书之"。校钱图。

八铢钱 "旧谱曰重八铢文曰半两"下,大典本有"篆书即秦半两钱也汉初患其重更铸榆荚又患太轻故复行此六年行五分钱即荚钱也"一段。

三铢钱 "封氏曰……而穿下有三竖文",大典本"而"字上有"又有别种"四字。"余按……盖蔽封氏之说也"下,大典本有"又半两钱今有折二有小钱凡六样按此钱史氏以为销半两更铸三铢重如其文则三铢明矣"一段。

半两钱 "前汉武帝纪曰建元五年罢三铢钱行半两钱",大典本"行"字上有"铸"字。"颜师古曰又新铸作也",大典本"颜师古"上有"其文篆书单好重肉"八字。又"半两"钱图下翁树培批:"此品不至如许之大,今观《永乐大典》所绘,则半两、五铢各品俱较大于原钱。"

五铢钱 "李孝美曰今世所见五铢……自有品目"下,大典本有"凡五十五等按汙(俊川按:当为'汉'之误)本纪元狩五年罢半两钱行五铢钱今以食货志考之乃罢三铢非罢半两通鉴考异亦云纪误"一段。

钟官赤侧钱 "史记平准书曰……唯真工大奸乃盗为之"下,大典本有"宣元成哀平五世无所改"一句(俊川按:此非《史记》语,应为洪氏所加注文)。

《泉志》卷之二

直百钱 "零陵先贤传曰刘备初攻刘璋与士众约",大典本"曰"下有"先主"二字,"约"下有"曰"字;"军不足",大典本

"军"下有"用"字。"旧谱云径七分重四铢"下,大典本有"文曰直百篆书"六字。"有径七分重三铢八参者",大典本"参"作"黍";"又有铁钱重五铢四参者轮郭重厚字文湮晦",大典本"参"作"黍","湮晦"下有"然而四种皆篆书只有为字真书"一句。

传形五铢钱 "顾烜曰……径七分重四铢",大典本"铢"下有"其文篆书"四字。

大泉五百 "余按此钱径寸一分重四铢六参",大典本"参"做"黍"。

大泉当千 "旧谱曰径寸四分(底本误为"今",翁氏校本改正)重十六铢",大典本"铢"下有"篆书"二字。"余按此钱有二品",大典本"钱"下有"又"字;"大者……重十二铢六参",大典本"参"作"黍",下并有"篆书"二字;"小者径寸三分重七铢二参",大典本"三"作"二","参"作"黍",下并有"亦篆书"三字。

四铢钱 "张台曰……重二铢已下",大典本"已"作"以"。"余按……重二铢四参",大典本"参"作"黍"。

当两大钱 "旧谱曰……文曰五铢"下,墨笔添加"篆书"二字。未加朱圈。(俊川按:今观大典本异文多涉钱文字体,此卷即屡见"篆书"二字。或此二字本是据大典校补,翁氏偶而失检未及圈出。今附于此。)

景和钱 "顾烜曰"下,大典本有"景和钱有二等其一等景在上和在下其一等景在左和在右文曰二铢皆篆书鹅眼者薄小之甚△环钱以线贯之投之水中不沉"一段。补绘"右景左和"钱图一枚。

五铢钱 "隋书食货志曰……三吴荆郢江湘梁益",大典本"湘"作"襄"。"交广之域全以金银为货",大典本"域"下有

"则"字,"货"下有"天监元年"四字;"肉好周郭"下,大典本有"悉备"二字。

五铢铁钱 "顾烜曰……文曰五铢"下,大典本有"篆书"二字。

大吉钱 "顾烜曰……文曰五铢大吉"下,大典本有"篆书"二字。

大通钱 "顾烜曰……文曰五铢大通"下,大典本有"篆书"二字。

大富钱 "顾烜曰……大小轻重如五铢大富",大典本"铢"下有"文曰五铢"四字,"富"下有"篆书"二字。

四柱钱 "梁书敬帝纪曰太平"下,大典本有"元年诏杂用古今钱"七字;"二年夏四月己卯铸四铢钱一准二十",大典本"钱"下有"文曰五铢篆书以"七字,"准"作"当"。"壬辰改一准十",大典本"改"下有"以"字,"准"作"当","十"下有"上下有四点"五字;"丙申复闭细钱"下,大典本有"又铸两柱钱文亦曰五铢篆书上有两点但两柱重而鹅眼轻私家多盗铸之又有以锡铸者杂用"一段。

大货六铢钱 "隋书食货志曰……竟至陈亡(刻本误为'云'字,翁校改正)"下,大典本有"又有一等小者出于民之私造"数字,作两行。"余按此钱制作精妙肉皆有周郭",大典本"肉"下有"好"字。补绘钱图两枚。

太和五铢钱 "后魏食货志曰……十九年公铸初备文曰太和五铢",大典本"公"作"冶","铢"下有"篆书径八分重五铢但铜质粗恶字文湮漫盖当时多出于民之自铸故不精也"一段。"诏京师诸镇皆通行之",大典本"师"下有"及"字,"诸"下有"州"字。"在所遣钱二备炉冶",大典本"二"作"工"。

永安五铢钱 "后魏食货志曰……诏改铸文曰永安五铢",大典本"诏"下有"更"字,"铢"下有"亦听人就铸"五字。"官欲贵钱",大典本"贵钱"二字作"知贵贱"三字。"于二市卖之",大典本"二"作"三"。

永安土字钱 标目下翁树培云:"《魏书》上接'永安二年秋'云云,'又铸永安土字钱'。"是大典本在此标目下首引《魏书·食货志》,即前品永安五铢钱所引者,翁氏以文同故从略,"又铸永安土字钱"前文所无,故录出。"重二铢四参铜色纯赤轮阔皆夷",大典本"参"下有"面文篆书背文真书"八字,"阔"作"郭","皆"作"背"。

西魏五铢钱 "北史西魏文帝大统六年二月铸五铢钱",大典本"魏"下有"志"字,"钱"下有"其文篆书"四字。"旧谱曰以赤铜铸",大典本"曰"下有"多"字,"铸"作"为之"。

永安五铢钱 "后魏食货志曰……悬于市开",大典本"开"作"门"。"重不五铢",大典本"重"下有"过"字。"多杂锡铅",大典本"铅"作"铁"。"辄以小薄杂钱入",大典本"入"下有"市"字。

常平五铢钱 "隋书食货志曰……改铸常平五铢重如其文其钱甚贵且制造甚精",大典本"铢"字下有"篆书径一寸"五字,"且"作"而"。

大布钱 "旧谱曰径寸一分",大典本"曰"下有"大者"二字。"张台曰……又有大布字翻在上下者",大典本"字翻在"作"居于";"者"下有"二种之文各不一等又有大布字翻在上下者"一行。校钱图。

永通万国钱 "后周书宣帝纪曰……以一当十",大典本"十"作"千"。"张台曰……亦有轮郭",大典本"亦"作"又"。

"李孝美曰……制作尤佳",大典本"制作尤佳"作"制度尤妙","妙"下有"又铸永通泉货亦以一当千"一行。

泉志卷之三

开元钱　"新唐书食货志曰……八九万才满半斛武德四年铸开元通宝",大典本"万"下有"缗"字,"年"下有"七月"二字。

乾封钱　补背文"杨""青"钱图两枚。

乾元当十钱　"旧谱曰径寸",大典本"曰"下有"真书"二字,"径"下有"一"字。"李孝美曰……略无小异",大典本"略无小异"作"大小如一"。

大历钱　"余按……重三铢六参",大典本"参"作"黍";"史氏不叙铸作之因",大典本"氏"下有"多"字,"铸"作"其制"。

开元大钱　标目下大典本有"唐书本纪建中元年铸钱文曰开元通宝"一行。"径寸二分重十二铢六参",大典本"参"作"黍","黍"下复有"真书背文有龙凤"七字。"余按……一当十以权轻重",大典本"一"上有"以"字。

建中钱　"张台曰",校本引张台语之后,有墨笔所书"又江淮间多以铜荡铅铸钱,凡二种,不盈斤两,各以一当十。亦有轻小者,径七分重二铢,此为民之私铸者"一段,未加朱圈。(俊川按:似接续张台所言而来,或即大典本异文,翁氏失检未及加圈。今附此。)

新开元钱　背文"唐书食货志曰……许诸道皆得置钱坊",大典本"道"下有"观察使"三字。

咸通钱　"旧谱曰……文曰咸通玄宝",大典本"宝"字下有"又铸一等小者咸在上通在下其大者咸在上玄在下并真书后"

一段。

天福钱　"郑向五代开皇纪曰……诏建钱炉于栾川"，大典本"栾"作"滦"。

汉通钱　"苏耆开谭录……鼓铸钱弊"，大典本"弊"作"币"。

周通钱　"五代史周纪论曰……废天下佛寺三千三百三十六"，大典本"三十六"作"六十"。"郑向五代开皇纪曰……始议铸钱"，大典本"议"下有"官"字。

泉志卷之四

项梁钱　"楚汉春秋曰项梁阴养死士九十人"，大典本"人"下有"欲成计谋有"五字；"参木者所欲计谋也"，大典本"谋"作"事者"；"木佯（底本误作佯）疾于室中铸大钱也"，大典本"木"下有"乃"字，"疾"下有"相聚"二字，"钱"下无"也"字，有"以具田兵其钱好圆肉方无文"一行。

吴王濞钱　"西京杂记曰……文字肉好兴汉钱不异"，大典本"文字"作"字文"，"肉"下有"郭俱"二字，"兴"作"与"，"不异"作"无上下"。

大钱　"张台曰……有泉字诸画并方者"，大典本"曰"下有"按"字，"者"下有"有传形大泉五十径一寸重三铢二参"一行。

小钱五等　"封氏幺钱别种"，大典本"氏"下有"曰"字。

唐国钱　校钱图篆书"唐"字。

泉志卷之五

永平钱　"董逌曰"下缺六字，大典本作"考其制则蜀钱"。"余按此钱大小轻重"下缺五字，大典本作"未闻自通正"；"独是钱未",大典本"未"下有"之见"二字。

乾封钱 "董逌曰……因铸天策府宝",大典本"宝"下有"钱"字。

铁钱 "俗谓之铊","铊"字下双行注反切"力贺反",刻本误将"反力"二字合为一字,遂不可识。大典本不误。校钱图。

泉志卷之六

双五五铢钱 "肉郭",大典本"郭"下有"坦平"二字。

大泉钱 钱图篆书"大泉二十",大典本"十"作"千"。刻本标目下无文字,大典本有"其面文大泉二千篆书"一行。

左右五铢钱 钱图篆书"铢"字,大典本倒置。"计以意因之也",大典本"因"作"目"。

两铢钱 "奇异稀有",大典本"稀"作"希"。

稚钱 "顾烜曰……但稍狭小今东境谓为稚钱",大典本无"稍"字,"为"作"之"。

五朱钱 "顾烜曰……重三铢",大典本"三"作"五";"以铢为朱",大典本"朱"下有"耳"字;"亦差少"下,大典本有"于馀钱"三字。"张台曰……字狭者 有内郭",大典本"内"作肉;"只有半王字",大典本"王"作"五"。

泉志卷之七

太平钱 "顾烜曰……但文字有今古之殊"下,大典本有"耳文"二字。

两甾钱 "敦素曰……八两为铅",大典本"铅"作"锱";"左边之字不当为繻",大典本"繻"作"繻"。"董逌曰……考字书无甾字",大典本"甾"作"甾";"披繻剪发",大典本"繻"作

"繻繡";"其以繻为嵞又省文也",大典本"繻"作"繻","嵞"作"耆"。"余按……'嵞'字与诸谱不同",大典本"嵞"作"耆"。

四曲文钱　校钱图。

永光钱　"文曰永光",大典本"光"下有"篆书"二字。校钱图。

万岁钱　"肉好皆有",大典本"有"下有"周郭"二字。

太千钱　标目"太千钱",大典本"太"作"大"。"余按……文曰太千通宝",大典本"太"作"大"。

古钱　校钱图文字。

古钱　校钱图文字。

泉志卷之九

货布　"顾烜曰……淆以连锡",大典本"连"作"链"。

汉刀　翁校:"'汉'字应从目作'错'。""张台曰……台有此钱,如此图样",大典本"样"作"形"。

异布(第一品)　校钱图篆文"货"字。

异布(第二品)　"内好无轮郭其有亦讹",大典本"内"作"肉","有"作"肩"。

异布二品(第七品)　"文字",大典本"字"下有"亦略同"三字。校钱图。

异布(第九品)　"宝鼎尉王鑄",大典本"鑄"作"鎛"。

异布(第十四品)　校钱图,图上书"永乐大典"四字。

泉志卷之十

乌弋山离国钱　钱图下墨批:"图背人戴纱帽。"

安息国钱　眉批:"《永乐大典》作安西国,引西汉书西域传。"钱图下墨批:"图有须。"未加朱圈。

泉志卷之十一

龟兹国钱 "徐氏曰……大九分一面文",大典本"文"下有"曰五铢"三字。"敦素曰……此二国地接凉境",大典本无"二"字。

千秋钱 校钱图:"千"上"万"下,"岁"右"秋"左。"董逌曰……盖近世所为"下,大典本有"也"字。

三韩钱 眉批:"《永乐大典》三韩重宝、三韩通宝,孙穆云云。"(俊川按:据此可知大典本"三韩钱"标目为"三韩重宝""三韩通宝"。)

东国钱 "文曰东国通宝",眉批:《永乐大典》十一先"东国通宝"图作"重"。十四巧所引曰:"东国重宝,洪遵曰此钱径寸云云,文曰'东国重宝'。"

阇婆国梵书钱 "三朝国史曰……诸蕃风俗去其国以铜银锡鈛杂铸为钱",大典本"去"为"云","鈛"为"鐵"。"余按……面背无梵书",大典本"无"为"皆";"其国一当五十",大典本"国"字下有"以"字。

交趾国黎字钱 钱图下批:"较小于此。"

泉志卷之十二

新罗国钱 "傳(底本误作'傅',翁校改正)灯录曰城于洪州开元寺",大典本"城"作"贼"。

波斯国钱 "余按……波利斯国旧曰波斯",大典本"利"作"剌";"苏剌萨傥那",大典本"傥"作"傥"。

右乾陁越国钱 "余按……阿育王息怀目因缘经",大典本

"怀"作"坏"。

阿钧康国钱　标目及正文中的"阿钧康国",大典本"钧"字均作"鈎"。

碎叶国铁钱　标目作"碎叶铁国钱",大典本"铁国"作"国铁"。

泉志卷之十三

台主衣库钱　"封氏曰面为隶书背为篆书",大典本"背"下有"文"字。

轩辕钱　下钱图下批:"左剑。"

四神钱　钱图下批:"上鸟下龟左虎右龙,与此异。"

万国钱　"庆善郎中守仪真",大典本"庆"上有"宗人"二字。又校钱图中文字。

三雀钱　钱图下批:"背之中无二字,乃花草两枝。"

星钱　校钱图中双星图案。

玄武钱　校钱图中图案。

龙凤重轮钱　校钱图中篆文"泉"字。

双凤钱　钱图下批:"原图边极窄,若无轮者。"

龙凤钱　钱图下批:"图四种,两大两小。"

藕心钱　"余按",大典本"余"作"遵"。

泉志卷之十四

轻影钱　"身上影动",大典本"上"作"止"。

清水钱　"洽闻记曰……忽见侧有钱出",大典本"侧"下有"岸"字;"又以衣盛裹各有所得",大典本"又"作"乃","得"字下复有"又见流钱中有一铜车小牛牵之势甚奔迅儿等奔逐掣得一轮径可五寸猪鼻毂有六辐通然青色釭内黄锐状如恒运于时沈敞守南阳求得此物然莫测之"一大段。

青溪宅钱　钱图下批:"上双刀非双剑。"并画双刀。

齐安郡钱　"李孝美曰按此与会稽齐兴钱文字大小皆未之闻",大典本"此"下有"钱"字,"闻"下有"也"字。

轩辕钱　标目及正文"轩辕",大典本"辕"俱作"袁"。"令狐澄大中遗事曰……以桐竹叶满手挼成钱",大典本"叶"作"萬"。"睎(底本误,不可识。翁校本改正)阳子宾仙传曰轩辕先生取榆荚……遂治饮之",大典本"辕"作"袁","生"下有"入市"二字,"治"作"沽"。

孙先生钱　"一半尚铁",大典本"铁"下有"钱"字。

白雀钱　"徐仲宝"下大典本有"者长沙人"四字;"道南有大枯树"下大典本有"合数夫抱有"五字;"仲宝自往"下大典本有"亦"字;"获数百"下大典本有"自尔每须钱即往扫其下必有所得"一行;"仲宝率人",大典本"宝"下有"即"字;"白雀飞出"下,大典本有"止于庭树"四字;"白雀乃去",大典本"去"下有"不知所之"四字。

寿春钱　"逐之入一小穴",大典本"之"下有"飞"字。

北海铁钱　"金华子曰"下大典本有"杨琢云"三字;"中门中有地",大典本"有"下有"一处"二字;"隐起若小堆阜",大典本作"形微高若小堆阜隐起如是积有年华人莫铲凿有";"乃令平之",大典本"平"下有"持"字;"之"下有"既"字;"散实其下"下大典本有"如是渐广众人运取仅"数字;"深丈余"下大典本有"东西袤延四面际"七字;"镇压之"下大典本有"量其数即可胜计"七字。"大小如五铢"下大典本有"阖县畏栗虑致灾变乃备祭酹却以所取钱皆填筑如故其后亦无他祥"一段。

泉志卷之十五

撒帐钱 "李孝美曰顷见此钱于汝海王霖家",大典本"霖"作"霖"。

男钱 "旧谱曰径寸重四铢悬针书文曰布泉世人谓之男钱言佩之则生男也",大典本"径"下有"一"字,"铢"下有"半"字,"世人"作"代人","言"作"云",下有"妇人"二字;"则"作"即"。翁树培眉批:"'一''半'二字处所引元之顾氏曰:'其文悬针书,盖自梁以来有之。'"

长年钱 "款文曰长年太宝",翁树培眉批:"《永乐大典》引《旧谱》'径七分软文曰长年大宝','软'字有类乎'款'字,足见'款'字不误。"

五男二女钱 翁树培眉批:"《永乐大典》于'五男二女钱'下有'厌胜钱凡五种',却未引《泉志》语,则《泉志》所本无也。"

(原刊于《中国钱币》2002 年第 3 期,题为《〈泉志〉的〈永乐大典〉校本及整理札记上》,今从文中析出)

翁树培《泉志》校本整理札记

南宋洪遵于绍兴十九年(1149)所撰《泉志》,是我国现存最早的有完整传本的钱币学著作,对后来的钱币学和货币史研究影响甚巨。目前所见《泉志》版本,最早的是明万历三十一年(1603)胡震亨、沈士龙刻本,即所谓《秘册汇函》本,以后的刻本也全是以这个本子为祖本的。

《永乐大典》收录了《泉志》一书的内容,虽然该册现已佚失,但清代钱币学家翁树培在嘉庆十四年(1809)用《永乐大典》与明万历三十一年刻崇祯间汲古阁重修本《泉志》对校,并将《永乐大典》本中的异文记录在刻本上,基本保存了《永乐大典》本《泉志》的内容。这个校本的残本和一个完整的过录本现保存在国家图书馆。本文在整理《永乐大典》本校文的基础上,尝试对它作出评价,对相关问题进行探讨。

一、翁树培的校本

国家图书馆善本特藏部收藏一部《泉志》,十五卷,目录作"题宋洪遵撰,明崇祯毛氏汲古阁刻《津逮秘书》本,翁树培校。四册"。护叶有乙丑(民国十四年,1925)黄侃题记:"翁宜泉手校《泉志》,武昌徐氏强移藏。"目录大部分抄补。书内各卷钤

"翁树培印""申之""石峰所藏历代古泉""石峰草堂""石峰珍玩""宜泉吉利"等印,均为翁树培藏印。另有陈九韶和徐恕的藏印数枚。陈九韶印钤在翁树培各印上方,其人晚于翁氏。民国《平阳县志》卷三十选举表有陈九韶,号秋塘,嘉庆庚辰(二十五年,1820)恩贡,官训导,不知是否即此人。徐恕(1890—1959)是湖北藏书家,去世后将藏书近十万册捐献给湖北图书馆。此书归国图收藏,不知何时从徐家散出。这部《泉志》的流传过程,大致是翁树培—陈九韶—徐恕—国家图书馆。

此书通篇用朱、墨两色笔批校。经仔细分辨,字迹并非出于同一人、同一时。目录后有钤盖着陈九韶印章的一张笺条,谈《玉芝堂谈荟》与《泉志》品目的异同。因此书中用《玉芝堂谈荟》校勘的校语应该出于陈氏。书中还有朱笔所写用"辛本"校勘的校记,我们后来知道那是翁树培的笔迹。卷一首叶有眉批说:"以此本与永乐大典参校时,极匆匆,止得墨笔旁注于本文,或竟以行草写之。今凡以大典校者,概以红笔圈出为记。"因此我们知道书中墨笔加红圈的校文为《永乐大典》本的异文。全书没有翁树培的校勘题记。

令人遗憾的是,这部《泉志》是残书,只是有人煞费苦心地挖补拼凑,才把它变得看起来是一本完整的书。举卷一为例:

第一叶 B 面缺损,用第二叶的 B 面充当,版心叶数"二"字挖改成"一";用第三叶的 B 面充当第二叶的 B 面,叶数"三"挖改成"二";把第八叶移到第三叶,叶数"八"挖改成"三";把第九叶的叶数挖改成"八";把第十叶的叶数用墨笔添改成"九"。总计第一卷缺了第一叶的 B 面和第三叶的 A 面。卷六、卷九也是这样,只是拼凑得更离奇。卷十五只有一叶半。加上洪遵的序和徐象梅的跋,这部书总计缺少十四叶半,剩下的又被剪得支离破碎,已经影响阅读。书前目录用墨笔重抄,就是为了能与正文的品目相"对应"。干这种活儿的恐怕是书商,因为这个人没见过第二本《泉志》,他把卷六的标题"不知年代品上"改成"伪品上",把卷九的标题"刀布"改成"下品",本为掩人耳目,却弄成欲盖弥彰。他做这件事的年代不会很早,因为后来拼补的书叶上没有任何收藏印记。

我在国家图书馆分馆阅览时,无意中借到另一部汲古阁印本《泉志》,护叶有题记说:"嘉庆己巳冬,文颖馆辑唐文,以《永乐大典》参校,因以此册与《永乐大典》所引字句并图略为校添,或注于旁,或摹于另纸,较胜于毛氏刻本矣。凡用小黑字杂写于旁边者皆是。翁树培记。"末钤"翁印树培""宜泉"朱印。此外还有数条题记,包括"乾隆癸丑二月用辛金堂藏本校此本一遍",下面的署名或是"翁树培",或是"宜泉"。这部书中通篇批校,内容和在国图善本特藏部看到的那一本基本相同,最令人兴奋的是,它是一个全本,善本部藏本缺失的文字内容这里面全有,包括上述翁树培的校勘题记。看到这个本子,此前不见全豹的遗憾一扫而空。

这本书中的翁树培题记,记录了他用《永乐大典》校勘《泉志》的过程和情形。问题是,两个本子都钤有翁氏的印章,都想证明自己是稿本,到底哪一个才是呢?抑或两个都是?经过比较分析,我认为善本部所藏残本是翁氏手稿本,分馆所藏的全本是过录本,那上面的翁氏印章乃书贾伪造。理由呢,一是翁氏题记说"因以此册与《永乐大典》所引字句并图略为校添,或注于旁,或摹于另纸",但分馆本并没有校图,而善本部藏残本却是连文字带钱图一起校的,部分钱图也正是"摹于另纸"贴在书上,符合题记所言;二是善本部藏本目录后的笺批钤有陈九韶的两枚印章,显然那段话是陈九韶写的。而分馆藏本用同一笔迹照抄,把它当成了翁氏的批语。于此可见这个本子传抄的时间是在书归陈氏以后、残损以前;三是书中"用辛本校"的校文是朱笔,据题记所言校于"乾隆癸丑二月",与嘉庆己巳冬相距16年,校者前时为青年,后时为中年,善本部藏本笔迹变化很大,而分馆藏本的笔迹相同;四是对照校文,分馆藏本偶有错误,善本部藏本不误。

虽然分馆藏本是个传抄本,而且未校钱图,但在稿本残缺的情况下,它的价值不言而喻。两个本子碰到一起,用得上"剑合丰城倍有神"那句老话了。

从过录本保存的题记中,我们知道翁树培用《永乐大典》校《泉志》是在嘉庆十四年己巳冬天的事情,但另一个问题又跟了出来:彭信威的《中国货币史》和1999年新版《辞海》都说翁氏卒于嘉庆十四年,而且我们还知道翁氏在去世前一年多就患眼疾,无法写字,他又如何能在那一年冬天校书呢?经过考证,发现翁树培去世的时间不是嘉庆十四年,而是十六年,校书的时间正是在患眼疾之前,因此校本是可靠的。排除了这些问题,我们可以没有疑问也没有遗憾地整理《永乐大典》本校文了(校文见前篇)。

二、《永乐大典》本《泉志》评价

在阅读完校文之后,可以说,《永乐大典》本是目前能够知道的最好的《泉志》版本,好在哪里,下面分类说明。

一是可以解决钱币学中的疑难问题。

景和钱,通行本《泉志》仅著录一品,钱图一枚,上"景"下

"和"。但在清代,最早出土的"景和"钱却是右"景"左"和"。于是争论遂起。刘喜海怀疑左右文的"景和"钱是伪品,蔡云认为《泉志》著录为上下文是错误的,初尚龄《吉金所见录》则认为左右文、上下文两种都存在。今按大典本"顾曰"下有"景和钱有二等,其一等景在上和在下,其一等景在左和在右,文曰(按"文曰"当为"各"字之误)二铢,皆篆书"等语,并绘有二枚钱图。可见梁代顾烜已经把这个问题解决了。

双五五铢,是五铢钱的一个版别,通行本《泉志》说它"五字连缀肉郭"。对它的样子,钱币学家多有猜测,翁树培说:"绎'双五'二字之义,盖'五'上下二横画连属于右肉左好,横看之亦似'五'字,故云'双五'欤?"蔡云说:"岁久靡敝,'五'字渐与肉郭平,亦间有之。余所藏一品,轮郭深厚,与'五'字连缀显然。"他们二人都在诠释"双五连缀肉郭"上作文章,但钱的"肉"与"郭"并不在一个平面上,所以这些看法也就不能圆融无碍。叶德辉则认为是两个"五"字并列作一个"五"字读。今按大典本"郭"字下有"坦平"二字,原来正确的文句是"双五连缀,肉郭坦平","肉郭"与"双五"没有什么关系。看来,叶德辉的说法更接近事实。

大泉二千,通行本《泉志》仅有"右大泉钱"四字,下无解说。钱图中文字是"大泉二十"。翁树培、陈莱孝均不知为何钱。《风雨楼异钱图录》在"大钱二千"下云:"'大钱二千'一品,各谱均不载,仅见《说郛》宋董逌《钱谱》,云大泉二千未详所铸年代,一当二千。"今按所谓董逌《钱谱》,乃明人据元代类书《事林广记》中《货泉沿革》一篇改编,并非宋人著作(见王贵忱《〈钱谱〉题记》)。大典本此钱钱图"大泉二十"的"十"字作"千",标目下有"其面文大泉二千篆书"一行。原来此品就是"大泉二千",早经洪遵著录。(以上古人对各品钱的讨论,均见丁福保《古钱大辞典》相关条目。)

关于旧谱。洪遵在《泉志》中引用最多的就是《旧谱》的内容,共计60条。这个《旧谱》没有作者,也不知道年代,谱中记录的钱最晚到唐懿宗"咸通玄宝",所以作者可能是晚唐或五代人。彭信威《中国货币史》说:"它用字不避唐讳,所以作者不是唐代人,而是五代时人。这《旧谱》对于钱币的文字和轻重特别重视,这是钱币学最重要的两点。"彭信威关于此谱作者不是唐人的结论,应该是本于翁树培的看法,因为翁树培说过:"《泉志》内藕心、蚁鼻、男钱、富钱四种下,所引《旧谱》语皆有'世'字,不避唐讳,则知非唐人,盖后五代时人矣。"(《古钱大辞典》引倪模《古今钱略》)今按《泉志》卷十五"男钱"下引《旧谱》"世人谓之男钱",大典本"世"作"代",正是避唐讳。虽然还不能据此就将《旧谱》的作者确定为唐人,但是翁、彭等否定他为唐人的根据也不复存在。这本《旧谱》对洪遵《泉志》的影响特别大,《泉志》中的分类基本与之相同。它使用的方法也影响着后世的钱币学研究。一个"代"字,为我们打开了重新研究《旧谱》的空间。

二是补充了很多钱币资料。

如半两钱,"前汉武帝纪曰建元五年罢三铢钱行半两钱",大典本"钱"下有"其文篆书单好重肉"八字;直百钱,"旧谱云径七分重四铢",大典本下有"文曰直百篆书"六字,等等,还有很多。这类异文多是对钱币本身特征的著录,如文字、尺寸、重量、形状等,这是钱币学最重要的内容。但这些文字似乎是以注释的方式加在所引文献的正文下的,估计是刻书的时候校订者与原书核对,见原书中没有这些内容,就把它们删除了。但对《泉志》这样的书来说，这种内容是不能或缺的。保存的钱币资料多，是大典本一个重要优点。

三是可以改正刻本的错误。如夏钱"铸钱救人之用"，大典本"用"作"困"。"困"正确。乾陀越国钱"阿育王息怀目因缘经"，大典本"怀"作"坏"，"坏"正确。轻影钱"身上影动"，大典本"上"作"止"，"止"正确。婆国梵书钱"面背无梵书"，大典本"无"作"皆"，"皆"正确。诸如此类可据校改的异文很多。又如卷五永平钱下有两墨钉，文末也缺字，丁福保于民国二十五年（1936）刊行《泉志菁华录》，注明"此下各本俱缺"。然而大典本却三处都完整无缺，分别作"考其制则蜀钱""未闻自通正""之见"。如果不是《永乐大典》保存了这些文字，我们可能无缘目睹全璧了。

又如万国钱下云"庆善郎中守仪真得之郡圃土中"，"庆善郎中守仪真"费解。今按大典本"庆"字上有"宗人"二字，原来"庆善"是洪遵的同宗本家，"守仪真"也就是做仪真长官。像这种地方，没有《永乐大典》的校文也许就读不通了。

四是提供了校勘材料。有一些异文虽然不能直接改正刻本的错误，但可以帮助我们进行深入研究。如异布（第九品）"张台曰……与上布皆于宝鼎尉王铸处见之"，大典本"铸"作"镈"。倪模《古今钱略》云："按《路史》注引此，作王镈。"如此，"王铸"作"王镈"有两证，应以"镈"为是。这类异文也很多，值得仔细推求。

五是校正了一些钱图，这对《泉志》有特别意义。因为《泉志》受人诟病最多的就是它的图。我们想在下面专门讨论。

此外，本着凡事都要一分为二的原则，也应该说一些《永乐大典》本的缺点。这也有，就是有些异文刻本不错，《永乐大典》

是错的。如"永通万国"钱引"李孝美曰"下,大典本有"又铸'永通泉货'亦以一当千"一行。按永通万国钱是南北朝时北周所铸,永通泉货是五代十国时南唐所铸,本无相干,李孝美将它们牵合在一起,明显错误,刻本将其删除是正确的。又如《泉志序》"分汇推移",大典本"分"作"与",细绎文义,恐怕还是"分"字正确。轩辕钱"以桐竹叶满手挼成钱",大典本"葉"作"萬",也是明显错误。这样的地方也还有一些。但总体来说,《永乐大典》本的文字可以补正刻本的,远多于它的错误,用瑕不掩瑜来形容,应当算是贴切的了。

三、《泉志》在《永乐大典》中的存在形式

可以看出,《永乐大典》本《泉志》和刻本除了一些文字差异外,基本上也是一个系统。校勘中并没有发现在卷数、品目等大的方面有什么不同。它从侧面反映出钱币学在元明间并不是一门显学,也许这就是《泉志》迟迟没有刻本的一个原因。

现在我们想讨论的是《泉志》在《永乐大典》中究竟以何种形式存在。因为翁树培虽然作了校勘,却没有说明这个问题。从校本看,从卷一到卷十五包括洪遵的序都校出了异文,说明《永乐大典》是把《泉志》整个一本书都收进去了。但是,它是按照整书的形式收录的,还是分散以后收录的,从校文中并不能看出来。

按照《永乐大典》的编撰体例,像《泉志》这样的书应该是以整书的形式收录。大典《凡例》说:"名物制度旧有图谱载在经史诸书者,今皆随类附见。若其书专为一事而作者,全收入,如《五经礼器图》《诗图说》全收入礼学、诗学;琴谱、竹谱全收入

'琴'字'竹'字之类。"《泉志》就是一部专为一事而作的图谱，理应收在"泉"字或"钱"字的下面。但是查阅《永乐大典目录》，却无法找到这部书的踪迹。

按《永乐大典目录》卷十四"十二先"下，大典卷之五千六十三至五千八十六为"泉"字，里面的内容，有十一卷是"泉"名，有十三卷是"泉州府"。可见《永乐大典》中的"泉"是"泉水"之义，与钱币无关。

也是在"十二先下"，大典卷四千六百六十八至四千六百七十三是"钱"字的钱币内容，分别是：卷四千六百六十八：历代钱币一，伏羲神农至汉；卷四千六百六十九：钱币二，汉至宋；卷四千六百七十：钱币三，宋；卷四千六百七十一：钱币四，宋元辽金国朝；卷四千六百七十二：僭伪钱，异品钱一；卷四千六百七十三：异品钱二，外国钱。六卷中并没有《泉志》或其他钱谱的整部著作。这里的钱币是按照年代等类别著录的，如果《泉志》的内容收录在此，它应该是分散著录在各卷中的。

虽然翁树培没有明确说明《泉志》在《永乐大典》中的形态，但从他的校语里我们也能找出些蛛丝马迹。《泉志序》题记："嘉庆己巳冬以《永乐大典》所引序校此。"他说"引序"，似乎此序和《泉志》一书不在一起，是单篇被引用的。卷十五"五男二女钱"，翁树培眉批："《永乐大典》于'五男二女钱'下有'厌胜钱凡五种'，却未引《泉志》语，则《泉志》所本无也。"此钱下未引《泉志》，翁树培就认为是《泉志》书中没有这种钱，可见如果《泉志》中有，《永乐大典》是会引用的，说明《泉志》的内容在《永乐大典》中以引用形式出现。另外"男钱"下"旧谱曰径寸重四铢悬针书"，大典本"径"下有"一"字，"铢"下有"半"字，翁树培眉批："'一''半'二字处所引元之顾氏曰：'其文悬针书，盖自梁以来有之。'"这说明《永乐大典》在讲到"男泉"的时候,还引用了元代顾氏的说法。顾氏是元朝人,他的话不会是《泉志》的内容,这就说明并不是"男钱"在《泉志》条目下,而是《泉志》的相关内容在"男泉"条目下,《泉志》与顾氏同被引用。

从翁树培的这些校记里,我们可以感觉到《泉志》的内容在《永乐大典》中是散见在各钱之下的。这看起来有乖体例,但我们可以帮大典编纂者找点理由。首先是分类原因,钱币最适合按朝代来编排,和琴、竹子不一样。如此,原来没按年代编排或编排不同的书就都要打乱;其次是《泉志》一书并不能完全覆盖中国的钱币史,还需要引用其他人的观点和资料。再次就要怪洪遵自己,他给这本书起了一个假古董名字,按书名应该放在"泉"字下,但他书里不讲泉水;按内容应该放在"钱"字下,但书名里又没有"钱"字。对这种蝙蝠派的书,编大典的人想关照只怕也没有什么好办法。

四、《泉志》的钱图

钱图对《泉志》来说,算得上成也萧何,败也萧何。《四库全书总目》的说法很能抓住要害,它说:"是书汇集历代钱图,分为九品,自皇王偏霸以及荒外之国,凡有文字可记、形象可绘者,莫不毕载,颇为详博。然历代之钱,不能尽传于后代,遵自序称尝得古泉百有馀品,是遵所目验,宜为之图。……若虞夏商泉,何由识而图之。且《汉志》云太公为圜函方形,则前无是形可知,遵乃使虞夏商尽作周泉形,不亦谬乎?"

钱图为这本书带来了现在的地位。有了图,它被看成一部钱币学著作,而不是货币史著作。没有图,它就与后者难以区分,那样它很可能竞争不过《通典》《文献通考》中的货币史部分。只要看清代专门给《泉志》挑毛病的著作《泉志补正》《洪氏泉志校误》等就可知道,大家看重《泉志》的地方,正在于它的"图",实际上就是钱币的实物形态。钱图,是中国钱币学区别于其他学科的重要特征。

但是万历刻本《泉志》的钱图错得太多、太离谱,也影响了《泉志》的名声。有一些图,如实在没有办法画只好用一个没有文字图案的圆钱来代替的虞夏商钱,其实也怨不得古人,一定要画出一个图,表明他们把握住了钱币学的学科特征。另一些图,就是那些实有其物但完全失真的钱图,如两个字的王莽十布等,就需要钱币学家负责了。但是应该由谁负责,由于历来只有一个版本流传,则很难定夺。如为万历刻本绘图的徐象梅说:"缮本图篆失真,仅存形似,盖小学废而六书隐,即博学如欧公且以八分为隶,况其下者乎?"他认为责任应该由古人负。但清代以来,人们多回护洪遵,将责任推到徐象梅的身上。态度激烈的如丁福保在《泉志菁华录》序中说:"徐氏未见真泉,凭臆杜撰,陋劣可哂,无一与真钱相肖,其荒诞者过半矣……故徐图实洪志之疣赘也。"语气委婉的如彭信威在《中国货币史》中说:"其实《泉志》所附的图是明代人加上去的,并不是洪遵所画的。《泉志》原来应当是有图的,但因一直没有刊行,长期间转相传抄,到明代万历年间才有刻本,所以原图已失传。"现在看到的图当然不会是洪遵画的,但书中的图是否在明代完全失传?也就是说万历刻本的钱图是否完全是新绘制的?

《永乐大典》中收录的《泉志》内容是有图的,翁树培根据大典校正了大约40幅钱图,有的用另纸摹画,有的直接改在底本上,还有的用校语说明。这里面,改正奇品、神品、外国品的,大都是图画;改正正用钱的,大都是文字。还有少数是纠正形状、大小的。其中文字部分确实改正了几个刻本的钱图,如现在称为"梁正币当釿"的异布,根据大典本所绘的钱图虽然与原钱拓本相比还有一点差距,但比起《泉志》刻本中的图来,确实不知要好多少。但是,很多已经公认错误的钱图并没有改正,而只是校改了条目下的文字。这表明《永乐大典》中多数钱图与刻本差别不大,也说明万历间《泉志》刻本中的钱图还是有所本的,画家根据的也还是辗转传抄的钱图。因此,钱图失真的责任,明代人要担一些,明代以前的人要担一些,恐怕洪遵也要担一些。有一些图可能从他那时就开始错了。他见过的钱币只有一百多种,剩下的二百多种图全靠照着别人的图谱描摹,一点不错是不可能的,况且在他之前,那些图谁知道已传抄了多少年、经过多少人的手呢?

五、翁树培的卒年

关于翁树培,我们可以引用彭信威《中国货币史》中的一段评论。他说:"在封建社会中,一切学术都是进步很慢的。中国的钱币学也不例外。在五代和两宋才有进一步的发展,可是很大部分还是抄袭前人的著作,创见不多。尤其是明代,可以说没有一部有价值的钱币学著作。一直到清代乾嘉年间,由于考证学的风行,对于研究的方法,有显著的改进,中国钱币学才获得空前的发展。翁树培等人,几乎把一生的精力都花在钱币上,而且除钱币实物外,还广泛地钻研了文献资料。"在这里,他评价了从五代到清代超过 1000 年时间的钱币学研究,只提到翁树培一个人的名字。根据《中国货币史》中作者对古代钱币学家和钱币学著作抱有的少所许可的态度,彭信威的评论足以表明翁树培对钱币学的贡献和在钱币学史上的地位。因此在这方面我们也就不必多加论说。

但是《中国货币史》对翁树培的研究也出现了一点错误,那就是书中标注的翁氏卒年。该书第八章《清代的货币·钱币学的发展》中,标明翁树培的生卒年为公元1765—1809年。这似乎已成定论,因为1999年1月出版的彩图本《辞海》也是这样标注的。可这个年代是错误的,它将翁氏的卒年提前了两年,而这两年对于我们现在正在进行的研究至关重要。

《中国货币史》标注的翁氏生卒年可能是根据《古钱大辞典》卷前《八大特色》之三丁福保所述翁氏事迹推定的。丁福保说:"翁树培字宜泉,顺天大兴人,阁学潭(俊川按:应为覃)溪先生之次子也。生于乾隆甲申腊月十三日……享年四十六岁。"按照清人的习惯计岁方法,从乾隆二十九年甲申下推四十五年,为嘉庆十四年己巳,大致相当于公元1809年。翁树培的生日是甲申腊月十三日,换算为公历是1765年1月15日。这就是"1765—1809"的由来。

按丁福保所述翁树培事迹,生平履历部分基本上是复述翁方纲所撰《次儿树培小传》,只不过略作增删。"享年四十六岁"这几个字《小传》里并没有,乃是丁氏添上的,可能是因为《小传》中翁树培的履历到嘉庆己巳而止。但翁树培最后的官职在己巳年所授,并不是说翁树培就卒于这一年。《小传》中说:"次男树培以末疾病废岁馀,竟不起。……去年秦敦夫于扬州镌淳熙《隶韵》,儿欣然有志校雠。昨敦夫以拙著《隶韵考证》二卷续刻于扬,亦寄一本于儿,俾附名其后,而已无及矣。"(《复初斋文集》卷十三,清道光刻本)说明在前一年刊刻《隶韵》的时候,翁树培尚健在,并且还能校雠古书,而到第二年秦氏刊刻翁方纲《隶韵考证》初成的时候,翁树培已经去世。这期间,他病了一年有馀。现在秦刻《隶韵》流传尚多,正是"嘉庆十五年秦恩复刊"。嘉庆十五年是翁方纲所说的"去年",则《小传》作于十六年辛未,即1811年,翁树培就是在这一年去世的,享年四十八岁。他死后,翁方纲写了三首《哭培儿》诗,编入《复初斋诗集》卷六十四《石画轩草》中。《石画轩草》作于"辛未正月至壬申五月",《哭培儿》在辛未年内,编次靠后,已接近壬申,说明翁树培卒于嘉庆十六年辛未的下半年。

上引翁树培的题记说,用《永乐大典》本校勘《泉志》是"己巳冬"的事。翁方纲《小传》说他"病废年馀",又说他"积毒始发于目,渐不能治官书",那么他在去世前有一年多因为眼睛患病,无法看书写字。"己巳冬"的一年多以后就是辛未年。翁树培的《古泉汇考》是他终生都在修订的著作,但里面并没有利用到这批校勘成果,说明他在校完《泉志》不久就失去了工作能力。说到这里,我们确实应该感谢翁树培,他在最后的工作时间内为我们留下了珍贵的关于《永乐大典》和《泉志》的资料。

六、《泉志》的版本

据洪遵《泉志》自序,这本书成于南宋绍兴十九年(1149)。在约80年后,陈振孙《直斋书录解题》著录了《泉志》;约200年后,元朝官修的《宋史》也在《艺文志》中著录了《泉志》。这是宋、元两代这本书的著录情况,其间它有没有刻本不得而知。但《泉志》在宋元之间可能并不是很流行,检索《四库全书》数据库,除了目录书之外,未发现有宋、元人征引这部书的内容。另外元代至顺年间书坊刻印的类书《事林广记》中,有关钱币的内容收录的是一篇《货泉沿革》,它源于一部与洪遵《泉志》渊源不同的钱谱。这表明《泉志》在元代还不是一部普及的书。

《永乐大典》纂修的年代是公元1403—1408年。它收录的《泉志》是我们现今已知的最早文本。从《永乐大典》纂修到万历三十一年(1603)之间200年,我们仍然没有看到《泉志》有刻本的记录,它恐怕仍以抄本流传。钱曾《读书敏求记》著录"《泉志》十五卷,鄱阳洪遵撰,嘉靖壬午秋茶梦庵抄本"。壬午为嘉靖元年,即公元1522年。茶梦庵是姚咨的斋号,姚咨在明代以喜欢抄书闻名。

万历三十一年对《泉志》来说是重要一年。这一年的前后,沈士龙、胡震亨委托徐象梅校订、绘图,将《泉志》编入他们汇集的丛书《秘册汇函》中刊刻出版。这个版本是已知最早的《泉志》刻本。凭心而论,这个本子错误是多了一些,但由于它先后汇印入《秘册汇函》《津逮秘书》两个大型丛书,印刷量很大,这就把原先少有人问津的一部书普及开来。从明万历到清嘉庆,又一个200年过去,《泉志》仍没有其他刻本,而乾嘉时期钱币学兴起,人们考证、研究的对象首先是《泉志》,能够利用的就是这个版本。许多钱币学家包括翁树培都是在看了万历刻本《泉志》后,产生了研究钱币的兴趣。在清嘉庆以后的200多年里,《泉志》有过几次刊刻,但它们都源于万历本。可以说,万历三十一年《泉志》的刊行,对清代钱币学的复兴起到了重要作用。

值得提出的是,从清代以来,人们对《泉志》万历刻本存在着错误认识。它曾印入《秘册汇函》,重修后又印入《津逮秘书》,但长期以来人们一直以为它们是两个不同的明代刻本。翁树培就说:"汲古阁毛晋刊《津逮秘书》中,前有胡孝辕[震亨]

《刻〈泉志〉序》、万历癸卯徐仲和[象梅]跋。乾隆癸丑二月,于辛敬堂[绍业]处,见所购《泉志》,亦刊本,在毛氏刻本之前,有沈汝纳[士龙]跋。细校一过,有可补毛刻本之误者。"(《古钱大辞典》引倪模《古今钱略》)近年出版的《中国古籍善本书目》也将上海图书馆收藏的明版《泉志》著录为"明万历胡震亨、沈士龙刻《秘册汇函》本";将国家图书馆收藏的明版《泉志》著录为"明崇祯毛氏汲古阁刻《津逮秘书》本"。其实,这两个本子是同一版片的前后两次印刷,而不是前后两次刊刻。《中国古籍善本书目》对两个版本的著录,前者欠妥,后者错误。

比对两个本子,我们发现所谓"崇祯毛氏汲古阁"本就是万历三十一年刻版的重修后印本。两个印本的不同之处,一是卷端题名。胡印本每卷首叶第二行"宋洪遵撰"下刻"明徐象梅校并图篆"八字,毛印本将卷一的徐象梅题名改为"明胡震亨毛晋同订",将卷三、五、六、七、八、九、十一、十三、十四、十五的徐象梅题名铲去,其余各卷保留,使得前后很不一致。二是胡印本版心刻字数,毛印本铲去。三是部分版片重刻或修补。如卷二第一叶毛本重刻,将最后一行"捨干戈"的"捨"字手旁误为"子"旁,遂使此字不可识。又如卷九第五叶毛本重刻,将"大布黄千"钱图中的小篆刻错。但也有改正原本的地方。如卷六第二叶和第三叶,胡本误倒,毛本改正。四是毛本撤去了沈士龙的序。从总体上看,毛晋重修的质量不高。特别是一些钱图被改得一塌糊涂,也让《泉志》和洪遵多背了一些凭空臆造的坏名声,说来有点冤枉。

清嘉庆十年(1805)张海鹏刻《泉志》,收入丛书《学津讨原》中,刊刻的底本是胡震亨印本,但张氏对原书不作考订,许多明显的错字都没有改正,不能算是善本。同治十三年(1874)隶释斋刊刻的《泉志》，底本仍然是万历本，但改正了许多误字，从文字上来说是《泉志》最好的刻本。

近年来出版的《泉志》均为影印本，如1995年齐鲁书社出版的《四库全书存目丛书》收入的《泉志》，据天津图书馆藏胡、沈《秘册汇函》印本缩小影印，不便阅读。1994年上海古籍出版社出版的《中国钱币文献丛书》收入的《泉志》，据毛氏《津逮秘书》印本原大影印，读起来赏心悦目，但编者误将底本的版本当成《秘册汇函》印本，这是阅读时需要注意的地方。

下面想再探讨一下明刻本的著录问题。《泉志》刻在万历三十一年前后，是徐象梅在《跋》里面说明的，即使刊刻过程长一点，也不会距离三十一年太远。因此著录时标明"万历三十一年刻"更妥当一些。否则仅标明"万历"，岂不是多算进去毫不相干的前三十年，把原本比较明确的年代弄得很不明确了吗？至于汲古阁本，既然它是旧版重修，印刷在崇祯年间，还是以著录成"万历三十一年刻崇祯间汲古阁重修本"为好。

（原刊于《中国钱币》2002年第3、4期，题为《〈泉志〉的〈永乐大典〉校本及整理札记》，今析出校文，另成《〈永乐大典〉本〈泉志〉校文》）

西夏文识读过程中的几个细节

先前人们普遍认为最初发现西夏文的是清人张澍,而最早识读西夏文的是法国人莫里瑟。1986 年,贾敬颜在《历史研究》当年第一期发表《西夏学研究的回顾与展望》,提出最早认出西夏文的是清人鹤龄。此后这一说法渐成公论。

《宁夏大学学报(人文社会科学版)》2001 年第 1 期刊发杨志高《西夏文献研究概述》,对发现、识读西夏文的过程言之较详:

> 嘉庆十五年(1810)张澍在家乡武威意外发现了西夏"重修凉州护国寺感通塔碑"(俗称"西夏碑"),依据碑阴文字所载的立碑年代"天祐民安"推断碑阳未识书体必为西夏国书,并撰写了《书西夏天祐民安碑后》(1837)。这一惊人的发现,使元明之际被人遗忘的西夏文字,在历经几百年后,重见了天日。其后(1820),刘青园在对武威出土的古钱币进行识别时,借助西夏碑文字,不仅识得一些西夏年号的汉文钱,而且还见到并知晓数品以往钱谱中著录为"梵字钱"的西夏文钱币。同一时期,鹤龄还对绥远城(今呼和浩特)所得当时惟一面世的西夏文佛经(八册)进行了考释。因核其经名、偈语与《法华经》相同,于是鹤龄译出该经为《佛说妙法莲华经×卷》九字,并为其第一卷第一页作了初步的汉文注释。可惜后来此经散佚。1904 年,法国

人莫里瑟在北京购得其残卷三册,并在原汉文注释的基础上,首次对该经的西夏字音义、语法进行了尝试性解读。

比杨文略早,韩小忙在《西北民族研究》2000年第2期发表《西夏语言文字研究的回顾与展望》一文,对上述问题也有论述,只是把张澍发现西夏碑的时间系于嘉庆甲子年(1804),其余与杨文大致相同。

对西夏文的识读是清代金石学的一个成果。记录了这一研究过程的原始文献,主要是清代古钱家的著作。在研读有关文献资料后,我们发现,以往对"谁最先识读出西夏文"这一问题的研究尚嫌粗疏,还可以在原有基础上细化。

在发现、识读西夏文的过程中,共出现了一石、一金、一经,后面又分别牵涉三个发现者:张澍、刘青园和鹤龄。

张澍发现西夏碑的故事人们已耳熟能详,不必赘述。不过杨文说"嘉庆十五年(1810)张澍在家乡武威意外发现了'西夏重修凉州护国寺感通塔碑'",年代却不合。正确的应是韩文所说的"嘉庆甲子",也就是嘉庆九年(1804)。张澍《养素堂文集》卷十九有《书西夏天祐民安碑后》一文,对西夏碑出土于"嘉庆甲子"的过程说得很详细,而且刘师陆(青园)于嘉庆乙丑(1805)已在武威扪读碑文,乃是此碑出土的第二年。嘉庆十五年是张澍为碑文作跋的时间。

关于西夏文钱币和西夏文《法华经》出土的记载,最早见于翁树培的《古泉汇考》卷六旧传"梵字钱"下(图25):

> 满洲鹤九皋龄官刑部时,语培曰:曩在清字经馆时,闻绥远城山顶古庙塔圮,得经一函,瓷青纸金字,凡八册,其标题皆作𘜶𘃎𗖵𗖵𗖵𗖵𗖵(原注:第八字见下)𘜶,凡九字,其

图 25　西夏文《重修凉州护国寺感应塔碑》碑额及文字拓片局部

第八字则每册各异,作󰀀󰀁󰀂󰀃󰀄󰀅󰀆,盖记数欤?核其卷数偈语,与《法华经》同,必"佛说妙法莲华经几卷"九字耳。培审其字体,与此钱相似。刘青园师陆言:"甘肃掘钱,多西夏物,于中偶获此钱,形制与夏钱不殊。凉州有大云寺夏天祐民安五年甲戌碑,字类此钱,然则此钱盖西夏所铸矣。"

这段话文字不多,但信息量大。

先说鹤龄。从翁氏的记载中,我们知道他是满洲人,字九皋,曾在清字经馆和刑部供职。检2009年大象出版社出版的《清代缙绅录集成》,嘉庆五年冬《搢绅全书》刑部督捕司下:"主事加一级鹤龄(九皋),满洲镶蓝旗人,生员。主事加一级翁树培(宜泉),顺天大兴人,丁未。"鹤龄与翁树培在刑部分任督捕司满汉主事,是关系密切的同事。从嘉庆元年春到三年冬,刑部笔帖式下均有鹤龄,籍贯、出身与后来任主事之鹤龄相同,则其在嘉庆四年后、五年冬前由笔帖式升任主事。(国家图书馆藏嘉庆十二年秋季《爵秩全书》,刑部下有笔帖式鹤龄,系汉军正白旗人,是与鹤九皋同名的另一位刑部官员。本文初次发表时误以为此人即释读西夏文的鹤龄,附此志愧。)

鹤龄是在清字经馆工作时看到绥远出土的西夏文佛经的。清字经馆成立于乾隆三十七年(1772),五十五年修成《清文大藏经》,后印版被火,至五十九年补刊完成,经馆应在此后裁撤。鹤龄不知何时离馆,但据国家图书馆藏乾隆五十九年《爵秩全览》,他在此年已任刑部笔帖式。因此,在绥远倒塌的佛塔中发现西夏文写经并认定其为《妙法莲华经》的时间,严谨一些的说法应是,在乾隆三十七年至五十九年(1794)之间。如果能从更早的文献中查找到鹤龄的官职变动记录,时间下限还可提前。

也就是说，至迟在1794年之前，我国已出土了西夏文字，早于张澍1804年发现西夏碑，只不过这是纸质文献。翁树培写出的16个西夏字是从鹤龄那里得到的，可以认为鹤龄是最早释读西夏文《佛说妙法莲华经》并记录、翻译16个字的人。（图26）这一时间在18世纪，早于法国学者100多年。可惜的是他没有把这个工作继续下去，而且也不知道自己翻译的文字是西夏文。旧说鹤龄的发现与张澍、刘青园同时，或说鹤龄是清末人，均不准确。

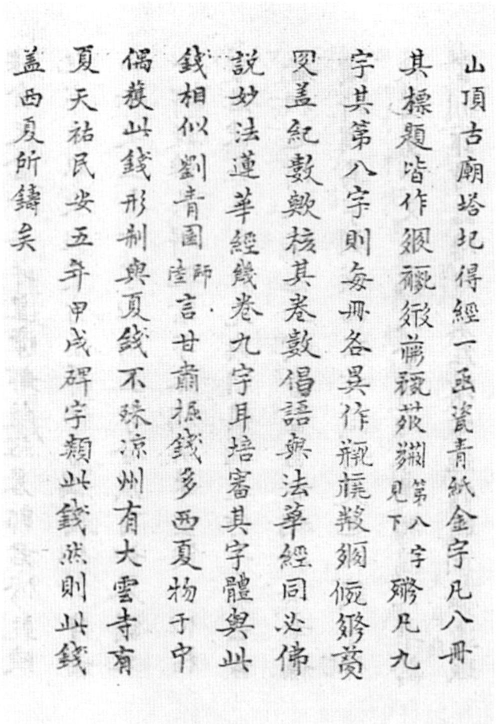

山頂古廟塔圮得經一函瓷青紙金字凡八冊其標題皆作[illegible]見下第八字[illegible]凡九字其第八字則每冊各異作[illegible]蓋紀數歟核其卷數偈語與法華經同必佛說妙法蓮華經幾卷九字耳培審其字體與此錢相似劉青園師陸言甘肅掘錢多西夏物于中偶獲此錢形制與夏錢不殊涼州有大雲寺有夏天祐民安五年甲戌碑字類此錢然則此錢蓋西夏所鑄矣

图26　翁树培记下的西夏文佛经和钱币的发现过程

（引自《古泉汇考》卷三，中华全国图书馆文献缩微复制中心据山东图书馆藏刘喜海抄本影印）

再说刘青园。刘师陆号青园,山西洪洞人。嘉庆二十五年进士。他曾在凉州得到大量西夏古钱,当时在古泉界喧腾人口,多有记载。他判定西夏钱文的事,初尚龄的《吉金所见录》所言最详。卷十五"梵字钱"下引刘青园曰:

> 凉州土人掘地,得古钱数瓮,其中开元最多,北宋、辽钱及西夏元德、天盛、乾祐、天庆、皇建、光定诸品,亦复不少,而此种梵字钱亦有数品。余共捡得千馀枚。又尝于凉州大云寺访得古碑,阳面正作此等字,碑阴楷书,扪读之,则天祐民安五年所立。乃知此钱为西夏梵书。

按《古泉汇考》卷三"凉造新泉"下引刘青园曰:"乙丑六月,在凉州得'凉造新泉'三枚。"乙丑为嘉庆十年(1805),即张澍发碑的第二年,刘青园判定历来被认为是"梵字"的钱文为西夏文。杨文说"1820年刘青园识别出西夏文钱币",年代也不准确。致误的原因,大概是把《吉金所见录》的出版年代作为刘氏凉州得钱的年代了。(图27)

刘师陆的另一个贡献是他把西夏碑出土的消息带回了京师。张澍发碑虽在嘉庆九年,题跋却在六年之后,正式发表更晚至道光十七年(1837),以至于也有人把1837年作为西夏碑出土的年代。

下面就要说到翁树培了。据翁方纲《次儿树培小传》(嘉业堂刻《翁比部诗钞》附),翁树培于嘉庆二年补刑部主事。这是他与鹤龄同官刑部的开始。他们的同事关系延续到嘉庆九年或稍后。此年春季《搢绅全书》督捕司下,汉主事为翁树培,满主事失名,但籍贯、出身与鹤龄相同,应亦为鹤龄。至十一年春,督捕司汉主事翁树培,满主事官禄,刑部职官中无鹤龄名,当已离

图27　西夏"大安宝钱"钱(中国钱币博物馆藏)

职。鹤龄向翁树培介绍《妙法莲华经》的出土、定名情况并传写西夏文字,当在嘉庆二年至十年(1797—1805)之间。翁树培去世于嘉庆十六年(1811),此前一年多因患眼疾不能写字,《古泉汇考》的上述记载最迟也在嘉庆十五年(1810)之前。

我们看到,鹤龄早在乾隆五十九年(1794)以前见到西夏经卷,并试图释读其文字,但他不知道这是西夏文;张澍在嘉庆九年(1804)发现西夏碑,确认西夏文存在,但没有识读其文字;刘师陆在嘉庆十年(1805)通过西夏碑确认了西夏钱文,也不能识读其文字。真正知道这种文字是西夏文、又能了解其中若干字的大意、且会书写这些字的,是翁树培,他是西夏文被重新发现后最早对它有全面认识的人,其时在嘉庆十年至十五年(1805—1810)之间。

翁树培(1765—1811),字宜泉,顺天大兴人,翁方纲次子。乾隆五十二年进士,官至刑部郎中。他是清代最有影响的古钱家。

补说：

鹤龄说"曩在清文经馆时，闻绥远城山顶古庙塔圮，得经一函"，似乎对西夏文写经也是得自传闻，未曾亲见。但翁树培记录下的西夏文很准确，不可能向壁虚造，只能来自鹤龄的传授。而且下文说"核其卷数偈语，与《法华经》同，必'佛说妙法莲华经几卷'九字耳"，是当事人口吻。因此，说鹤龄翻阅过西夏文佛经，并拟定汉文经名，问题不大。"闻绥远"云云，或指经卷的出土情况来自传闻。

《古泉汇考》是一部未完成的著作。翁树培去世后，杂乱的书稿被刘喜海得到，他请人耗用三年时间誊成清本，这才能够阅读。其时大概在道光十年（1830）前后。这个本子幸运地保存下来，现藏山东省图书馆。书中的16个西夏字，几经传抄，虽不规范，仍能辨识。其经题8个字是：

𗏁𗣼𗤑𗦎𗫡𗭪𗭼𗵒

若逐字对译，却非鹤龄说的"佛说妙法莲华经　卷"，而是"妙法华净经契卷　第"，可译为"妙法莲华契经第　卷"（据罗福苌译文）。其记卷数的八个字𘓺𘓻𘓼𘓽𘓾𘓿𘔀𘔁，第一个字是"序"，其后为"二、三、四、五、六、七、八"。

鹤龄在研究这部经书时，凭借对汉文佛经的熟悉，通过版面格式，正确判断出它是《妙法莲华经》，但由于西夏语与汉语的语法、语序不同，他猜测的经题文字，汉夏未能对应。所以要评价鹤龄对西夏文字释读的贡献，恰当的说法应是：鹤龄判断出这部经是《妙法莲华经》，并记录下8个经题文字及8个数目字，对这些文字做了汉语释读尝试。

一百年后,法国人莫里瑟(M. G. Morisse,又译作毛利瑟、毛里斯)于庚子(1900)乱中在北京得到3册西夏文写本《妙法莲华经》,于1904年用法文发表《西夏语言文字初探》一文,对西夏文的音形义进行系统研究。

在中国西夏学界,早前一直认为莫里瑟在得到这3册西夏文写经时,书上已有汉文书名提示。1932年出版的《国立北平图书馆馆刊·西夏文专号》中,有两篇文章提到这个问题。

罗福苌遗作《〈妙法莲华经弘传序〉释文》跋云:

> 庚子之乱,法人毛理斯氏得西夏写经三册于北京,皆绀纸金书……外面有汉字题签:"西夏译添品妙法莲华经某卷",盖转翻隋弘治年(俊川按:隋无"弘治年",原文如此)阇那崛多等所译足本也。

聂历山《西夏语研究小史》云:

> 唯据毛氏文中所附插图观之,氏所用力最勤、成功最大之此经第一卷第一页释文,原本此页乃系白纸,边栏右方原来已有汉字注释。疑用白纸之书主必为一汉人,远在毛氏之前,即曾试通其文,注释于次。毛氏将此页连同瓷青纸金书之三卷一并购得,其所有研究,盖大半得力于此也。

二人均谓莫里瑟藏本题有汉字经名,惟一云书于外面,一云书于首页。在此基础上,才有了后来"鹤龄注释,莫里瑟购买并据以解读"的说法。

但当年在北京与莫里瑟、贝尔多一起发现这部经书的伯希和不同意"汉文注释"一说。据2003年第四期《书品》杂志发表的聂鸿音译《伯希和西夏语文评论四种》,伯希和在对聂历山著作的两篇评论中均提到莫里瑟藏本,除了声明该书并非在北京

"买到",而是他们三人在城中白塔下一堆旧书中"捡拾到"的之外,还特别就有否"汉文注解页"作出说明。他在1932年评聂氏《西夏语研究小史》时说:

> 聂历山先生关于毛利瑟所用那个写本的臆断不太正确。毛利瑟的那个写本从头到尾都是用金泥写在磁青纸上的,根本没有白纸的附页,也没有汉字的注解(il n'y avait aucun feuillet annexe sur papier blanc, aucune explication en chinois),聂历山先生所谓行间的汉字其实是毛利瑟本人根据汉文本《法华经》添加上去的。(原文为引者所加)

聂鸿音就此在译者前言中说:

> 中国学者后来对其(《妙法莲华经》)发现过程和流传情况的介绍都是本于聂历山的转述。人们传言这几卷"来历不明"的书是毛利瑟在北平的某个地方"买到"的,同时买到的还有一页或几页不知什么人用白纸写的解读稿。出于学术上不服输的心理,中国人不相信外国人能凭一己之力解读如此繁难的文字,于是猜测这份白纸解读稿是此前某个中国人早就写好了的。由此再进一步发挥,据史金波先生介绍,贾敬颜先生还曾把白纸解读稿的作者考证为清代学者鹤龄。事实上,如果看了伯希和以当事人身份记下的当年那段史实,我们就应该不至于在此类考证上徒耗时间。

"白纸注解页"的图片,1913年出版的罗福成《西夏译莲华经考释》曾经转载,可以看出确实是莫里瑟添加的,因为给每个字用西方数字编了号码。聂历山及后来的类似说法不能成立,应该纠正。

但聂鸿音的这段评论并不完全符合事实。首先中国学者对莫里瑟藏经的认识并非全部来自聂历山,如罗福苌去世于1921年,他的"汉字题签"说自然早于这一年,与聂历山毫无关系。其次也是更重要的,另一个"当事人"即莫里瑟,明确说他的《妙法莲华经》上有汉字题签。在《西夏语言文字初探》(唐均译,《国外早期西夏学论集(一)》,97—133页)中,他说:

> 我将要提到的这部书在我手边共有三卷,第一卷首叶贴有一张汉文的纸签(une fiche chinoise collée sur la page de titre du premier volume),表明这是著名佛经《妙法莲华经》的西夏文译本。

又说:

> 至于这部书本身,汉文书签已经告诉我们是《添品妙法莲华经》的译本。(以上二节原文为引者所加)

《添品妙法莲华经》是阇那笈多和法护在7世纪初根据竺法护和鸠摩罗什旧译本校订而成的本子,莫里瑟的说法明确而具体,自应从信。反过来说,如果没有汉文提示,他一定会说明认定此书为《妙法莲华经》的其他依据。事实上除了"汉文书签",文中对此并无一字涉及,可见"汉文书签"确实存在。

同为"当事人",莫里瑟和伯希和一起发现经书,又是书的主人和研究者,而且是当时人说当时事(伯希和是30年后的追忆),如果两人观点冲突,莫里瑟的说法更值得采信。其实仔细看,伯希和的说明只针对聂历山说的"白纸注解页",并未涉及"汉文书签"问题,也未构成对莫里瑟说法的否定。

(本文初刊于2004年《〈内蒙古金融研究〉钱币文集[第八集]》,订补于2012年、2023年。感谢高山杉先生教正)

一位货币理论家的书生涯

清代苏州人王鎏(原名仲鎏,字亮生,1786—1843),是明代大学士王鏊的同族后人,世居洞庭东山輂舟园。他著述众多,最有名的是《钱币刍言》(见图28),极力倡导推行纸钞,产生过重要影响。王鎏一生未曾做官,早岁游幕,后在苏州开书店谋生,能以一家之言震动公卿,实属不易。

王鎏的友人汪献玗曾作《秣陵旅舍赠王明经仲鎏》诗:"考古证地舆,救时论钞币。经生病泥古,用世乃有济。筑室莫厘陲,白云溶无际。书船洛下归,善本倘容觅。"道出其半生功业,最后一句,说的就是藏书、贩书。

对王鎏的货币主张,世人多所了解,但对他藏书以开书店卖书、刻书之事,目前挖掘得还不够深入,本文拟从他写的一封信入手,略谈这位货币理论家的书生涯。这封信(图29)说:

> 南一先生阁下:接读手书,备承锦注。弟贱恙稍好,尚未能出门也。前嘱觅《兼济堂集》,曾向西山索取,彼云遍觅不得,恐已未必有也。《范忠贞集》,据范氏云只有抄本,俟抄出寄上。《郝复阳集》,一友人云有不全本,俟他日借到寄上。《灵寿县志》共有四本,缘数日前舍弟承楷有信来,方修《分水县志》,弟将有名之志数种一并寄去,须俟明岁索还也。再恳者:有友人无度岁资,将书帐托消,恳为转

致翠翁,如有可留者,照其价稍减而取之,并乞示知,俾得转致其人,将书件寄下也。至于尊谦,断不敢当,务求易之。专此布达,顺请著安,不宣。愚弟王鎏顿首。翠翁先生处乞代致区区。十二月初九日。

图28　王鎏《钱币刍言》

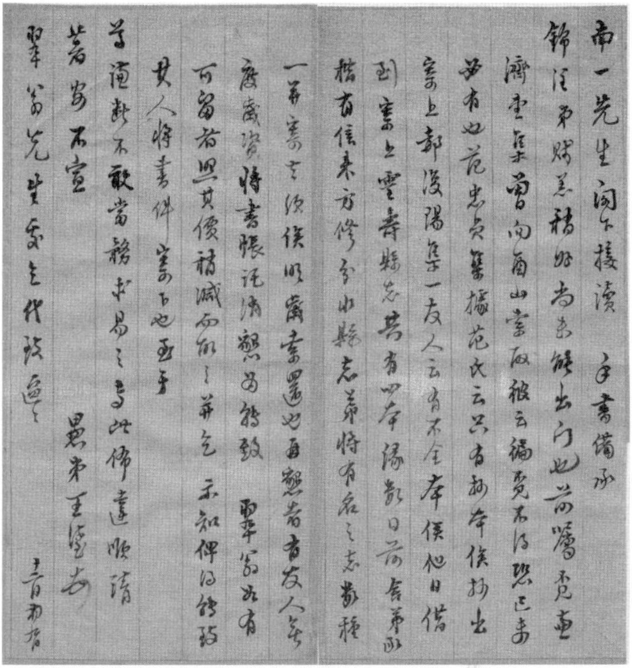

图29　王鎏致沈曰富书信

收信人"南一先生",是吴江人沈曰富(1808—1858),字沃之,又字南一,道光十九年(1839)举人,著有《受恒受渐斋诗文集》等书。他比王鎏要年少22岁,在来信中使用了尊崇的称呼,以至于王鎏表示"断不敢当"。

沈曰富托王鎏寻找的几部文集,均为清初人著述。《兼济堂集》是魏裔介的文集,"西山"或为当时苏州书肆西山堂的主人邵枕泉。《范忠贞集》是范承谟的文集,《郝复阳集》是郝浴的文集。这三个人,都与清初平定三藩之乱有关。

因纂修《分水县志》而借去《灵寿县志》的王承楷,字石琴,道光十一年举人,二十一年任分水知县。他是王鎏同族的兄弟。

在《道光乙巳县志序》中，王承楷说："是书经始于道光壬寅秋，告竣于甲辰秋，名之曰《道光分水县志》。"（《光绪分水县志》附录）则其修志是道光二十二年（1842）的事。由此也可知，王鎏的信作于这一年年底，转年三月他就去世了。

信中提到的"翠翁"，应是吴江沈德懋。德懋号翠岭，家有世楷堂藏书、刻书，曾续辑重刻《昭代丛书》等大型丛书，与沈曰富同族、同乡，故王鎏请曰富帮忙转达信息。

从信中可以看出，王鎏当时身患重病，仍在努力给读者找书，给书找主人。为帮沈曰富寻觅三部文集，他分别到同行、作者后人和自己的朋友处访求，或抄或借，称得上殚精竭虑，是一位敬业的书肆主人。

王鎏开书店，是在他结束长期游幕生活后的事。在《荷盘山人自为墓志铭》中，他说："山人常依侍郎沈公维𫓧学幕，先后八年，北眺居庸渤海，南瞻白岳黄山，时复慷慨悲歌以自励，归而慕宋陈起隐于书肆。"按沈维𫓧于道光八年至十一年任顺天学政、十二年至十七年任安徽学政，王鎏随幕八年，归乡开设书肆当在道光十七年（1837）或稍前。

王鎏的书肆名为艺海堂，设在苏州阊门内水关桥横街（见《钱币刍言》封面朱记），除了买卖旧书，还刻印新书。检索中华古籍书目数据库，存世古书确知为王鎏艺海堂刊刻的，有《鏨舟园初稿》《次稿》各一卷、《钱币刍言》《续刻》《再续》各一卷、《四书地理考》十五卷、《乡党正义》十四卷、《经解鲭》四卷、《国朝文述》八卷，这些是王鎏自己的著作。他人著作，有《毛诗故训传定本》三十卷、《四大奇书第一种》（即《三国演义》）等。

有一些书系王鎏所刻，但未标明"艺海堂"或"洞庭王氏"及刊刻年代，可据各种信息考出。如国家图书馆藏的几种书：钱大昭《说文统释自叙》，馆藏目录根据卷末乾隆五十五年钱大昭题记，著录为"清乾隆艺海堂刻本"。然封面题"古吴王亮生删订，艺海堂藏版"，知此书实为道光间刻本，原目著录有误。再如陆世仪《思辨录辑要》，清道光十七年沈维鐈刻本，据叶廷琯《吹网录》卷五《思辨录辑要有旧本》一文，"近时王亮生为沈鼎甫侍郎刊此书，一依张刻其旧"，可知书为王鎏代刊，以及此时他已开设书坊。又如明路振飞撰《路文贞公集》，道光二十一年刻本，据叶氏《鸥陂渔话》卷二《路公别传》"王亮生刻公遗集"云云，此书亦为王氏所刊。这样的书大概还有一些，需要以后细加甄别。

王鎏在《自为墓志铭》中又说生平有三恨："亲存不能侍养，一恨也；不得为谏官尽言天下事，二恨也；欲刻天下好书而无力，三恨也。"他自开设书肆到去世，为时不过五六年，再加上晚年多病，"无力刻书之恨"当难消除。他自己的著作，未见刻本的尚有多种，如《毛诗多识编》十二卷、《太湖厅志略例》、《圣学入门书演义》十二卷等。欲刻而未刻的他人之书也往往有之，如《王宝仁自述行年纪略》说："王亮生选《国朝诗》，书来索《柽亭先生集》，余以得于李氏之原稿并《诗派》所选者写去，亮生旋殁，不果刊，甚惜之。"

更为遗憾的，还是唐张守节《史记正义》的辑本未能刊刻。此书自宋代被打散编入三家注，即无单行本行世。《吹网录》卷四《钞辑史记正义》一文说：

> 木渎谈怡泉布衣师吉，家贫好学，与沈小宛孝廉钦韩游，深知读书门径，曾仿《索隐》例，每条各立标题，摘录《正义》原文于下，王板《史记》之外并博考他书所引，为之补漏订讹，手钞成帙，于是守节所著灿然复为完书，惜无有力者

为之付梓,旋亦物故。其钞本后归王君亮生鎏。亮生设艺海堂书肆于阊门,有志搜罗前人未传之书,校刊以惠后学,此书方谋锓板,期与《索隐》并传,乃未几亦谢世。其后人不深于此道,事遂辍役。

王鎏坐拥书城,料应藏有很多珍本秘籍,如张穆《顾亭林先生年谱》说他所藏《日知录》钞本,就是未经删饰的全本,但其藏书没有目录,今天已难知其详。幸运的是,王鎏早年曾绘《拥书图》,遍征题咏,潘世恩、何绍基、查揆等一时名流皆有诗作,如何绍基作《题王亮生鎏拥书图》诗,后半章云:"看君此图时尚少,隐几忘言秀风貌。莹莹吾目览八极,涓涓古心涵万妙。年过四十日捻须,咄哉漆室闻长吁。晨宵忧乐在天下,一卷踟蹰平准书。"据此可想见王鎏聚书、读书、著书的风神。

(原刊于《文化交流·版本研究》总第 267 期,2024 年 11 月)

吐鲁番出土古纸牌年代考

纸牌是世界范围内的博戏用具,也是印刷品的重要门类。目前公认的最古纸牌实物,是在新疆吐鲁番附近出土的一枚中国纸牌。

1905 年,德国探险家勒柯克(Albert von Le Coq,1860—1930)在吐鲁番胜金口 10 号洞窟发现一枚雕版印刷的纸牌上绘一短腿黑靴人物,像框外上写"管换",下写"贺造",后归柏林民族学博物馆(Museum für Völkerkunde)收藏。

关于纸牌的具体发现地点,这里综合了库林、贝恩哈蒂等人的说法。柏林民族学博物馆后在第二次世界大战中被炸毁,此牌下落不明,但尚有黑白照片存世。"贺造"当指牌的印造者。美国宾夕法尼亚大学博物馆藏清代纸牌中有标明"兴造"或"茂造"者,尚延续这一用法。

美国学者库林(Stewart Culin,1858—1929)在 1924 年 10 月发表的《麻将游戏》(The Game of Ma‒Jong. Its Origin and Significance,The Brooklyn Museum Quarterly,Vol. 11,No. 4 (October,1924),pp. 161‒162.)中率先披露了这枚纸牌的图像。

在文章的插图 2 "中国纸牌"图注中,库林说:

  冯·勒柯克博士于 1905 年在中国新疆吐鲁番附近的胜金口与回鹘时期的手稿残片一同发现。这张纸牌,与现在中国牌中的"红花"相对应,大概不晚于公元11世纪,可能是已知最古老的纸牌。

勒柯克告诉库林,这张牌与一些回鹘文书残片以及笔、墨同时出土,肯定属于回鹘时期。库林于是做出上述推测。

库林文章发表后的次年,美国学者卡特(Thomas F. Carter,1882—1925)出版《中国印刷术的发明和它的西传》(*The Invention of Printing in China and its Spread Westward*),书中专设"纸牌与印刷术西渐之关系"一节,也附印了这张牌的图像(图30)。他说"德国的勘察队虽然在吐鲁番附近发掘出两张据说是古代的中国纸牌,但缺乏可以正确断定其年代的材料",不过仍将纸牌年代推定为1400年,也就是15世纪初。后来的印刷史著作,如钱存训《纸与印刷》、张秀民《中国印刷史》等,在介绍这件重要古代印刷品时,均采用这个年份。

1936年,在柏林民族学博物馆工作的安娜·贝恩哈蒂

图30 吐鲁番出土的古代纸牌
(见 B 475: b) chinesische Spielkarte
https://iiif.crossasia.org/s/
turfan/collections/1/manifests/
1695/c/6322,王丁先生指示)

（Anna Berhardi，1868—1944）在《贝斯勒档案报》（Baessler - Archiv）发表《四王》（Vier Könige）一文，也研究了这张牌，说"最早的纸牌出土于吐鲁番，估定年代为1400年前后"。当时此牌仍收藏在博物馆，1400的定年或是"官方"说法（感谢王丁教授指示）。

这几位学者均未说明他们的断代理由。英国哲学家达米特（Michael Dummett，1925—2011）在1980年出版的《塔罗牌游戏》（The Game of Tarot：From Ferrara to Salt Lake City）中又推断其产生于13世纪。

因为库林的图注说"This card, which corresponds with the red flower of the present Chinese pack"，指这枚牌与清末民初流行的中国纸牌中的"红花"相当。"红花"在有的牌中又叫"王英"，故达米特认为，王英是《水浒传》中人物，水浒故事产生于宋末元初，因此这张牌不可能早于12世纪，也不大会晚于14世纪，最有可能印制于13世纪。（pp. 38 - 39. 西方学者对吐鲁番古纸牌的研究，可参见博主Ross G. R. Caldwell的"The Turfan Card"。网址http：//ludustriumphorum. blogspot. com/2009/01/turfan - card. html？m = 1。）

从王英出场时间的角度说，达米特的推论确有道理，但问题是，现在人们能看到的"王英"牌均制作于清末，与13世纪相去六七百年，而且吐鲁番古纸牌上也未标示"王英"，如何证实牌上的人物就是王英呢？

实际上，这个人确实不是王英。

清末流行的、含有"红花"或"王英"的纸牌，叫看虎牌（英语记音为khanhoo），其花色分索、饼、万三门，每门数目从一至九，与今天的麻将牌相同，另有称为"幺"的红花、白花和老千三张牌。幺牌是从明代叶子延续下来的牌张,具有古老传统,名称则不断变化。

据明潘之恒《叶子谱》,嘉靖、万历间昆山叶子有万字门、索子门各九张,十万门自二十万至九十万,以及百万、千万、万万,共十一张;文钱门自一钱至九钱,另有"空没文"和"半文(又名一枝花)",也是十一张。"空没文"在文钱门中地位最尊,潘氏《续叶子谱》又称为"空汤"。明汪道昆《数钱叶谱》列"空汤瓶"为第一品,说"旧称空没文,文门所尊,今居四门之首"。这张牌在明代已有两个名字。(上述三书均收入清汪师韩所辑《叶戏原起》,见《丛睦汪氏丛书》,清光绪十二年刻本)

到清代,叶子分化成马吊和纸牌两种牌型,马吊牌40张,有"空汤"。成书于乾隆四十八年的金学诗《牧猪闲话·马吊》说"文钱一门最尊者空汤,次为枝花……文钱中,空汤亦绘人形"(《昭代丛书》[道光本]别集类,清道光二十九年刻本),可见马吊牌就是明代昆山叶子的延续。纸牌则改为30张,具体变化是:去除十万门,保留万字、索子、文钱三门,每门九张牌,即数字自一至九;再去除"百万"和"万万"两张牌,保留"千万",与文钱门剥离出来的"空没文(空汤)"和"半文(枝花)"二牌合成一组,《牧猪闲话·纸牌》称"幺头",但未列出各牌名称。

1784年(清乾隆四十九年)于莱比锡出版的布莱特考普夫著《纸牌起源考——兼论棉纸输入与木刻术在欧洲的肇始》第一部《纸牌与棉纸》中描摹若干中国纸牌图案(Johann Gottlieb Immanuel Breitkopf, *Versuch den Ursprung der Spielkarten*, *die Einführung des* Leinenpapieres *und den Anfang der Holzschnei-dekunst in Europa zu erforschen.* Erster Theil, welcher die Spielkarten und das Leinenpapier enthält. Leipzig, 1784, Taf. VI, S.

41,见图31),其中一枚绘有全身人物的牌,顶部斜书三字,因描摹者不谙汉文,笔画讹舛,但依稀可辨首末系"空""文"二字。中间一字不可识,或为"没"字,则此牌即"空没文"。但细审该字右部,也有些像"昜",此字或为"湯"的讹写(图32),则牌名为"空汤文",是空没文或空汤的另一个叫法。清末广州晋华斋印造的纸牌则沿用"空汤"之名(美国宾夕法尼亚大学博物馆藏,藏品号29-238-12,图33)。

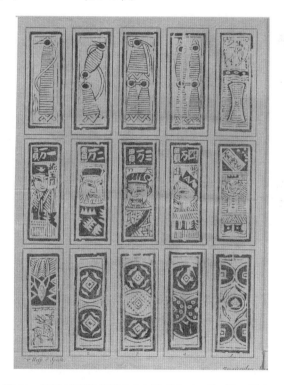

图31　乾隆时期的纸牌与"空没(汤)文"牌(第二排右)
(见《纸牌起源考——兼论棉纸输入与木刻术在欧洲的肇始》)

图 32　放大的"空没(汤)文"牌　　图 33　清末广州晋华斋印纸牌中的"空汤"牌(宾夕法尼亚大学博物馆藏)

"空没文"或"空汤"还有其他名称。道光时,南城人李鸿卓作《叶子戏次云蘅浦韵》诗,提及千贯、毛公和枝花"三幺",毛公对应"空没文"(详见《李鸿卓"叶子戏"诗与清代纸牌》)。光绪时,张德彝《五述奇》于 1889 年 1 月 29 日记北方纸牌中有"白枝、红人与老千","红人"对应"空没文"。同时代的中国纸牌收藏和研究大家、英国人威尔金森(William H. Wilkinson,1858—1930),则将对应"空没文"或"空汤"的牌称为"red flower"即"红花",以及"Wang, Ying"即"王英"(Chinese Origin of Playing

Cards, *The American Anthropologist*, Vol. 8, January, 1895. p. 71. Wilkinson)。

威尔金森收藏的纸牌,后来转让给美国宾夕法尼亚大学博物馆,今天尚能见到。其29-238-1号藏品,牌面人物的帽子中写"王英"二字;29-238-2藏品,帽子之上写"王英"二字。(图34)这是纸牌暗中延续的明代叶子的另一个传统。

潘之恒《叶子谱》"图象品"记文钱"尊空没文",下注:

> 原貌波斯进宝形,标曰空一文。其形全体而矬足黑靴,或题为矮脚虎。

王英在《水浒传》中绰号矮脚虎,因而清代纸牌中"矬足黑靴"的人物被标称为"王英"。

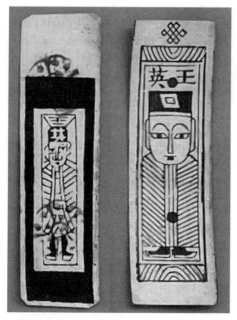

图34 晚清纸牌中的"王英"(宾夕法尼亚大学博物馆藏)

明代叶子所绘水浒人物,均为半身人像,如潘之恒在《叶子谱·图像品》中所言:"十字门计十一叶,画形皆半身,万门仿此。"画出全身的只有"空没文"一位。清代纸牌沿袭明制,水浒人物也都是半身大头像(图31),空没文(空汤文)、空汤、红花和王英牌则是"矬足黑靴"全身像。吐鲁番古纸牌上的人物形象与之相似,故而库林一见,立即判断它相当于"红花"。

从图像看,吐鲁番古纸牌与后世的"红花"牌、"王英"牌确有渊源,说得上一脉相传,用明朝人的称呼,此牌应是"空没文",再上溯则是"空一文"。但潘之恒说得很明白,"空一文"本来画的是"波斯进宝",并非水浒人物。此牌后来标注"王英",乃是受《水浒传》和水浒叶子影响并附会的结果,因此不能用王英或其他水浒人物的登场时间来判断"空一文"的起源年代,也不能像达米特那样,据"王英"来判断吐鲁番古纸牌的年代。

"空一文"牌人物的原型是波斯人,吐鲁番古纸牌上的人,内穿长袍,外穿对襟敞开式罩袍,体现出鲜明的西域色彩。这个服饰形象一直延用到清代"红花""王英"牌上,与水浒人物的铠甲或袍服截然不同。

仅据晚清的"王英"牌,无法确定吐鲁番古纸牌的年代,但实际上,这张牌本身携带着重要信息,可为断代提供依据,就是人像头顶小方框中斜写的"三分"。(图35)

从黑白照片看,吐鲁番古纸牌的上端有污渍(或为印色。清末空汤、王英牌均在此位置钤盖朱印)遮掩字迹,但仍可辨认出"三分"二字。勒柯克和库林根据实物进行研究,自然看得更清楚,库林说"The seal over the man's head contains a denomination of money, three fan",也说字为"三分",表示货币数额。明清叶子、纸牌上的图案、文字均表示一定数量的货币,此处的"三分"也应是货币数额。"分"是白银称量单位,反映出一个以白银为货币的时代。

图35　吐鲁番出土纸牌上的"三分"二字

在我国历史上,最早使用白银本位的朝代是元代。彭信威《中国货币史》第七章"元代的币制"开宗明义便说:

> 蒙古人统治中国,对中国的币制,带来一种基本的变革,就是使中国从此采用白银为价值的尺度。中国的币制,可以根据各种标准来划分阶段。譬如根据铜钱的名称,是以唐代为一分水线,唐以前是用铢两货币,唐以后用宝钱。根据纸钞的采用,则以宋代为一分水线,宋以前用金属货币,宋以后使用纸币。但这些分别都不是基本的,因为宋以前主要的价值尺度是铜钱,两宋的交会是兑换券的性质,仍以缗文为单位。只有自元朝起,中国改用白银为价值尺度,并且逐渐发展到用白银为流通手段。(上海人民出版社1958年版,页554)

元朝推行纸币,基本不铸铜钱,纸币在发行时以白银作保证，各种面值纸币的价值对应不同数量的白银，两、钱、分是白银的计量单位。如至元十九年（1282）十月中书省奏准的《整治钞法条画》规定："白银每两入库价钞一两九钱五分，出库价钞二两。""钞库内倒换昏钞，每一两取要工墨三分。"后者言持有残旧纸钞的人，如果要兑换新钞，价值一两的纸钞要缴纳工本费白银三分。

吐鲁番古纸牌上的"三分"也是这样的白银计量单位，这就排除了它产生于南宋乃至更早时期如库林推测的"不晚于11世纪"的可能性。

元朝之后，明朝也长期使用纸币，但实行以铜钱为本位、钱钞并行的货币制度。洪武八年（1375）发行的大明通行宝钞申明："中书省奏准印造，与制钱通行。"纸钞共分六种面值，从一百文到一贯，铜钱取代白银成为价值尺度。为推行纸币，明初禁止金银流通，从洪武时起屡下禁令。直到正统间，禁银令才有所放松，允许白银在部分舟楫不通的偏远地区流通，景泰间（1450—1457）在内府贮钞不足的情况下，偶尔以白银支付京官俸禄，但这些都是暂时措施（见彭信威《中国货币史》第八章"明代的货币"）。而到此时，中国纸牌上的货币单位已经改变。

以陆容《菽园杂记》所记，景泰年间以文钱、百文钱（索）、万贯、十万贯为门类，以铜钱、钱索和水浒人物为图案的叶子在昆山已十分流行（详见《从捉五逵看叶子的起源》），其发明要远早于这一年。从明太祖朱元璋推行各项政令的严苛程度看，明代社会在新制度下改变旧习惯，不会花费很长时间，纸牌上的货币元素由白银改为铜钱，应发生在推行新币制的明朝初年。

因此，吐鲁番古纸牌也不会是明代纸牌。它使用白银称量单位，根据元代货币制度设计，属于元代纸牌体系，而且有可能是元代印刷的。那样的话，它产生于13世纪和14世纪之间，若以百年计，定为1300年前后更为适宜。

自卡特的《中国印刷术的发明和它的西传》开始，印刷史著作都很重视吐鲁番出土的这张纸牌，究其原因，除了它是一个印刷品门类的早期代表性作品，也关系到印刷术西传的重大问题：纸牌是欧洲已知最早的雕版印刷品，而且很可能是从中国传入的。

卡特研究了中外各国有关纸牌的历史记载，得出一个结论：

> 所确实知道的是：中国在蒙古征服以前，早已通行印刷的纸牌；在元代以后不久，纸牌开始在欧洲出现，而且被认为由东方所传入；这种纸牌或者一开始，或者开始后不久就是刻印的；纸牌是欧洲最早的雕版印刷物中的一种，或者竟是最早的雕版印刷；在十五世纪的初期，印刷纸牌成为威尼斯和日尔曼南部的一种重要工业。我们虽然不能十分肯定地说，纸牌在由中国传入欧洲时随带雕板印刷而来，但根据现有的证据，至少可以说，在雕版印刷传入欧洲世界的各种可能的路径中，纸牌的使用占有一个重要的地位。（《中国印刷术的发明和它的西传》，吴泽炎译，商务印书馆，1957，页163）

元朝广阔的疆域、中国与西域顺畅的交通、繁荣的商路，为纸牌向西方传播提供了条件。在卡特的研究中，元代之前宋朝、元代之后欧洲的纸牌历史，都有相对可靠的文献依据，元代史料则暂付阙如，但卡特认为，纸牌由中国传入欧洲，很可能是在元代完成的。他推测说："蒙古军队以及随军人员之中，纸牌大概也是很通行的。在波斯，中国人、各种各族的中亚人、穆斯林、热那亚人和威尼斯人生活在一起,贸迁往来,有一百多年之久。不久以后纸牌便由这个'萨拉森人的国土'传入到欧洲。"(《中国印刷术的发明和它的西传》,页162)

吐鲁番地处中西交通的要冲,在这里出土的元代纸牌,以及牌面上中国与西域文化交融的设计,以实物证据部分佐证了卡特的观点。

从文化交流的角度看,纸牌确是传播印刷技术的高效载体。雕版印刷术自唐代发明,到宋元时已非常成熟,印有大量书籍,具备了技术外传条件。但中国印刷术若要通过书籍向外传播到不同文字圈、文化圈,汉字首先会成为一个阻碍力量。纸牌作为以图案为主的印刷品,是民间喜爱的游戏(或说赌博)用具,印量大,受众多,不识字的中国人能玩纸牌,外国人也可轻松学会,拥有很强的跨地域、跨文化传播优势。再加上它体积小巧,特别适合远途旅行的人随身携带、随时游戏、随地传授,异国他乡打牌的人多了,就会产生在当地印刷制作纸牌的需求。纸牌在中国印刷术西传中的作用值得重视,而吐鲁番出土古纸牌在纸牌史、印刷史研究中的意义,也值得更深入的挖掘。(本文承蒙友人王丁、高山杉、周运等教正,谨致谢忱。)

(原刊于《印刷文化》2023年第2期)

从"捉五逵"看叶子戏起源

在很多地方,打麻将讲究"捉五魁",就是已有四万和六万,得到五万后"和牌"。打牌的多会玩这个花样,但少见有人去追究它的来历——五万为什么又叫"五魁",还要把它捉住?

近来偶然看到一副清末的纸牌,牌上的一个字,揭示了这个秘密。由此追根溯源,还可以探讨一下叶子、麻将等牌类游戏因何起源这一难题。

现在玩的麻将牌,问世时间并不早,据研究大概初现于清代晚期的咸丰、同治年间(1851—1874),其前身纸牌,则历史悠久。麻将牌面图案筒、索、万,就是纸牌中的钱、索(百文钱)、万贯,二者玩法也基本相同,可说是同一类游戏,只是牌的材质、形状不一样而已。(图36)

纸牌由古代的"叶子"传承演化而来,从明代到民国一直广为流行,直到近几十年才退出舞台。它的"万贯"一门印有人物图像,而且是水浒人物,保持着叶子戏的最初面貌。麻将则不再刻画人物,并将"几万贯"三字简化成"几万"二字。这因为纸牌是印刷的,可大量复制,图案复杂些无所谓;麻将逐个雕刻,只能尽量简化图案以节约成本,稳定质量。麻将图案抽象化,隔断了它与其初型叶子之间的联系,让今人不再知道它的来历。

纸牌上那个泄露天机的字,就是"五万贯"上的"奎"字。它将语言中的"五 kui"与牌中的"五万"直接联系起来。看来常写的"魁"只是个记音符号,正确的写法应是"捉五奎"。问题又来了。"五奎"是什么?这就涉及到那个埋藏已久的秘密。

图36　清末纸牌,左为"三万贯"至"七万贯",右为"空汤""白花"与"千万"
（约1860—1880年间由广州晋华斋印制。原归美国驻上海领事馆副领事弥俄礼（Oliver Bloomfield Bradford 1837—1905）所有）

现存文献中,最早记下纸牌游戏"叶子戏"详细情况的,是明代昆山人陆容的《菽园杂记》。其书卷十四说:

> 斗叶子之戏,吾昆城上自士夫,下至僮竖皆能之。予游昆庠八年,独不解此。人以拙嗤之。近得阅其形制,一钱至九钱各一叶,一百至九百各一叶,自万贯以上皆图人形,万万贯呼保义宋江,千万贯行者武松,百万贯阮小五,九十万贯活阎罗阮小七,八十万贯混江龙李进,七十万贯病尉迟孙立,六十万贯铁鞭呼延绰,五十万贯花和尚鲁智深,四十万

贯赛关索王雄,三十万贯青面兽杨志,二十万贯一丈青张横,九万贯插翅虎雷横,八万贯急先锋索超,七万贯霹雳火秦明,六万贯混江龙李海,五万贯黑旋风李逵,四万贯小旋风柴进,三万贯大刀关胜,二万贯小李广花荣,一万贯浪子燕青。

对本文来说,重要的是这句:五万贯黑旋风李逵。原来,不是要"捉五魁",也不是要"捉五奎",而是要"捉五逵",古今打牌人都想捉住的是李逵。

陆容说的"叶子之戏",是景泰(1450—1457)年间的玩法。至万历(1573—1620)时潘之恒作《叶子谱》,所述牌色人物又有变化,其四十万贯为李逵,五万贯则为混江龙李俊。

李逵何时回归"五万贯",史无记载但可以推测。清代叶子牌从4门40张,变为3门30张,取消了十万贯一门,十位好汉被迫"下岗",李逵正在其中。也许就在此时,李逵替代李俊重回五万贯。到清末,纸牌去发明之初愈来愈远,人们对其设计初衷已不甚了了,以至于五万贯上的"李逵"讹变为一个"奎"字。到麻将时代,李逵在牌面图案中已了无踪迹,但在语言中却通过"捉五逵"保留下来,不能不说是一件神奇的事。

叶子牌在明末叫"马吊"。作为游艺之具,它和古代无数民间发明一样,是在生活中逐渐完善起来的,其兴替沿革的大脉络,经前人研究已比较清楚,但如果非要找出具体的发明人和发明时间,恐难如愿。对这类纸牌的起源,历来论述无论详略,都有矛盾龃龉之处,材料不足,也不能详辨。

对马吊,清人多认为源于明末(天启间),民国以来的研究者则认为要早一些,可上推到明中期。从陆容所言来看,画有水浒人物图像、类似马吊的叶子牌,定型的时间比明中期还要早。

陆容游学昆庠时,叶子戏已大行其道。据明程敏政《篁墩文集》卷五十《参政陆公传》,陆容卒于甲寅(弘治七年,1494)七月戊申,年五十有九(《明人传记资料索引》陆容小传推其生卒年为[1436—1497],不确。1497当为1494之误)。陆容"十六为县学生,大肆力于经史百家,至废寝食。而凡樗蒲博弈之戏,一不罫目"。其入庠之年当在景泰二年(1451)。其时绘有水浒人物图像的叶子戏已上下风行,产生年代自然早于这一年。按明版书的分期,景泰算得上明初了。

也有观点说马吊牌兴起于元代,惟其论据存在问题。常任侠《明写本马吊谱定本记》(《常任侠文集》6,第550页,安徽教育出版社,2002):

> 元陶宗仪《说郛》有言:"吴人龙子犹《马吊脚例》即马吊牌谱。"是马吊牌之名称,在元时已行。盖元明之间,吊、叶子与马吊牌,实为同物,或称叶子,或称马吊,其谱同也。新式之马吊牌,始行于天启,故称嘉靖时代之马吊牌为旧,且天启马吊牌,专称马吊牌,叶子之名始废。

按陶宗仪《说郛》一百卷,明末有人续为一百二十卷,续出部分乃托名陶宗仪。龙子犹即冯梦龙,其《马吊牌经》为明人续入《说郛》一百二十卷本,与陶氏与元代实无关涉(感谢穆穆清风先生指正)。常先生于此有所失察。

现在回到"捉五魁"。把"五万"叫成"五逵",源于这张牌由李逵命名。那为什么要说"捉"呢?我觉得这与叶子牌最初的设计思想有关。过去人们对叶子为什么要画水浒人物,而且要与货币结合起来,也是众说纷纭,像陆容就认为,"宋江等皆大盗,作此者盖以赌博如群盗劫夺之行,故以此警世"。但这样的可能性有多大？从人性角度看，从古至今，人们玩游戏，是为了在虚拟世界中释放被现实压抑的欲望，没有谁是来受正统教育的。所以水浒叶子戏的取义，极有可能不是扮强盗，就是捉强盗。清人王士禛就主张后者。他在《居易录》卷二十四中说：

> 宋张忠文公叔夜，招安梁山泺榜文云："有赤身为国，不避凶锋，拿获宋江者，赏钱万万贯，双执花红；拿获李进义者，赏钱百万贯，双花红；拿获关胜、呼延绰、柴进、武松、张清等者，赏钱十万贯，花红；拿获董平、李进者，赏钱五万贯，有差。"今斗叶子戏，有万万贯、千万贯、百万贯、花红递降等采，用叔夜榜中语也。

张叔夜榜文经近人余嘉锡考证查无实据。但是扮官兵捉强盗，确实符合民间游戏取义的心理。从"捉五逵"来看，既然"五逵"是远从明早期遗留下来的语言化石，现在的麻将术语如"碰""和"等也都起源甚早，"捉"也可能具有极深历史渊源。如此，这个"捉"字，可为"捉强盗"说提供一个旁证。

（原刊《金融时报》，2011年5月6日）

李鸿卓"叶子戏"诗与清代纸牌

叶子戏，即用叶子（或称纸牌）玩的游戏，起源于唐宋，盛行于明清。

对叶子戏的记载，以明代为较详，传世有潘之恒《叶子谱》《续叶子谱》、龙子犹（即冯梦龙）《马吊脚例》等牌谱专著。至清代，叶子戏已是寻常事物，不复能激发人们的记录兴趣，故未再出现专门著作。现存能反映清代叶子戏大致面貌的资料，仅见乾隆时人金学诗所撰《牧猪闲话》中《纸牌》和《马吊》二文，笔墨寥寥，难称详尽。

清代纸牌上承叶子之绪，下开麻将之源，在博艺史中地位重要，而其研究面临资料不足的困难，需要深入挖掘，增加认知。清人李鸿卓的《叶子戏次蘅浦韵》诗，就是一篇可以有效补充史料的文字。（图37）

李鸿卓是江西南城人，嘉庆二十四年（1819）进士，曾任贵州清溪知县，升黄平知州。其诗集《桐孙诗草》现存稿本，"叶子戏"诗作于道光甲申（四年，1824）。唱和的蘅浦，他诗称"云蘅浦明府"，仕履不详。此诗涉及纸牌形制、游戏规则、玩家感受等诸多方面，可视为一篇综合性记录，有助于了解清代后期纸牌及其游戏的细节、麻将牌基本元素的来历。下文拟结合历代文献记载和晚清纸牌实物，笺释诗义，疏通源流，探讨叶子和纸牌相关问题。

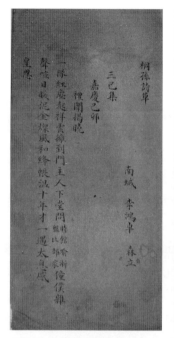

图37　李鸿卓《桐孙诗草》（左首页，右《叶子戏次蘅浦韵》诗）

一、从叶子戏诗看纸牌源流

叶子戏次蘅浦韵

　　嘉名传叶子，胜友互招邀。手教凭谈剧，心花各动摇。拂筵新柳嫩，着指小桃娇。刬纸裁形细，秦关取数饶。姓名多识别，头角巧摹描。义向泉刀借，形如肉好雕。结绳应贯索，若网认同条。用九还乘四，馀三并挂幺（钱贯索各九张，以四乘之，得一百八张。又千贯、毛公、枝花三幺，各四张,得十二张。合之凡一百二十张。俊川按:诗句中"幺"原作"么",注文中作"幺",据注改)。窥斑能识豹,辨种即知苗(左角记号微而显)。别有星同聚(百二十张之外又添五星),浑如味待调。经营心独苦,倍荍算来骄。偏伍须缝阙,仪秦以类招(位置有纵横之别)。卷舒疑折扇,层累恍抽蕉。时堕林间蓁,仍收爨下焦。闲方寻蝶梦(闲家亦云梦家),胜辄夺龙标。亦或因贪失,能无聒耳嚣。铜山忻渐满,玉锸笑潜洞。茗碗侵晨集,膏油入夜烧。喜添神勃勃,倦振羽谯谯(时冒雨赴约)。妙悟登场戏,消闲足永朝。

"嘉名传叶子"至"秦关取数饶",记友人邀玩叶子戏。这是一种纸牌游戏,全副牌有120页。

叶子戏之名始见于唐代,如苏鹗《杜阳杂记》卷下言"韦氏诸家好为叶子戏",事在咸通九、十年间(868—869)。欧阳修《归田录》卷二云:"叶子格者,自唐中世以后有之。说者云:因人有姓叶号叶子青者撰此格,因以为名。此说非也。唐人藏书皆作卷轴,其后有叶子,其制似今策子,凡文字有备检用者,卷轴难数卷舒,故以叶子写之,如吴彩鸾《唐韵》、李郃《彩选》之类是也。骰子格本备检用,故亦以叶子写之,因以为名尔。唐世士人宴聚盛行叶子格,五代、国初犹然,后渐废不传。今其格世或有之,而无人知者。"

叶子格本为"骰子格",是唐人玩骰子游戏时用来查找规则、名目、赏格的卷子,因不便翻检,故用折成叶子的纸册来书写,称"叶子格",再后来又演化出叶子戏。晁公武《郡斋读书志》著录有《叶子戏格》一书。

唐代叶子格和叶子戏,至宋代已难得其详,清代叶子的直接源头可上溯至明初。陆容《菽园杂记》记昆山叶子戏,略云:

> 斗叶子之戏,吾昆城上自士夫下至僮竖皆能之。予游昆庠八年,独不解此,人以拙嗤之。近得阅其形制:一钱至九钱各一叶,一百至九百各一叶,自万贯以上皆图人形,万万贯呼保义宋江,千万贯行者武松,百万贯阮小五,九十万贯活阎罗阮小七……一万贯浪子燕青。

陆容十六岁游庠,时在景泰二年(1451),则此前以文钱、百文钱(索)、万贯、十万贯为门类,以铜钱、钱索和水浒人物为图案的叶子已流行于昆山。明晚期最为流行的叶子戏是马吊,40叶(页、张)一副。延至清代,又演化出60叶或120叶一副的"纸牌"游戏,与马吊分道扬镳。

明清叶子以厚纸裱成,表面涂蜡,又称"蜡牌"。如明黎遂球《运掌经》云"乃就邻里少年为蜡牌戏",又云"凡蜡牌各从其类"。蜡牌手感细滑,故李鸿卓说"着指小桃娇"。"秦关取数饶"则用杜诗"休道秦关百二重"句义,指牌数共有120页。金学诗《牧猪闲话·纸牌》说:

> 纸牌长二寸许,横广不及半,绘画雕印,凡六十页为一具。……聚客四人,案设扇斿,乃出戏具,拈一人为首,以次抹牌,每人各得十页,谓之默和。馀二十页另一人掌之,以次分递在局者,谓之把和,亦曰蠹角,因其在座隅也。……又或于六十页之外更加一具,为一百二十页,……或更加半具,为一百五十页,则每种各五页,可集五六人为之,每人各得二十页以外,其馀页皆掩覆,次第另抹,以备弃取,名曰碰和,原本默和之法而推衍之。

《牧猪闲话》有乾隆四十八年序,则当时纸牌游戏以60页的默和牌为主流,120页的碰和牌为别格。

"碰和"又写作"碰壶"。李斗《扬州画舫录》卷十一云：

> 画舫多作牙牌、叶格诸戏……叶格以马吊为上……次之碰壶，以十壶为上。……纸牌始用三十张，即马吊去十子一门，谓之斗混江，后倍为六十，谓之挤矮，又倍之为一百二十张。

据此"十壶"为"碰壶"的主要玩法。李鸿卓所玩牌戏的牌数与打法均与十壶牌相同。

"姓名多识别"至"浑如味待调"，记叶子牌的名色、图案、数量。

《牧猪闲话·纸牌》说："万贯皆绘人形。"据陆容所记，万贯门人物为九万雷横、八万索超、七万秦明、六万李俊、五万李逵、四万柴进、三万关胜、二万花荣、一万燕青，均为著名水浒人物。（图38）

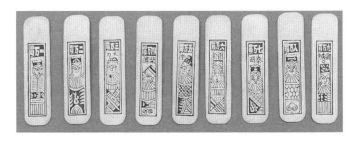

图38　晚清晋华斋印造纸牌中的水浒人物图像

（宾夕法尼亚大学博物馆藏，29-238-12）

"钱"门取义及图案模仿铜钱，故云"义向泉刀借，形如肉好雕"。泉刀为钱币古称，"肉"为铜钱外缘，"好"为内缘。"钱"门后来又称为"饼"。

"索"门取义钱索，潘之恒《叶子谱》云"索以贯钱，百文为索"。"结绳"句典出《尚书·禹贡》孔颖达疏:"万国同其风化,若物在绳索之贯。""若网"句典出《汉书·董仲舒传》:"临渊羡鱼,不如退而结网。……夫帝王之道,岂不同条共贯与?"皆言"索""条"之为用。纸牌及麻将的"索"门又称"条",文字记载以李鸿卓此诗为最早。

纸牌"钱贯(按即万贯)索"三门,每门9张,计27张,外加"幺"牌3张,各乘以四,共120张。诗中所述整副牌的组成与《牧猪闲话》吻合而详细。《牧猪闲话》说:

> 纸牌……凡六十页为一具,具各有耦(按"具各有耦"费解,"具"或系"頁(页)"字,涉上而误),共三十种,分为三门,曰万贯,曰索子,曰文钱,皆自一至九,共二十七种。馀三种曰幺头。……又或于六十页之外更加一具,为一百二十页,则每种各四页。

只写"馀三种为幺头",未及具体名目,李鸿卓则写明"三幺"分别为千贯、枝花、毛公。

据潘之恒《叶子谱》,嘉靖时昆山叶子有万字门、索子门各九张,十万门自二十万至九十万,另有百万、千万、万万,共十一张;文钱门自一钱至九钱,另有"空没文"和"半文"(又称一枝花),也是十一张,合计四十张。

《续叶子谱》说:

> 斗虎取昆山牌四十张,去十门,惟选千兵以领三路,其专辖者惟万,他有所不屑制也。

"斗虎"是"看虎"的别名,其牌去掉昆山叶子的十万门,保留"千兵"以统领万字门,再加上索子门、文钱门,合计三十张。"千兵"即"千万贯"(人物为武松,清末纸牌有"老千"牌标明武松,尚存遗制)。到《牧猪闲话》时,千兵、空没文、半文三张牌已脱离原来门类,另组成"幺头"。从李鸿卓诗注看,"千贯"即"千万贯","枝花"即"半空","毛公"即"空没文"。

看虎牌的形成,为清代纸牌奠定基础。合四副看虎牌为120张,即成"碰和牌",其"钱索万"3门、每门9种、每种4张的基本牌制,通过麻将延续到今天。(图39)4门40种、每种均为单张的马吊牌,(图40)独立流行,现在已经式微。

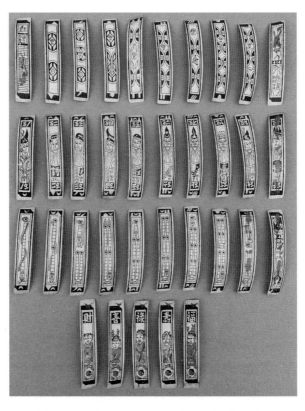

图39 清末纸牌("钱索万"三门及"三幺",添加"福禄寿喜财"五星,牌的上角有辨认记号。宾夕法尼亚大学博物馆藏,29–238-6)

李鸿卓"叶子戏"诗与清代纸牌　235

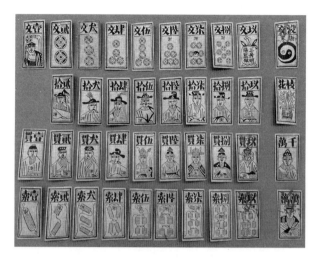

图40　晚清马吊牌（即明昆山叶子苗裔）（缺"百万"。
宾夕法尼亚大学博物馆藏,29-241-140）

"窥斑能识豹,辨种即知苗（左角记号微而显）",言纸牌左角有微小而显明的记号,展成扇形时可方便地认出是哪张牌。"别有星同聚（百二十张之外又添五星）"指附加的花牌,《扬州画舫录》所记较详:"又增以'福禄寿财喜'五星,计张一百二十有五。五星聚于一人,则共贺之。"

"经营心独苦"至"胜辄夺龙标"一段,写打牌须苦心经营并熟悉规则。

《牧猪闲话》记默和玩法:"其法:以三四页配搭连属为一副,三副俱成为胜,两家俱成以拈在先者为胜。凡牌未出皆覆,既出皆仰,视仰之形,测覆之数,以施斡运,则在神而明之。"又记碰和玩法:"抹得三页同色者曰坎、曰碰,四页同色者曰开招。"即"偏伍须缝阙,仪秦以类招（位置有纵横之别）",是纸牌游戏的几个主要规则。

同门中三牌数字相连,如兵士之成伍,补足阙牌可成一副,在《续叶子谱》"看虎品"中称"序三为顺",在《牧猪闲话》中称"坎",此为纵向;同一数字牌凑齐三张也可成副,即"碰",此为横向。这些玩法和名词均被麻将继承,只有凑成四张的"开招"改称"开杠"。

"卷舒"句言牌在掌中开合,"时堕"句言出牌抹牌。

"闲方寻蝶梦(闲家亦云梦家),胜辄夺龙标",是麻将未能继承的玩法。《扬州画舫录》记十壶牌:"四人合局,三人轮斗,每一人歇,谓之作梦。"这个"作梦"之人就是"梦家"。梦家虽不参与出牌,但在牌局结束时也跟随庄家结算胜负。这很像西方桥牌中的"明手",故早年翻译桥牌书,往往将"明手"译作"梦家"。而且这一玩法在后世也有传承,如现流行于客家地区的六虎牌局中就有梦家。近人张兆明在《花湖》一文中回忆花湖牌(又作"花和""挖花",是一种骨牌游戏)玩法时说:"'花湖'四人成局,每付牌三个人打,一个梦家休息。"(见王乃骥《麻将粹谛史》,台北里仁书局,2021,第121页)如果没有乾隆、道光间的记载,人们也许会认为这是受到桥牌的影响。

"亦或因贪失"至终章,言游戏者的患得患失和痴迷沉溺。

二、从纸牌实物看叶子变迁

我们可以看到,《叶子戏次蘅浦韵》诗的可贵之处在于承前启后——它印证了《牧猪闲话》和《扬州画舫录》等文献记载,并补上若干缺漏,有助于更准确地认识晚清纸牌及麻将。

现存年代明确的晚清纸牌,以美国宾夕法尼亚大学博物馆所藏最夥,大多数是英国外交官威尔金森(William H. Wilkinson,1858—1930)的旧藏。威尔金森于1889年开始在中国的多个地区收集纸牌,并送到1893年芝加哥万国博览会上展览,后于1903年转让给宾大博物馆。威尔金森于1895年发表的文章(*Chinese Origin of Playing Cards*, American Anthropologist. Vol. 8. no. 1. pp. 61 - 78,1895)、美国人类学家库林(Robert S. Culin,1858—1929)同年出版的书(*Korean Games*, *with Notes on the Corresponding Games of China and Japan*, Philadelphia. University of Pennsylvania,1895),均对这些纸牌做过介绍,其中"钱索万"三门加"三幺"、30张一副、四副合一的牌,威尔金森说是用来玩"khanhoo"游戏的。它们从牌制看是前述"碰和"或"碰壶",但读音同于明代的"看虎",由此可见传统之顽强。

李鸿卓诗中提到的叶子形制,在这些看虎牌和当时人记录中也能找到对应。如宾大博物馆所藏,有数副牌添加"五星",来自香港、重庆、九江的牌均为"福禄寿喜财"(藏品号:29-238-4至6),来自南京的牌则为"仁义礼智信"。清末牌中的"三幺"名称不一,"千贯"称"千万"或"老千""武松","枝花"称"白枝"或"白花","毛公"称"红花"或"空汤",还有其他异名,不一而足。"毛公"未见于看虎牌,却出现在马吊牌系统的六虎牌中(宾大博物馆藏品号29-239-22和29-238-22)。混乱的名称,说明纸牌的传承演化十分复杂,传统可以长久延续,但变化随时随地都在发生,研究叶子和纸牌,不能仅据某一副牌、某一条记载执象以求,否则容易以偏概全。

"毛公"的"变与不变"就很有代表性。这张牌,潘之恒在《叶子谱》称作"空没文",在文钱门中最尊,但在《续叶子谱》又称为"空汤"。汪道昆着《数钱叶谱》,列"空汤瓶"为第一品,说

"旧称空没文,文门所尊,今居四门之首",是嘉靖、万历间已有二名,至道光时复称"毛公"。按《史记》卷七十七《魏公子列传》谓"赵有处士毛公藏于博徒",则"毛公"乃今之所谓"赌神",其时在牌中仍居尊位。1889年1月,张德彝在《五述奇》中记纸牌有"白枝、红人与老千","红人"即"毛公";威尔金森称此牌为"王英"和"红花";广州晋华斋的牌上则称"空汤",这又回到明朝的名字上了。

现存晚清纸牌中,这枚牌有时标明"王英"。《叶子谱》"图像品"文钱门"空没文"下注:"原貌波斯进宝形,标曰'空一文'。其形全体而矬足黑靴,或题为矮脚虎。"王英在《水浒传》中绰号矮脚虎,故后世用他来比拟"矬足黑靴"的牌中人形象。(1905年,勒柯克带领的德国探险队在我国吐鲁番地区发现的古代纸牌,上绘短腿黑靴人物,衣帽与"王英"牌相似,应为"空一文"牌或其前身。牌中人物上方有"三分"二字,表明元代白银货币本位。此牌应属元代纸牌体系。详见《吐鲁番出土古纸牌年代考》。)

威尔金森又将拥有"钱索万"和"三幺",三十张为一副、四副为一套的纸牌称作 kun pai,汉语发音为"棍牌",又称 ma chioh,即"麻雀"。他说:"They are known in central China by the name of kun p'ai, staff or baton cards, or ma chioh, 'hempen birds'."可见是华中地区的叫法。库林说在美国工作的广东人也称其为"棍牌",于是将牌名用广东音拼为"kwan p'ai",意译为"stick cards"。现在宾大博物馆的这类藏品,均定名为"Stick cards"及"Gun Pai 棍牌"。

纸牌为何叫棍牌?王乃骥认为系因牌型细长,犹如短棍。(《麻将粹谛史》,第175页)然而库林在介绍"索"门时说:"sok,

'strings', or kun, 'rouleaux'."谓此门名"索",即绳索;或名"棍",即钱币叠高卷起形成的棍状物(rouleaux)。如此,"棍牌"一名很可能缘于"索"的图案形似棍棒。张德彝记北方纸牌有"条饼万"三门,以"条(索)"领衔,则时人用"棍"来指称纸牌也就容易理解了。至于"ma chioh(麻雀)",王乃骥认为"索"门的钱贯绳结图案形似麻雀头,故而得名。但威尔金森原藏的17副"棍牌","索"门图案一部分为棍棒形(图41),一部分为鱼形(图42),未见麻雀形状,而其绳结是否可看作"麻雀头",乃至能否代表整副牌名,皆有讨论的余地。

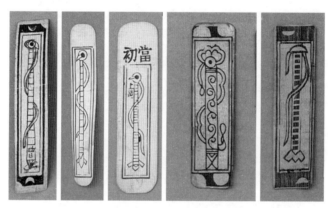

图41 威尔金森藏纸牌中部分图案类似棍棒的"一索(条)"

威尔金森的中国纸牌,收集于1889年至1893年。美国驻华外交官弥俄礼(Oliver B. Bradford)携带回国的一副牌,要比威尔金森所得稍早一些。弥俄礼1862年来华任职,1878年回国,带回一副30张的牌,缺失一索、五索、五饼和八万4张。其"一饼"上印"晋华斋",白花上印"晋记",中印"汪家",下印"假冒晋华,男盗女娼"(图见《从捉五魁看叶子戏的起源》,其事可参见《不至异国,当得异书》,《且居且读》第164—168页)。按宾夕法尼亚大学藏有数副晋华斋印造纸牌，编号为29-238-17的一副，白花中印"汪家"，下印"晋华斋铺在双门底"。双门底是广州地名，则晋华斋是广州的纸牌店铺，主人汪姓。至于存世纸牌是否还有年代更早的，因其牌面并不标识年月，图案风格又复杂多样，遽难认定。

图42　威尔金森藏纸牌中部分图案绘作鱼形的"一索（条）"

三、馀论

最后顺带探讨一下唐宋叶子戏的起源与流变问题。

记录骰子游戏赏格的书册"叶子格"，为何会变成一种游戏？史书并无记载，但原理可以推知。

唐朝掷骰子，使用的骰子数可多达六枚，掷出后会形成数十、上百个点数组合，难以单凭记忆判断胜负赏罚，而且事关赌博，口说也难保公平，因此需要使用写明胜负规则、组合名目和赏罚标准的骰子格。这又引出欧阳修所说的问题——当时的长卷不便翻检，赌博之人又往往处于醉酒亢奋状态，纸卷反复打开收起极易碎裂，于是人们将骰子格写在折成竖条的叶子上，每叶一则，成为"叶子格"，实际上是一本折纸为册的书，可以随意开合检寻。

叶子格的出现,让人们没有骰子也能"掷骰子":翻开叶子格随机指认一叶,与用骰子掷出点数然后到叶子格中翻查赏格的功能和效果完全一致,叶子格也就成为可替代骰子的博具。时日既久,将叶子格拆为单叶,玩法更加复杂,形成新的规则,叶子戏也就诞生了。

唐代叶子戏盛极一时,至宋代渐渐衰微,北宋以后少见记载,是否说明它完全消失了?从牌具上看也许有这种可能性,从游戏看则未必如此,因为北宋兴起了另一种根源于骰子的游戏,即宣和骨牌(相传起源于宣和二年,故得此名),骨牌的牌面图案是两枚骰子正面的点数组合,与叶子的设计思路一致。宋代的叶子和骨牌,很大可能内容未变,只是牌的材质发生改变,叶子从文献记载中消失,实际上是其骨牌化的反映。这正如清代纸牌,在同治、光绪间完成骨牌化,变身麻将,基本元素和玩法得到延续,但纸质牌具则慢慢退出牌桌和记载。

(原刊《文津学志》第二十辑)

麻将前史

打麻将或许是现在惟一能与电子游戏抗衡的传统游戏,不过相比"打"的红火,人们对麻将牌本身包括其历史所知有限,即便想了解也很可能会遭遇错误信息。这因为麻将产生、流行于民间,没有明确的源头,也因为近年很多介绍麻将知识的文章,特别是网络媒体上的文字,所言多是没有根据的传闻和臆测,读之无益,徒增烦扰。

麻将古已有之,但也不算太古,它产生于清代晚期,在光绪(1875—1908)初年定型,至今不过一百多年。当时来华的欧美人士对这种"中国多米诺"十分喜爱,他们收集牌具,撰写文章,形成了最早的麻将研究成果。民国时期的中国学者也探寻过麻将源头,当时去古不远,也得出很多贴近事实的结论。如今进入新世纪,海内外麻将研究均有新成果,运用 e 考据还可搜寻到更多资料,为进一步认识麻将历史创造了条件。

麻将自定型至今,牌具和规则均未发生大的变化,研究麻将,最吸引人的还是起源时期的历史,也就是本文说的"前史"。这个题目,受到海外学者斯坦维克(Michael Stanwick)所作 Mahjong(g) Befour Mahjong(g)(《麻将之前的麻将》,The Playing-card,第 32 卷,2004)的启发。斯坦维克系统研究了流传到欧美的早期麻将牌和历史文献,探讨麻将起源,并帮助美国自然历史博物馆和布鲁克林博物馆重新鉴定藏品,使尘封已久的两副麻将牌得以在网上展示,为后来者提供了方便。下文拟结合早期实物与前人研究,汲引新知,平章旧论,梳理一下麻将起源的几个重要问题。

一、形成麻将牌的"四大基因"

如果打开百度百科的"麻将"词条,我们首先会看到麻将起源于"太仓护粮""郑和出海""万秉迢发明"等等说法,其实都是无稽之谈。

早在清末民初,研究者已指出麻将牌的产生,建立在中国深厚的牌类游戏传统之上,是骰子、骨牌、纸牌的结合体。2021年12月台北里仁书局出版的王乃骥老先生所著《麻将粹谛史》,将骰子、骨牌、明代币制和叶子戏,称为形成麻将的"四大基因"。这个提法方便现代读者理解,是很好的表述。

简单说,麻将立体硬质的载体来自骨牌;牌面的"条饼万"花色来自叶子;"条饼万"的取义来自明代货币;骨牌和叶子又都源出掷骰子游戏,并且打麻将时还需掷骰子定庄、切牌。

详细点说,骰子是所有牌类游戏的源头,相传为曹植创制,到唐代大行其道,基本规则是掷出骰子后比较点数大小或组合尊卑以决胜负。唐人玩骰子,一次掷出数枚甚至多达六枚,能形成上百个组合,难以记忆,需要制作标明组合图案和名目、输赢规则和赏罚标准的"骰子格"以备检用。骰子格后来变成"叶子格",从叶子格又演生出纸牌叶子(参见《李鸿卓"叶子戏"诗与清代纸牌》)。

在掷骰子基础上,宋代产生了骨牌,即在牙、骨制成的长方体硬质牌上绘刻二枚骰子的点数组合,这与简单的叶子图案应该是一致的。此牌相传发明于宣和二年(1120),所以又叫宣和牌。一副宣和牌有 32 枚,后来越玩越复杂,到清代乾隆间已有将几副牌合在一起的玩法,如 105 枚的碰和牌,与后来麻将的牌数相差不多,为麻将诞生做好了硬件准备。

从骰子格脱胎而出的叶子,唐代玩法到宋代基本失传,但作为纸质牌具仍以其他形式存在,并演变成明代叶子。根据明人陆容《菽园杂记》的记载,景泰年间(1450—1457),叶子戏在昆山十分流行,其牌分文钱、百文钱(索)、万贯、十万贯四门,每门九张牌,数字从一至九(十万门从二十万至百万,外加千万和万万,11 张),共 38 张牌。文钱门的图案是铜钱,索的图案是穿成串的铜钱,万贯和十万贯绘有水浒人物。铜钱和文、索、贯都是明代货币制度的体现,这个元素一直延续到清代纸牌,然后被麻将继承,只是麻将上的图案抽象化,各牌的名称也有所变化,文钱改称"筒"或"饼",索子又称"条",万贯简称"万",其实与初始形象还是对应的。

叶子在明代后期风行天下,有多种玩法,最受欢迎的是马吊。马吊使用 4 门 40 张牌,在陆容所说的 38 张之外,多出"空没文"和"半文钱"两张。到嘉靖、万历间,叶子又玩出一种叫"看虎(又名斗虎)"的花样:即去掉十万一门及百万、万万二牌,保留文钱、索子、万字三门和空没文(又叫空汤)、半空(即半文钱,又叫一枝花)与千万三牌,共 30 张,玩法与骨牌类似,以凑对子论输赢。

到清代,马吊仍延续明代旧制,现在的客家六虎牌是其馀绪。看虎一系后来被叫作"纸牌",渐成主流。乾隆后期的苏州人金学诗著《牧猪闲话》,专记各种棋牌游戏,说当时最受欢迎的纸牌,一副60张,玩法叫"默和",另有人将两副默和牌合起来玩"碰和",一副120张。此时纸牌的花色有文钱、索子、万贯三门27种,另有"幺头"3种,与看虎牌相同。默和、碰和牌是由两副或四副看虎牌组成的,"幺头"即空没文、半空和千万。这三张牌,清末又叫红花、白花和老千,后者就是香港电影中爱说的"出老千"那张牌。

明代叶子每种只有一张,基本玩法是"以大击小",即在复杂规则下比大小定输赢。清乾隆时的碰和牌四副合一,发展了看虎的玩法,不比大小而是凑副:同门牌三牌数字相连可成一副,叫"坎";三牌数字相同也可成一副,叫"碰";四张数字相同的牌凑在一起,叫"开招"(后在麻将中叫"开杠")。手中的牌均凑成副,即可"和牌",也就是赢了。至此,纸牌为麻将的诞生做好了主要内容、规则、术语方面的准备,只待将其图案刻到骨牌上。

二、麻将牌的出生与成长

麻将牌是把骨牌与纸牌结合在一起形成的新牌具。标准的麻将牌包括条、饼、万3门和东南西北4种风牌、中发白3种箭牌(或称三元),每种均为4枚,共计136枚,有的牌另有单枚的"春夏秋冬""梅兰竹菊"等花牌。从"基因"看,"条饼万"来自纸牌,单枚花牌来自骨牌,"东西南北"是麻将形成后新加进去的。"中发白"看似纸牌"幺头"的自然转化,其实不然,因为它们在麻将中产生最晚。

年代可考的早期麻将牌均收藏在国外。将这些牌与后来的标准麻将比较,可以看出麻将演化的进程。

德国汉学家赫美里（Carl Himly,1836—1904）早年学习汉语,考入德国外交部,于1868至1876年间来华,在上海的德国领事馆做翻译,后因病回国,进入普鲁士王家图书馆管理东方图书。李凤苞出使德国的时候,还应他的邀请参观了王家图书馆,大开眼界（感谢王丁教授指示）。赫美里带回德国一副被他称作"宁波竹牌"的麻将牌,目前下落不明,但他在1889年和1901年两次撰文介绍了牌的基本情况。

这副牌总共148枚,"筒索万"三门和"东南西北"四字,每种均为4枚;"东王南王西王北王""总王同化索化万化""天王地王人王和王""春夏秋冬"4组牌,每种均为1枚;还有空白牌8枚。相比标准牌,它没有"中发白",多出16种单枚的花牌。

现在可见到的早期麻将,是美国人吉罗福（George B. Glover）收集的。1872—1873年,他在福州口岸海关工作,得到两副麻将牌,于1875年分赠美国自然历史博物馆和长岛历史学会,后者又转给布鲁克林博物馆。这两副牌,有"筒索万"三门、"东西南北中"五字及空白牌,每种均为4枚（自然历史博物馆藏品空白牌为8枚）,"东王南王西王北王""天王地王人王和王""春夏秋冬"三组牌,每种1枚。（图43）

赫美里与吉罗福均在同治年间来华,那时的麻将中尚无"中发白"三元牌,但包含很多后来舍弃的单枚花牌。如果把4枚空白牌看作"白版",赫美里的牌缺少"中""发",吉罗福的牌缺少"发"。这说明麻将还在演进中,也说明"中发白"不是从纸牌继承下来的。

麻将最终定型,是在随后的十年间。

2018年12月15日,赵旭腾在《澎湃新闻·私家历史》发表《麻将起源考:并非郑和发明,在宁波定型并走向全国》,批驳了

麻将前史 247

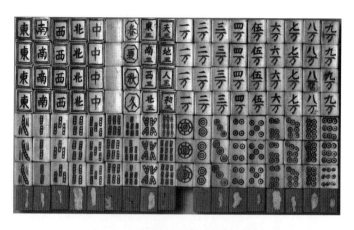

图43 吉罗福收集的早期麻将牌
（制作于1873年之前，今藏美国布鲁克林博物馆）

郑和发明说、太仓护粮说等不实说法，挖掘出张德彝《五述奇》中一段有关麻将的关键性记载。

在光绪十四年十二月二十九日的日记中，张德彝（图44）说：

> 同人中间有晚间打牌为戏，以免寂坐无聊。其牌名麻雀，又名马将，与寻常通行之牙牌不同，却与北方之蒲樗相似，亦有由一至九之索、饼、万，虽无白枝、红人与老千，而有中、发或龙、凤与白版，更有东南西北之名，各皆四扇。此常例也。如欲加花，则又有东南西北王、总王索化万化同化、春夏秋冬、兰荷菊梅、福禄寿喜、渔樵耕读、公侯将相、琴棋书画等名目，又各皆一扇。以上牌名如此，其法繁琐，无俟详言……（按：赵文引"中发"误作"申发"。此据国家图书馆藏稿本并加标点）

这一天是西历1889年1月29日，中国年的除夕。此时张德彝随洪钧出使德国，在驻德公使馆看到同僚打麻将牌消遣度岁，联

图 44 张德彝画像

想起他以前的打牌经历,写下这段文字,所记并非一时场景,而是对麻将牌的长期、系统观察。我们看到,当时麻将牌中的"中、发、白版",也可以是"龙、凤、白版",说明他见过两种不同版本的牌。在"加花"中他罗列了"东南西北王"以下 32 种花牌,这些花牌一般不会集中出现在同一副牌中,也说明他所见牌具之多,而且不会都是驻德公使馆里的牌。张德彝记载的麻将牌情况,应该包含他此次出洋之前即1887年前的见闻,在同时代的麻将文献中,这篇文字对牌的基本情况讲得最早也最清晰完整,十分重要。

此时麻将牌形成"常例",拥有"索饼万"三门、"东南西北"和"中发白"七字,"各皆四扇",共136枚,已是标准麻将牌,直到今天也未再变化。

张德彝将"东南西北王""春夏秋冬"等牌称为"加花"牌,加强了这些牌来自骨牌的证据。金学诗《牧猪闲话》在介绍同称"碰和"的一种骨牌游戏时说:

> 或以'天地人和'等牌为将(去声),抹得者倍采;或就其中数页添绘花枝,以一页当(去声)二页,谓之碰花将(去声)和;或于百五页之外另制一页或两三页,素面而绘以杂采,可随意呼为某牌,以其未有镂点也,抹得者辄胜,谓之如意君。

增添花牌本是骨牌的传统。早期麻将中的"天王地王人王和王"等体现出明显的骨牌影响。麻将成熟后,这些牌不再必须使用,归为花牌,渐被淘汰。

三、具有"中发白"是麻将成熟的标志

麻将在1890年之前定型,也得到实物证据支持。

英国外交官威尔金森(William H. Wilkinson, 1858—1930,《麻将粹谛史》译作威尔金逊)于1890年前后在中国搜集到两副带有"中发白"的标准麻将。一副曾在1893年芝加哥世界博览会展览。威尔金森作于1925年的《麻将备忘录》说"my

Chinese friends in 1889 styled it Chungfa",即中国人将它归为"中发"牌。威尔金森还讲述了当时江浙流行一种"game-play called chungfa",也与麻将的玩法相同。

威尔金森的另一副牌于1890年赠送友人,后归大英博物馆收藏。此牌的木盒正面从右至左分写汉字"横相""中发""乌木","横相"或是"横镶"的简写,表示牌的镶嵌工艺讲究;"乌木"表明用料高档;"中发"则表明这套牌包含三元牌,功能完备。

德国学者劳费尔(Berthold Laufer,1874—1934)于1902年向美国自然历史博物馆赠送一副标准麻将牌,牌盒上写着"同丰昌麻雀号""乌木""中发"等字样,也是用"中发"相标榜、打广告。

由实物可见"中""发"二牌占据麻将牌的中心地位,而在麻将游戏中"中发白"玩法也占据中心位置。徐珂《清稗类钞》有《孝钦后好雀戏》一则说:

> 孝钦后尝召集诸王福晋、格格博,打麻雀也。庆王两女恒入侍,每发牌,必有官人立于身后作势,则孝钦辄有中、发、白诸对,侍赌者辄出以足成之。既成,必出席庆贺,输若干亦必叩头求孝钦赏收,至累负博进,无可得偿,则跪求司道美缺,所获乃十倍于所负矣。

慈禧太后所打麻将,以凑成"中发白"之副为大胜。

《清稗类钞》同卷《叉麻雀》文又记四首"麻雀诗",第一首云:

> 麻雀何难打,只求实者虚。逢和须要算,死听不为输。三项家家大(中发白),双风对对符。自摸清一色,喜煞牧

猪奴。

也以"中发白"凑成之副为大。又第三首有句云：

> 勒子看人倒,病张摊我拈(三项大张难于打出者,谓之病张)。

这是一首玩家自嘲运气背的诗。从他拿到"病张"的恼火,可见打出"中发白"导致对方赢牌的严重性。

《北京画报》第二十四期(1906)附页有《打麻雀》图,题诗云：

> 麻雀而今闹得凶,几乎嗜好一般同。可怜有用之精力,消在发财白版中。

《图画日报》第三十期(1909)《上海社会之现象:叉麻雀之神气》附图有《赋得叉麻雀》诗,内云"已得中风克,还将白板巴",提到的麻将牌张只有"中风白板"。

"中发白"牌组形成是麻将成熟的标志。张德彝日记将具有"中发白"的麻将牌视为"常例",提供了文献依据。

四、麻将牌起源的时、地、人

麻将牌定型时间基本确定,但起源时间尚难考索。在光绪之前的文献中,尚未见到对麻将或是它另一个名字"麻雀"的记载。道光时人李调元曾作《弄谱百咏》,吟咏了一百种游戏,其中有一首《麻雀》诗:"分明射覆理难谙,只判阴阳北与南。谁是旋乾转坤手,此中奇耦定能参。"他随文注释说:"麻雀,实即捻钱也。"(《童山集》卷三十八《弄谱百咏》)捻钱是将铜钱扣在碗里猜正反面的博戏,与麻雀牌风马牛不相及,反倒说明当时还没有骨牌麻将。

有一种说法,以徐珂为代表,认为麻将起源于太平天国,理由是早期麻将有天王和东王、西王等称呼,都是太平天国的官职,后来在战争中传播到宁波,再流传到各地。这一猜测没有文献依据,而且麻将中的"天王"源自骨牌原有的"天地人和"牌对,未必是太平军创造的,即便是他们创造的,清朝统治区的人也未必敢拿来就用,因此只能聊备一说。

其实清末民初时人对麻将起源的时间和地点有相当共识,即光绪前期的宁波。樊增祥《樊山续集》卷二十六《十忆集》有《再和李元膺十忆诗》,其《忆博》第一首云:"花底樗蒲催上场,红毡银烛小排当。宁波麻雀知何味,强与周旋故拙行。"下注"撮麻雀之戏,二十年前起于宁波,今遍天下矣"。

此诗大致作于光绪三十一年,上推二十年,为1885年。

民国三年出版的沈一帆《绘图麻雀牌谱》说:"麻雀之始,始于宁波,不过三十馀年,继而苏浙两省,渐达北京。"1914年上推"三十馀年",在1884年之前,与樊增祥所说年代相合。

结合赫美里、吉罗德于1875年前搜集的麻将牌均不具备"中发白"三元、张德彝记载麻将牌在1889年之前已形成"常例"看,樊增祥、沈一帆的说法确有根据,麻将很可能创始于咸丰、同治年间,在光绪初年成熟并流传到全国。(图45)至于宁波是始发站还是中转站,古人的说法也有所不同,目前缺少铁证,难以判断。

对麻将的发明人,有一个说法,指为宁波人陈政钥(号鱼门)。宁波天一阁麻将博物馆就持这种观点。这个说法出现很早,民国三年扫叶山房出版的雷瑨辑《文苑滑稽谈》,引清人挽陈鱼门联云:

图45　清末画报中的打麻将情景

英人谋占定海时,宁人陈政纶号鱼门,办理渔团,因变马吊之法为麻将牌,欲使渔人乐此,不致有怠惰离散之意。陈八十馀岁时,犹狎一土妓,名黄梅,亦好麻将,陈殁,有人戏挽一联云:白板中风今绝响,黄梅细雨暗伤神。

如果这篇文字可信,它指出麻将发明于"英人谋占定海时",即鸦片战争中英军攻占定海的1840年,是一个非常精准的时间点。但陈鱼门名"政钥"而非"政纶"(《麻将粹谛史》亦误);卒于光绪四年,春秋六十有二,而非八十余岁(据董沛《正谊堂文集》卷十四《三品衔江苏补用知府陈公墓志铭》),雷文把陈鱼门的名字和岁数全都说错,其余所记也难尽信。但这段文字重在说明挽联的创作背景,并非专为麻将而作,说陈鱼门与"白板中风"有关,也不排除其中含有一些真实信息。

《红玫瑰》杂志第一卷第五十期(1925)刊发陈霭麓《麻雀牌

考补》一文,略云:

> 咸道中,蛟川陈鱼门为鱼行先生,尝附一舟出视渔区。鱼门固好博如命,精于马将(即马吊),在舟中日以纸牌消遣,然恒苦旧制之麻烦,于是因其例改诸将为筒、索、万三色……复增"东南西北""中发白"色……后鱼门亦以舟中每多海风,纸牌质轻易于飞飏,不能在露天斗之,于是改为竹制。鱼门去今不远,吾甬人之熟于掌故者类能道其轶事,私家笔记或亦及之。

"咸道"未知是"道咸"抑或"咸同"之误。但无论哪个年号,都与晚至同治间麻将尚未形成"中发白"三元的事实相悖,且文中所言陈鱼门改纸牌"诸将"为"筒索万"以及各花色名义均不着边际,这条材料的可信度更差。只是文中说"鱼门去今不远,吾甬人之熟于掌故者类能道其轶事",再联系挽联中"白板中风"的措辞,清末民初的宁波可能确实流传着陈鱼门创制麻将的故事,但他具体做了哪些贡献,尚须实证来落实。

五、"麻将"名称的来历

对"麻将"之名,历来也是聚讼纷纭,如"麻将"为何又叫"麻雀"?两个名字是怎么来的?谁先谁后?等等,一直都是很难回答的问题。

在早期的中文文献中,"麻雀"一名更加多见,特别是清末小说常会描写"叉麻雀"情节,人们普遍认为"麻雀"出现在先,"麻将"衍生在后。然而从张德彝日记看,"牌名麻雀,一名马将",两个名字同时使用,不分先后。

张德彝的日记写于1889年初,所记之事包含1887年以前的见闻。1887年上海《申报》也出现过两次与赌博有关的"麻雀"新闻。6月22日的报道说:"金陵近来钗弁不甚分别,乡间混杂尤甚,男女无论老少,可呼朋引类,团坐茶棚下,相率斗叶子戏,有过河、愎棍、赶麻雀等名目。"这里说的"赶麻雀",是"叶子戏"三种玩法中的一种。叶子戏从来都指纸牌游戏,所以此处的"赶麻雀"也应是纸牌游戏。11月14日的报道说:"租界严禁赌博以来,若辈花样翻新,巧立叉麻雀、碰和等名目……为害地方实非浅鲜。"此"麻雀"性质不明,有可能指骨牌"麻雀",但考虑到前一篇报道中的"赶麻雀"是纸牌游戏,道光时的"麻雀"是"捻钱"射覆游戏,我们也难以仅凭"叉麻雀"三字说它一定是麻雀牌。

对西文文献,过去也认为"麻雀"之名要早于"麻将",并且在1875年已由吉罗福记录下来。如张俭编著的《走,打麻将去》(四川人民出版社,2015)第一章《麻将龙门阵》说:

> 1875年12月31日,在中国担任了20多年领事和海关税务师的美国外交官吉罗福(George B. Glover),将他在中国长年搜集到的19件稀奇古怪的"玩意儿"捐赠给了成立刚七年的美国自然历史博物馆,其中一件就是他在福州任职时购买的一副148张麻将牌。该馆在当年印制的《年度报告》捐赠者栏目中公布了吉罗福的赠品明细,之后被称为"吉罗福麻将牌"的17号赠品在内容说明中写道:Dominoes for playing "Snatching the House-Sparrow", 148 pieces. 英文直接翻译过来的意思就是:多米诺骨牌玩具"叉麻雀",148张牌。这段不长的文字成为麻将牌有史以来的第一个正式书面记录。

维基百科的"麻将"词条,也认为这是最早的"麻雀牌"记录。

但斯坦维克的研究表明,美国自然科学博物馆年度报告为这副骨牌赠品拟定的名称,并非吉罗福原话,也误失了牌名本音。1875年8月18日,吉罗福为捐赠事宜给博物馆写信,附有对十九副牌具的说明,第十七副说:

> No. 17 set of a species of Dominoes, called 拷家雀 k'ao chia ch'iao, snatching the house-sparrow, composed of 148 pieces.

吉罗福笔下的牌名,汉字写为"拷家雀",英语拼为"k'ao chia ch'iao"。家雀是麻雀的俗名,于是他又用"house-sparrow"来注释"chia ch'iao","sparrow"对应的是"家雀"而非"麻雀"。这条说明,很可能是对麻将牌的最早书面记录,但不能证实此牌当时在中国叫"麻雀牌"。

现在看,无论中外,对牌名"麻雀"和"麻将(马将)"的记载,都以张德彝《五述奇》为最早。

麻将作为民间赌具,最初流行于广东、福建、浙江沿海,都是汉语方言最复杂的地区,同一个名词有不同发音实属正常。后来它传到北京,这里各种方言交汇,人们称呼它时,有的音近"麻雀",有的音近"马将",时间久了,两个名字也就并行了。

在"麻雀"早于"麻将"的认识基础上,《麻将粹谛史》对二者关系有一个惊人之论,认为"麻将"是1920年以后中国人从英语词"mahjong"倒译回来的。从张德彝以及其他人的记载,如沈曾植在1901年8月30日致李逸静信中提到"六爷买麻酱牌"、1902年2月22日《春江花月报》刊文《叉麻将》等来看,这个观点完全不能成立。

过去人们为考证"麻雀"一名的来历下了很多功夫。民国初年,徐珂在《叉麻雀》文中提出,"麻雀"系"马吊"的音转,后来人大多赞同,现在也不时有语言学者通过方言研究来提供证明。民国时还有人认为,"麻雀"系由牌中"一索"图案刻作麻雀形状而得名,此说受到杨荫深《中国游艺研究》的批驳。《麻将粹谛史》则认为,威尔金森收藏的一种晚清纸牌,名为"ma-tseuk"或"sparrow",骨牌"麻雀"之名应该来自纸牌。这副牌"索"字门图案上端的绳结形状与麻雀头相似,是对大明宝钞钱索图案的模仿,也是"麻雀"一名的来源。

这个说法也存在很多疑点。纸牌从明代开始一直有索子门,也一直绘有钱索图案,为何五六百年间未见有人叫它"麻雀",到清末才出现这样一个名字?而且从《申报》1887年的报道看,"赶麻雀"是叶子戏的一种玩法,并非牌的名称。威尔金森所藏纸牌的印制年代为1890年前后,现存早期麻将牌制作于1873年之前,早于上述纸牌,其"索"的图案与绳结或麻雀头并无相似之处。实际上,威尔金森收藏了十多副纸牌,大多数"索"的图案并不像麻雀头,很多画的还是鱼形(图见《李鸿卓"叶子戏"诗与清代纸牌》),这就更无法证明《麻将粹谛史》的观点了。

张德彝记下"麻雀又名马将",为解决麻将名称来源问题带来新思路——"麻将"一名很可能不是来自纸牌,而是来自骨牌。

前引《牧猪闲话》说碰和骨牌"或以'天地人和'为将,抹得者倍采",其玩法可称"抹将"。骨牌中的"天地人和"等并非实有其牌,而是特定牌对,在早期麻将中,它们演化成"天王地王人王和王"等实体牌。可以推想,同名"碰和"的骨牌与纸牌结合到一起,新牌中出现原来两牌均没有的"将牌","抹将"成为游戏特色,于是新牌被称作"抹将牌",就像后来拥有"中发白"的麻将被称作"中发牌"一样。"抹将"在流传中发音演变成"马将",再后来又变成"麻将"。这种解释既有内证,又有外证,也许更接近真相。

(原刊于《掌故》第11集)

记一张清代彩票

从功用上讲,彩票和骰子、骨牌应归于同类,都是通过数字组合来博彩的工具,但从发行彩票可以募集巨额资金这一点来看,它又与金融有一点关联,装进"金融文化"这个筐里可谓名副其实。

彩票古已有之,古到什么时候,难以考据。至少在19世纪下半叶,我国已经有了用号码对奖的现代意义上的彩票,如清末社会流行的"吕宋彩票"。吕宋是菲律宾的古称,当时是西班牙的殖民地,想来吕宋彩票是通过菲律宾从西方传入的。晚清小说《二十年目睹之怪现状》第六回中有对吕宋彩票的描述:

> (包道守)去年年下的时候,他到上海去,买了一张吕宋彩票回来,被他店里的掌柜、伙计们见了,要分他半张。他也答应了,当即裁下半张来。这半张是五条,那掌柜的要了三条,馀下两条,是各小伙计们公派了。当下银、票交割清楚。过得几天,电报到了,居然叫他中了头彩,自然是大家欢喜。到上海去取了六万块洋钱回来,他占了三万,掌柜的三条是一万八,其馀万二,是众伙计分了。

从小说中看,吕宋彩票每张一个号码可分为十条,既可以一人购买,也可以多人合资购买。分为十条,就是为了便于化整为零。头彩六万大洋,折合成现今的人民币,足足能造就一个百万富翁了。

笔者不是彩票爱好者,但曾偶然得到一张清末的彩票,对吕宋彩票有了更详细的了解。(图46)这枚彩票用雕版绿墨印刷,文字是:"得彩章程均照吕宋大票分派,如得头二三彩,亦凭对号单兑现。每张拾贰文。仿吕宋一八七四年玖月份票。第叁万陆千零肆拾壹号"。"一八七四"数字用的是苏州码子,"玖月份"的"玖"字是红色活字填入的,"叁万陆千零肆拾壹"数字为黑色活字填入的。彩票上另有红色戳记:"连根为凭隆兴兑现",隆兴该是发行彩票的铺号吧。

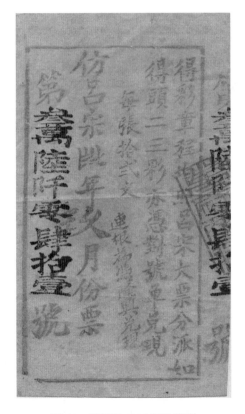

图46　发行于1874年的彩票

这张发行于1874年(清同治十三年)9月的彩票并不是吕宋彩票,而是彩票商人利用吕宋彩票的章程和发行、开奖日期及获彩号码"搭车"发行的,所以称为"仿吕宋票",也就是今天所谓"私彩"。它的形式、价格应与吕宋彩票相去不远。

战书虽急不开封

——竹枝词中的赊账与催账

"樱桃桑葚与菖蒲,更买雄黄酒一壶。门外高悬黄纸帖,却疑账主怕灵符。"这是清末李静山续《都门杂咏》诗中关于端午节的一首。樱桃与桑葚是北方五月应时的水果,插菖蒲剑,饮雄黄酒,贴钟馗像,是至今还在各地流行的端午节习俗,这都不在话下。妙的是诗的最后一句,作者把辟邪的灵符奉送给债主,打趣之中,为我们留下了旧日经济生活中一幅苦涩而无奈的画面。

在民国以前,我国的城市商业可称作"信誉经济",居民中不论是高官显宦还是平头百姓,从柴米油盐到看戏娱乐,平日消费都是记账赊购,到时候集中结算。结算的日子就是三大节——端午、中秋、除夕。喜欢鲁迅作品的人都能记得,《孔乙己》是这样结尾的:"自此以后,又长久没有看见孔乙己。到了年关,掌柜取下粉板说:'孔乙己还欠十九个钱呢!'到第二年的端午,又说'孔乙己还欠十九个钱呢!'到中秋可是没有说,再到年关也没有看见他。"从咸亨酒店结账的情形可以看出当时社会消费生活的一斑。

端午是一年中的第一个大节,也是第一个结账的日子,这对顾客和商家都是很重要的:顾客为了保住信用、保证以后还能赊欠,就得在节前想方设法把欠账还清;商家如果不想坏账太多,破产关张,就必须千方百计把账收回。因此,端午节对债务双方来说,是一年中必须要过的第一关。

旧时即使是官宦人家,清还节账也不是一件容易的事。清末名士李慈铭一直在京做官,他的《越缦堂日记》中经常有借新债还旧账的记录。如咸丰十年(1860)五月初五日下就记着:"还各店债。付芷郎钱六十吊……付同文堂书铺王文简《经义述闻》钱廿八吊……借得叔子京蚨满五十吊。付仆从节犒四十吊。"做官的人如此,一般老百姓如何过这个节也可想而知了。

按照旧俗,讨债只能在节前。比如春天的账,过了端午就只能等到秋后再算了,因此节前这一晚是店家最忙碌的时刻,伙计跑不过来,就去雇用专门替人讨债的人。张子秋《都门竹枝词》有诗云:"俺家本是老山东,跑账专门气概雄。布套掀开翻折子,相逢债主不通融。"当时在北京做这门生意的多是胶东人,所谓"本是老山东"也。由此可见,近年来某些地方出现的讨债公司,也是古已有之,算不得什么新生事物。

讨债的气势汹汹,欠债的也不含糊。"褡裢经折破灯笼,今夜敲门势更凶。我醉欲眠君且去,战书虽急不开封。"(《姑苏四季竹枝词·讨节账》)这位苏州老兄理直气壮。但如果不是酒喝得太多,一般人不会用这种方式赖账,毕竟欠债不还,自己亏理。大多数一时还不起账的人是想办法"搪账",即设法拖延。实在没办法,就只好躲起来:"从兹店账不能赊,行路还防遇债家。搪账既无好办法,书红门贴出天花。"(《都门竹枝词》)他想用天花吓走讨债的人。这个办法和"却疑账主怕灵符"那位的一样,都是在门板上打主意。对躲债来说,门之为用大矣哉!

但是没有人能永远不出门,所谓"躲得过初一,躲不过十五"。躲债的人怎么出门,好像还没有人写诗吟咏。不过宣统元年(1909)有一位"忧患生",对京城的乘车一族发表过感慨,倒是牵连到躲债的人。诗云:"手把一编遮面观,车夫随意走盘桓。谁知满腹维新事,错被人将躲账看。"(《京华百二竹枝词》)原来那个年代欠账不还的人走在街上是这副尊容。如果他们看到现在有些赖账者的神气劲儿,真该后悔早生了一百年。

当然,端午是一年中第一个大节,欠账者如果实在周转不灵,向债主通融通融,也许能拖到中秋再说。但收账、搪账这场仗打下来,足以抵消节日的欢乐。现在赊账消费已成云烟,当年的"战争"给我们留下的,除了这几首竹枝词之外,恐怕只有那些偶然遗存的"账票",也就是欠账一方不敢开封的"战书"了。(插图 47 为万昌栈给曹福照开出的端午节欠账账票,丁亥或为光绪十三年[1887])

图 47　万昌栈给曹福照开出的端午节欠账账票

北征诗话

——从运官诗看清代贵州的铅运

清代鼓铸制钱,例用黄铜。黄铜由铜、铅配炼而成(黄铜是铜锌合金,在清代锌被混称为铅,或以其色白,又称白铅),这使铜、铅原料的开采、冶炼、运输成为攸关鼓铸和经济的大事。自雍正朝以来,清各地钱局鼓铸所用铜、铅主要分别依靠云南、贵州供应,特别是京师两大钱局——户部宝泉局和工部宝源局所需铜铅,全部仰给于滇、黔。以贵州的铅而言,每年专供宝泉、宝源二局的铅斤被称为"京铅",京铅由贵州向京师运输的过程即为"京运"。

由于京铅对鼓铸的重要性,清朝对京铅的运输格外重视,见于实录、政书中有关铅运的谕旨、则例甚多且日加细密,若详加钩稽,人们不难了解黔铅京运的基本制度。但京运路途遥远,费时漫长,押运官员自接收铅斤到赴京交纳,其间各项制度能否落实,具体事物如何办理,运员遭遇的艰难辛苦乃至个人心情感受,等等,仅靠阅读上谕、则例是无法了解的,这需要结合更多文献进行考索。

自雍正至光绪,除去战乱和后期贵州铅矿枯竭,贵州京铅每年二运,每运二起,即每年分四次运输,至少需要委派四名运员,百年间有数百人曾膺斯役。押运京铅是艰苦的任务,但对文人墨客来说,也是一次不得已的长途旅行,所以一直有人苦中求乐,不废吟咏,留下一些诗文,其中包含了难得的京铅运输细节,可补正史之不足。本文试图将道光间诗人运官的《北征诗钞》和《征帆集》等诗集中和京运过程有关的作品,与当时的制度、规定互相参证,以史注诗,以诗补史,为清代贵州的京铅运输勾勒出一个相对清晰而生动的轮廓。

需要说明的是,虽然目前对清代贵州京铅运输问题进行研究的文章还不多,但京铅和云南京铜的运输路线、过程,自四川以下是大致相同的,清代则例中,对铜铅运输往往作出一个共同规定供二者执行。上世纪四十年代,严中平撰《清代云南铜政考》,即对铜运路线作过专门研究,近年来学者们对滇铜京运问题的研究更加深入。因此,读者欲了解更详细的运输制度,可参看有关铜运的研究论文。同样,本文提供的资料,应当也有助于加深对滇铜京运的了解。

一、《北征诗钞》与《征帆集》

《北征诗钞》六卷,俞汝本撰。汝本字秋农,浙江新昌人,道光丙寅(十六年,1836)进士,分发贵州,历任镇远、贵定、婺川、天柱知县,荐升独山州知州。道光甲辰(二十四年),委运黔铅至京,事竣调任黔西知州,未满任而卒。据民国《贵州通志·职官表》,俞汝本的继任者蒋斯崇于道光二十八年到任,汝本当卒于是年。去生于乾隆五十六年,得年五十有八。

关于此集,俞汝本道光乙巳(二十五年)自序言之颇详:"《北征诗草》者何?俞子运铅而作也。俞子领甲辰四运,由黔而蜀、而楚、而吴、而齐、而鲁、而冀,凡万有馀里。山水人物禽鱼草木之类,俞子皆得而见之,不可以无诗。……诗系俞子作也,系俞子运铅而作也,其有曰《蜀行小草》,曰《江东集》,曰《汉上集》,曰《直北集》,各以其地名之,而总名之曰《北征诗草》,使后之览者足以考焉。"

诗分六卷,起于甲辰,终于丁未,每卷为一集,除序言所说的运铅途中所作四卷外,卷五、六为《南旋集》《再来集》,系运铅事竣回乡省亲及复官贵州路途所作。书后有其门人郑珍道光丁未十月后序。书的刊刻年代当在道光二十七、二十八两年间。

《征帆集》四卷,陈熙晋撰。熙晋生于乾隆五十六年,卒于咸丰元年。原名津,字析木,号西桥,浙江义乌人。优贡生。以教习官贵州开泰、龙里、普定知县,仁怀同知,擢湖北宜昌府知府。《清史稿》有传。道光甲午(十四年)陈氏奉檄押运京铅,集沿途所作诗为四卷,名之曰《征帆》。封面题辛丑(二十一年)开雕,集前复有道光丙午(二十六年)王柏心、蔡聘珍二序,或为增序后印本。

陈熙晋押运京铅,比俞汝本早十年,《征帆集》也早出数年。两集中类多流连风物、读史述怀之作,《征帆集》中运铅本事较《北征诗钞》更少,因此,本文引用《北征诗钞》的诗要多于《征帆集》,或题或注或正文,均取与京运有关的作品。至于京铅、京运制度,向称繁复,集中见于《钦定大清会典事例》《钦定户部则例》,散见于《清实录》等书中,本文仅择取事关大体者,未能巨细不遗地胪列。

二、京铅与京运

《北征诗钞》卷一开篇为《贡铅行寄儿子昌生浙中》。这是一篇很长的五言古诗,只能分段引用,其第一段说到京铅与京运的始末:

> 钱刀重汉制,盐铁利国用。大禹疏九河,惟铅亦任贡。东南本水乡,西北多蛮洞。夜气识金银,采采徒役众。精者丹成砂,粗者白如汞。其次杂泥涂,凝似乳汁湩。设以阴阳炉,锻炼人力哄。范金而合冶,斤必五十控(铅斤以五十斤为一块)。我皇初御宇,诏令有土送。宝源与宝泉,每岁课四仲(黔中每岁贡六百四十馀万)。……

我国最初提炼生产金属锌的年代,大致在明朝后期。贵州何时开采锌矿及炼锌,因文献缺少记载,且古代锌与铅、锡概念混淆,难以断定,但至少在清朝前一百年,贵州的锌产量已经很大。至雍正末年,乃有采买贵州白铅运京以供鼓铸之议。《钦定大清会典事例》(《事例》关于铅运的内容集中于卷二百十六至二百十八。下文不再详注卷数):

> 雍正十二年奏准:京局鼓铸,每年额办铅三百六十六万馀斤,自雍正十三年为始,令贵州巡抚遴委贤员,照各厂定价,每百斤给价银一两三钱,依数采买,分解宝泉、宝源二局,每百斤给水脚银三两。其商办之铅,停其采买。

这是京铅、京运开办之始。直到光绪末年,京局停止鼓铸,才不再从贵州采办京铅。

京铅数额,初依鼓铸需求量不同而每年不同,至乾隆间逐渐

形成定额,并确定了每年二运四起的运解制度。《钦定大清会典事例》:

> (乾隆)二十七年奏准:贵州省额解白铅四百二十四万一千九百一十四斤,上下两运,每运派府佐州县二员,分作四起运解。

《钦定户部则例》也有记载(《则例》关于铅运的规定主要在卷三十四和卷三十六):

> 户工两局岁需正额白铅三百八十四万一千九百一十四斤,加额白铅五十五万斤,二共铅四百三十九万一千九百一十四斤,由贵州省办解。分上下两运,每运户工两局白铅二百十九万五千九百五十七斤(每运分两起,两运计分四起,每起分该户局白铅七十三万五千斤,分该工局白铅三十六万二千九百七十八斤八两),计户部宝泉局一岁实收两运四起白铅二百九十四万斤。

按俞诗夹注所言"黔中每岁贡六百四十馀万",与上引政书所记不合。根据《大清会典事例》,乾隆五十九年奏准京局鼓铸改为红铜六成、白铅四成配铸。依此配比,京局每年需铅斤四百馀万斤,铜斤六百馀万斤。道光十五年又覆准,贵州省运铅各员,每运由黔起程时,先行酌发银一万七千三十二两七钱八分三厘。这是按照各员领解铅一百二十二万三千七百八十八斤核发的。将一百二十二万馀斤乘以四,总数仍在五百万斤以内。这是道光中期的定额,去俞氏运铅年份不远。因此,俞氏所说的铅斤定额,不知是偶然误记,还是该年运京铅斤比定例有所增加。

三、运官遴选

《北征诗钞》卷一《贡铅行寄儿子昌生浙中》的第二段说:

> 丞倅牧令俦,奔走无缺空(自知府以下同知及县令皆任斯役)。圣人经国心,大小事咸综。臣本膺斯役,敬慎戒勿纵。

这涉及运官的遴选。《钦定大清会典事例》:

> (乾隆)四十一年又奏准:滇省运铜委员,责成各道保送,该管府州出具考语,由道加考移司。如所保之人,经督抚验系衰庸,即将保举道府州与扶同详委藩司,一并查参,分别议处。其报委后,非实有事故,不准改委。黔省运铅,亦照此办理。

《钦定户部则例》:

> 黔铅运京每年上下两运,运各二员,又楚运一员,共须五员。责成粮储道遴选一员,贵东贵西二道各遴选二员,出具考语,送司按运委办。

为什么运员经报委之后,就必须领铅出发,"不准改委"呢?原因在于这项任务耗时费力,经费紧绌,考成严苛,加上沿途惊涛骇浪,时有性命之虞,被选中的官员,无不将此行视为畏途,甚至拼上辞官不做,也不愿干这种差事。为此,乾隆四十二年又专门发出上谕。《钦定大清会典事例》:

> 滇省承运京铜,该委员等几视为畏途,若迟误限期,仅予革职,劣员等或拚弃一官,图免重累,转得脱然事外。著

户部将此项劣员,另行定议,于革职之外,拟以发往新疆效力,庶将来承办之员,知所儆戒,不敢贻误。

可见,辞官不做也是不准许,要被充军流放的。对运官来说,被选中相当于被派上战场,所以俞汝本把此行叫作"北征",陈熙晋把诗集命名为"征帆"。俞汝本在《北征诗钞》的序中说,"俞子此行是不得意事,而于不得意中更有不得意者",在《贡铅行寄儿子昌生浙中》向儿子嘱咐家事,谆谆切切,大类遗言(诗长不录),都体现了这种情绪。

而陈晋熙在踏上征途的时候,与家人也似生离死别。《征帆集》"早发贵阳":

> 一鞭秋色上层云,曲唱骊驹不忍闻。荐牍致身犹计吏(时以卓荐题升仁怀直隶同知,带运京铅北上),征袍缺胯似从军。妻孥涕泪愁恋徼(眷属俱留住黔中),兄弟飘零属雁群(三弟兼塘偕行)。惆怅关河千万里,尘埃风雨要平分。

江西南城人李鸿卓,嘉庆二十四年进士,任贵州清溪知县,于道光三年也奉委运铅。他的诗集《桐孙诗草》(稿本)中也有若干北征之作。接差时他作《出铅差》诗:

> 一枝初借未能安,万里长征路渺漫。身似浮萍无定迹,家如夜月不长圆。衰亲念切章门远(欲回里而未能),游子心惊蜀道难。异地承欢凭健妇,殷勤堂上劝加餐。

从这些文字里,都可见当时运官的心理活动,也反映出朝廷对运官委派的严厉规定,是具有针对性的。

四、京运程限

黔铅京运路线，可分为两节。第一节是将铅自铅厂由陆路运往永宁。这一段的运输由沿途地方官负责；第二节运官自永宁接收铅斤后，雇船运至泸州，再转运至重庆。在重庆打造或雇用大船，由长江、大运河水道至通州，最后从陆路运到京师钱局。泸州以下，凡水道八千二百一十六里（见《清代云南铜政考》第32页）。

《北征诗钞》的各卷，即按上述路程编次诗作：卷一《蜀行小诗》，为川江段；卷二《汉阳集》，为出峡后至汉阳江段；卷三《江东集》，为汉阳至扬州江段；卷四《直北集》，为运河段。

对京铅水路运输，清廷规定了严格的时间限制，乾隆间屡有变更，最后形成定例。《钦定户部则例》：

> 贵州省莲花、福集二厂白铅，柞子厂黑铅，改由厂地熔净向在重庆熔化，陆运至永宁（莲花厂至永宁十一站半，福集厂至永宁十二站，柞子厂至永宁十三站，限两个月运竣）。运官自永宁领运至泸州，泸州转运至重庆，统限九十日（向限七十五日，嗣因永宁、泸州一带河小船稀，零星陆续转运，勒限七十五日未免太促。乾隆五十八年奏准，加入二十五日，共予九十日限期，统不得逾二、八月开行）。重庆驻扎九十日。自重庆开行，运抵通州，定限八个月十日。……自通州全数运局，均限两个月。其运官回任，部给执照，贵州限一百日。……所有长运抵通，逾限、展限及归途有打捞患病等事悉照办铜例办理。

统计全程,运员从贵阳获委领铅,至京师钱局交纳,限定在十六个月十天内办理完成。如果违限迟延,将按规定参处。

五、永宁起解

永宁在贵州与四川边界,后由贵州划归四川,是委员领运铅斤的起点。对贵阳至永宁的行程,《钦定户部则例》规定:

> 贵州委员办运京铅,在省领出水脚银两,即督令起程赴永宁,不许在省停留。并于护牌内将所领银数注明,饬令贵筑县点验明白,押令出城,并饬经过地方,照护牌填注银数查验,拨护出境。如有短少,即行禀报查办。其永宁以下,应令沿途督抚严密稽查,毋许夹带货物,倘有不遵,即行揭报请参。

贵州地无三尺平,自省城贵州至永宁的道路也是崎岖难行。这一段路,是铅运万里长征的开端,也是运官完成艰巨任务的心理准备期。《北征诗钞》卷一《贡铅行寄儿子昌生浙中》云:

> 癸卯子月中,先期策青鞚(十一月十六日出省)。是时雨雪多,泥泞涂又冻。我仆指臂僵,我御心骨痛。黾勉陟重冈,跋涉沿悬涂。泸水清且寒,武侯行以恸。涵濡三千年,荏苒及唐宋。草木变本性,何况事弦诵。所虑奸黠徒,遇事则播弄。我心如铁石,凡事务郑重。料理及米盐,布置到盎甕。三日即下渝,两月计渡梦。取次入置比,庶免遭艘哄。私心窃颂祷,是否能言中?行行事长征,去去戒仆从。

又同卷《雪山关黔蜀交界》云:

> 万古峨眉雪,终年积未干。如何一关隔,而亦上天难。风烈鸟声噤,路危人迹寒。层冰行不得,又听马嘶酸。

可以略见路途之艰难与运官之心情。到达永宁以后,运员即从负责官员那里接收铅斤,领运解京,正式开始履行使命。《钦定户部则例》:

> 运官在永宁打兑铅斤,跟同局员,将砝码秤兑,每块务足五十斤,领运解京。取具运官印结,申送详咨。

又规定:

> 运官接领净铅,由永宁运至重庆,俟铅斤接有成数,既知会永宁县雇备船只,眼同装载,将该船所载铅斤块数、斤数设立木牌,注载明白,钉于船上,由永宁县护送前进,逐程查验交替。如查与木牌开载块数斤数不对,即将原船一面添役护送前进,一面挨查在何处短少,即据实禀报,着落运官及该地方官赔补。

《北征诗钞》中也有诗涉及这一运程初期的活动。《自永宁买舟至泸州得四截句》之三云:

> 长绳百丈曳来迟,篙眼蜂窝力莫施。狭路还须宽一步,我来亦有上滩时。

也可见铅船自永宁到泸州,是由纤夫牵挽前进的。

六、造船、换船与卖船

黔铅京运,一路上离不开船,而且随水道通行能力不同,需要多次换船,不论是买和卖,都需要运官亲自操办。首先要在重庆办理船只。《钦定户部则例》：

> 运官在永宁接铅，一面将所兑铅块陆续运至重庆，即一面先赴郡城，预办船只。每运均需房屋堆储铅斤、驻扎人役。计运铅一起，在重庆驻扎九十馀日，每运给房租银十五两，入册报销。

《钦定大清会典事例》：

> (乾隆)五十七年……又奏准：运京铅斤，自重庆至汉口减载添船，每起加给舵水工食银三百四十四两八钱。

船可租可买，但都是麻烦不断。先看看俞汝本讲如何租船。《北征诗集》卷一《至泸州谒林菊史观察具言铅运利弊极承指示为述其语以告来者慎毋蹈其覆辙也》：

> 林公昔在滇，运铜至京邑。为言运利弊，使我心感泣。公未出省垣，先有板主即(板主即揽头)。许以八百镪，阍者为引汲。公早知其奸，屏之勿与入。轻车而简从，所役皆朴直。公令先下渝，易服乃敢出。爰有日者徒，驿舍相与值。自言雇舟便，万得无一失(公言出省时令亲信家人作商人状，先至重庆雇客舟。有一算命人相值，力言板主之害，代为雇舟)。彼仆入其中，事事商密勿。所幸悉妥贴，价廉更什伯。公后见之喜，即令任其职。谁知柄在手，敢将舟舵匿。声言必加补，方克行至北。公乃赫然怒，一牒入州宅。银铛曳以来，相见面无色。但求赦其罪，敢效此心赤。公命书状来，免尔再反侧。斯人愧无语，一路安且默。彼言板主恶，此即板主贼。百计务攒谋，焉知心黑白。劝君勿再用，当知彼奸慝。我闻梦初觉，深自为擘画：与受若辈愚，宁受百艰厄。黾勉告同侪，凡事须亲历。刚断不自能，小信祸

人国。

若非林菊史提醒,难保俞汝本不上那些船只掮客的当。

再看陈晋熙造船,同样充满艰辛。《征帆集》之《造船行》:

> 朝造船,夕造船,牂牁长官来贡铅。铅堆百万高于屋,文书火速心茫然。我从七月来蜀道,渝州三阅蟾亏圆。江船戬香招不得,空羡瞿塘估客日日风帆悬。船户虎逐逐,厂户蚁蠕蠕,大船中船各十二,一一议价次第编。取材如山斤斧集,沙嘴一呼人工千。肉如林,酒如川,醉饱无赖横索钱。巴山十日九日雨,使我肠断两眼穿。嗟哉船尚未沾尺寸水,坐令万金销铄随云烟。吾闻周官三百六十职,舟楫之利独缺焉。况又蜀中地形天下险,山曲水急不可以转旋。细莫说坳堂芥,高莫问玉井莲,既无层楼飞阁壮旗帜,亦非牙樯锦缆载管弦。艨长艟短,舻后舳前,梢刚而劲,戗直而坚,千橹摇曳,百丈挽牵。麻枲钉铰剧烦琐,米盐醯醋愁倒颠,平生秤星未能辨,枉向蚨腥屑屑子母权。尘帽短靴江上路,身在泥滓谁能怜?孤城斜日看南斗,极目长安万里天。

按照规定,船队自重庆沿江而下,来到汉阳后,要把原来的载重量小的船卖掉,改换大船。《钦定户部则例》:

> 自重庆至宜昌,寸节皆滩,每夹鳅船一只酌装铜铅五万斤。一入长江,并无险滩,到楚换载,以七万斤为限。……

《征帆集》于是有《卖船作》:

> 蜀船二十四,楚船进十二。轻装患滩险,重载趁风利。铜铅例附漕舣行,文书火迫愁无计。万金用尽一钱悭,卖船思作道理费。百镪换得十千钱,船价不抵官家税。君不见

频年大水人其鱼,杉皮为壁篷为庐。汉南垂柳伤心绿,半是牵舟岸上居。

一买一卖,费力而外,钱财损失不在少数。根据则例,船队在到达仪征即将进入运河时,还要换一次船。最后在天津把大船卖掉,雇用剥船(即驳船)将铅转运到通州。到这时候,这支运铅船队的使命方告完成。

七、重庆开行

在重庆完成了全部准备工作,运官们指挥船队,顺流直下,开始了最重要的一段行程。按照规定,首先要在巴县由地方官对铅斤过秤盘验,办理手续后起运。《钦定户部则例》:

> 黔省运京铅斤,由巴县地方过秤盘验,上载开行,归该县知县经办,取具运员钤结,加结转报,以专责成。

京铅或京铜运输所需的船只、水手等情况,清代则例中并没有详细的规定,而《北征诗钞》中提供了难得的细节。《二月八日重庆开行夜泊铜锣峡》:

> 旌旗猎猎趁和风,巴子津头水向东。二十三船军令肃,八千馀里驿书通(自巴县粘贴印花起)。江宽桡拍鬼鹭捷,人聚声喧虎豹同(每船夫役五十馀人,用掷八条,声聚如雷)。晴日放舟春更好,我行从此出蚕丛。

其三:

> 成群逐队学凫趋,管领前军任指挥(凡开行皆依次第听船头指挥)。两胯横安崇六号(船舱曰胯子,官坐六号),

一头高立统千夫(夫头高立掔担督役)。轻装已觉波平拉(船之轻重视拉之高下)，分载都教数合符(每船斤数惟均)。我是紫泉新刺史，舵楼今悉树蛮弧。

可见俞汝本此运，用船二十三艘，水手夫役一千多人。每船平均装载，与则例规定相同，为五万馀斤。陈晋熙《造船行》中说"大船小船各十二"，船数相差不多，载重量或有所不同。黔铅每年两运，每运两起，常年不断，所费人力物力是惊人的。

八、江河险恶

川江自重庆以下，处处险滩，兼以不时狂风，运官最担心的事情，莫过于铅船沉溺。按照制度，除了几个水深浪高的地方，沉船失铅可以申请豁免外，其余一旦船只发生沉覆，运官需要负责打捞沉铅，打捞不上来的，则须自掏腰包赔偿。《钦定大清会典事例》：

> (乾隆)十五年奏准：云南贵州两省，沉失铜铅，定限一年捞获。如捞不足数，着落运官赔补。……至沉溺铜铅，仍令地方官协同打捞，如限内无获，将地方官于一年限内停其升转，该运官题参，照例革职。一年内赔完，准其开复。如逾一年赔完，免罪，不准开复。二年不完，照例治罪严追。

同时也规定险滩豁免。《钦定户部则例》：

> 广济县牛关矶、大矶头以上各省险滩，沉溺铜铅无获，均准其保题豁免。如豁免之后，查出并非危险及题报情弊，即将查勘之员及保题上司一并严加议处，着落分赔。

如此规定,除强调责任之外,也有防止运官假借沉溺之名盗卖铜铅的用意。

俞汝本称"此行是不得意事,而于不得意中更有不得意者",其中很大的原因当是遭遇了几次沉船事故。第一次在三峡中的新滩。《客有自泄滩来者云我第七号船失事吉儿口噤不得语余亦相顾愕然遂乘小舟颠蹶波涛中呼集水手百馀往救舟横滩而沉幸未失铅大赖神佑感而赋此》诗云:

> 一霎危机去眼前,石尤风急浪滔天。竟无人理营三窟(失事后舵工杨再顺、崔琴等乘势脱逃,舟中米物俱失),幸有神扶出万全。臣本不才当薄责,事有可异出重泉。焚香默答灵庥后,吩咐儿曹再省愆。

这次没有损失铅斤,只是被逃跑的水手偷走了船中财物,还算幸运。第二次失事是在广济县的牛关矶,这回就没那么幸运了。《舟行广济县属之牛关矶余坐船陷入塘中两日不得出而第九号船又被风沉溺水深三十馀丈无从打捞嗟乎余罪尚可赎哉痛定思痛作为此诗以自劾》:

> 疾风一夕鸟声死,我舟南行忽值此。一船陷入清泠渊,一船又触石齿齿。清泠塘中犹可避,谁知后船竟失利。舵楼缝裂水入舱,船既漂流铅亦弃。吁嗟余罪其谁赎,搔首问天天亦苦。生难报国死无益,忍泪惟期北行速。

这次俞汝本损失了一船铅,好在牛关矶是按制度可以豁免的险滩。接下来在由长江向北进入大运河后,俞汝本的船队在清江闸又发生了一次沉船事故,再次损失一船铅斤。《上清江天妃闸第一号船失事》其二:

> 而我忽中变,全功付急流。狂风兼恶浪,破釜更沉舟。

人事实难料,臣心自此休。举头问苍昊,哀痛不胜愁。

从失铅之后俞氏的焦虑痛心,不难体会到上引则例条文对运官产生的巨大心理压力。

沉船失铅,是运官的灾难,也是船工的灾难。李鸿卓在川江涪州河段触礁倾覆一艘船,只得雇用"水摸"潜水打捞,其间船工和水摸均有人溺亡。《川河打捞》诗(图48)云:

> 江心乱石矗虎牙,江水激浪成鲜花。舟行趋避苦不及,中流一击无全家(石击舟破,舟人谓之"分家")。良镪巨万深入底,断板破篷随浪起。舟子哗然凫雁浮,一半生全一半死。嗟哉国帑此沉沦,黄金不惜访汩人。共言水深不易入,呵护往往赖鬼神。小舟上下试拷石(坠石试水,验石上白黑迹乃得沉处),一试再试不可得。偶然试得共传看,白黑一痕验有迹。两船冲浪札帮平(水摸以两舟定在沉处曰"札帮"),定以大锚无敧倾。一人掌命屹不动(系人下水曰"命绳",水摸头掌之),一人腰缃恬不惊。裸体兀坐舟之畔,以手汲水饮其半。饮余侧注两耳中,鼻息无声神不乱。拍胸一跃入深渊,穷探正值蛟龙眠。迟之又久影微动,水面急把长绳牵。长绳倒卷风回雪,十人八人手忙绝。仓皇引出坎陷来,面如死灰口流血。此时存亡不可知,得物不得那忍说。蜀道难行信有真,冲波谁恤穷途人。地险更兼风浪作,天工无乃太不仁。呜呼!天工无乃太不仁。

此诗详细描写了"水摸"打捞沉铅的过程和风险。据下一首《闻涪州水摸淹毙石刺史施棺瘞之》诗,这位生死难明的水摸不幸遇难。

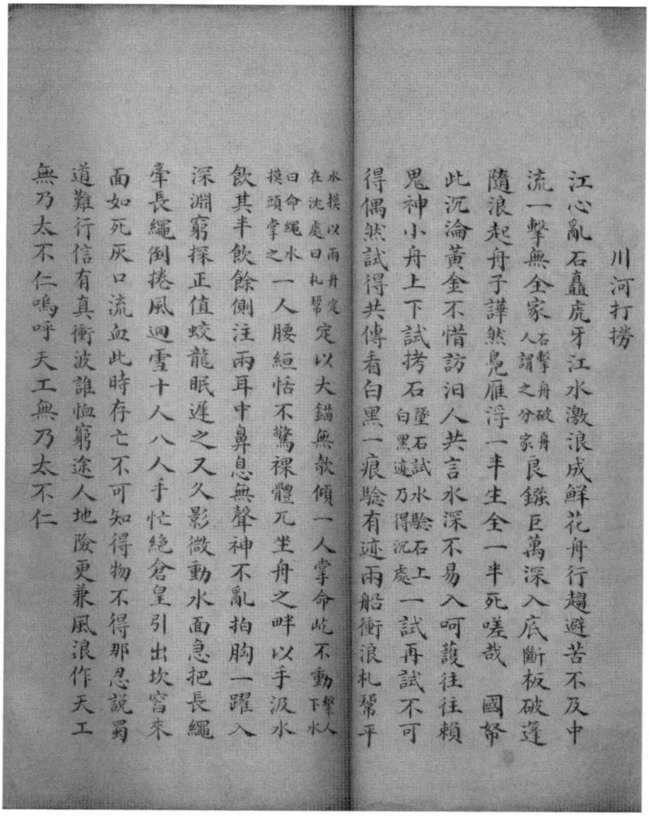

川河打撈

江心亂石矗虎牙　江水激浪成鮮花　舟行趑趄苦不及　中流一擊無全家　人齎齎之家良鏹　巨萬深入底斷板破篷　隨浪起舟子譁然　凫雁浮一半生全一半死嘆哉　國帑此沉淪黃金不惜訪　泅人共言水深不易入　阿護往往賴思神　小舟上下試撈石　白黑試水驗石上　一試再試不可得　偶然試得共傳看　白黑一痕驗有迹　兩船衝浪扎篙平

水摸以兩舟定　以大錨無欹傾一人掌命此不動擊人在沈處日札擊　摸頷拏才水之一人腰絙恬不驚裸體兀坐舟之畔以手汲水飲其半飲餘側注兩耳中鼻息無聲神不亂拍胸一躍入深淵窮探正值蛟龍眠　遲之久影微動水面急把長繩牽長繩倒捲風迴雪十八八手忙絕倉皇引出坎窞來面如死灰口流血此時存亡不可知得物不得那忍說　蜀道難行信有真　衝波誰恤窮途人地險更兼風浪作天工無乃太不仁鳴呼天工無乃太不仁

图 48　李鸿卓《川河打捞》诗稿

九、漫漫征途

水运的艰难,不仅体现在险滩上,还因为沿途都需要合适的航行条件。遇有狂风,须停泊守风;遇江河涨水或枯水,又须守水;冬季运河冰封,则须守冻。又由于从扬州开始,京铅运道与漕粮运道重合,铅运要给漕运让路,此时就要附漕与守漕。清廷

制度中对这些事项也都有规定。《钦定大清会典事例》:

> (乾隆)二十六年又奏准:……其守风守水,总以三五日为准,不得过期。如果阻滞有因,多需时日,据实报明所在督抚,查勘确实,奏明交部存查。

> (乾隆)四十一年奏准:滇黔办运铜铅……至江湖守风不得过四日,守水不得过八日,倘间遇江水异涨,有实在不能依八日之限开行者,令该道府大员查验情形,据实结报。倘地方官弁徇情捏饰,及道府督催不力、扶同出结等弊,一并严参议处。

> 道光十六年奏准:滇黔二省运解京局铜铅船只,插入漕船行走,如跟接何帮何船,即归该帮船之押运总运粮道,一体弹压催趱。如无故停留,以致稽阻漕船,即由漕运员弁,将该船头舵水手,严提责惩,并将该运员照催趱不力例参处。

虽然规定十分详细,但舟行江上,风雨无常,这些规定缺乏可操作性。从《北征诗钞》中看,守风守水守冻守漕是经常性的,而且总是超出规定时间。每到此时,运官的诗作就充满焦躁情绪。聊举数首。《让漕》:

> 漕船南下声嗷嘈,船头不篙横两梢(凡漕船来以木篙横架船头)。长绳百丈架空起,雀杆卓立天为高。卫漕使者雄如虎,狐裘反衣立当户。指挥役卒如驱羊,片刻不容相停伫。千艘衔尾日夜过,一板一闸真无那(运河水涓滴皆金,漕船无水,套板以行。凡过一闸,下一板)。余亦皇华奉使来,忍气吞声耐寒饿。

同是为朝廷办理重要物资输运,铅运与漕运的地位大为不同。好不容易等到漕船过去,运河水秋来又浅,只好继续守下去。《新河口让漕已两月越矣至十月二十五日始得疏通二十八日开行又浅》:

> 我生何事困风尘,直作终身道路人。两月未曾行十里,一冬今又过三旬。霜威已酷花生面,水气冲寒冷逼身。见说天河犹可道,只惭牛头不能神。

接下来是冬天。《台庄守冻》:

> 一夜橹声死,北风无限寒。冻痕连岸折,霜叶入林干。漠漠川原暝,萧萧羁旅单。舟胶行不得,谁识客途难。

在台儿庄,俞汝本的船队一等就是5个多月,直到次年四月一日才开行。此后在山东境内又遇大旱,寸雨皆无,运河无水,又等到夏天才向前进。经过将近一年的等待,这起京铅已不可能按照朝廷的要求,准时送交工部宝源局了。

十、沿途交涉

在京运过程中,运官需要不断与地方官吏打交道。按照规定,地方官对京铅运输也负有责任,一是催趱监督,二是沿途协助。《钦定大清会典事例》:

> (乾隆)二十三年又议准:凡遇铜铅入境,由地方官查验。出境时,即具出境印结申报。如在境捏报遭风失水情弊,该地方官即申报本省督抚题参。

> 嘉庆十一年上谕:京运铜铅,攸关鼓铸。乾隆年间曾钦奉谕旨,特派藩臬大员经理其事,业经定有章程,系指滇铜而言。其实钱局需用,铜铅并重,近年以来,各该省办理拘

泥,于滇铜过境之日,尚知照例催趱,而于铅船到境时,则不复留意,以致积年京局需用铅斤,多有迟滞,殊于鼓铸有碍,嗣后铜铅船沿途经过之处,著责成派出之各该省藩臬等,一体催趱,毋得少有延误。

铅船每到一个重要码头,或是换船卸货,都需要到地方官那里办理查验证明手续,由他们出具"钤结"才能放行。从上面我们也看到,铅船失事或是守风守水超时,需要到地方官那里办理证明或寻求协助。地方官要协助运官打捞沉失铅斤和雇用剥船(就是驳船)。《钦定户部则例》:

> 铜铅船只经过江河险隘处所、水浅之时,应须起剥,均令当地地方官会同运员妥协办理。统计铜铅长运至京,即值水涸,每运起剥总不得过八次。

但有时,地方官办理起剥并不得力。《北征诗钞》卷三《舟中移催剥船不至得船又不足数》:

> 一夜狂飙水更干,孤舟相对只荒滩。负山无力输蚁拙,度日如年学蠖蟠。肥瘠岂真秦越视,文移都作笑谈看。剧怜此役蹉跎甚,杨柳依依又岁残。

而运官在办理其他手续时也会遇到麻烦。俞汝本在新滩有一艘船搁浅,但未损失铅斤。为办理善后事宜,他在宜昌被地方官吏留难,耽误了二十多天时间。有趣的是,此时陈晋熙正任宜昌知府,两位诗人运官在这里会了面。《北征诗钞》卷二《余以新滩事在宜昌留滞二十馀日愤极无聊作此以呈西桥年伯》:

> 沿途辛苦向谁陈,津吏犹将怒目嗔。朘我脂膏几彻骨,

候人颜色易伤神。路长何止经千劫,愁重虚教过一春(明日立夏)。但愿好风从此去,厌闻戍鼓闹晨昏。

"朘我脂膏几彻骨",看来俞汝本遭到了官吏的勒索,乃至于"愤极"。

运铅路上,还有一项需要与官吏打交道的地方,就是缴纳关税。当时水路要津设有很多关口征收船只通行税和货物税,京铅虽是朝廷的物资,但也需要缴税。这一点,连运官也不理解。《征帆集》之《关吏叹》:

> 江头关吏馋如虎,下马上船一何怒。不税货物只税船,岂意官船倍商贾。船多人众难久留,所喝惟命上缙簿。税额近益增,水脚岂能补。坐令五百镪,拼挡挥如土。却愁前去关重重,途长力短泪如雨。

官船的税率要比商船高一倍,确是咄咄怪事。据俞汝本的诗注,自四川夔关起凡过十一关。如果每关都征银五百两,合起来是一笔很大的费用,难怪运官提起来会泪如雨下。

十一、天津与通州

这支在重庆组成的有二十多条船、一千多水手的庞大船队,经过汉阳、仪征两次换船,一路航行,终于来到天津。在这里,船队结束了使命,船只被变卖,水手被遣散,铅斤则用剥船转运到通州。《北征诗钞》卷四《六月二十七日舟至静海晚得大雨次日又值北风凉气袭人颇有秋意且喜至都有期书以志慰》其二:

> 砖河既已过,独流好场市(砖河、独流俱地名)。天津

一关越,我舟弃若屣(自四川夔关起凡过十一关,帮船亦从此变卖)。两年尘土中,今日方有此。如身释重负,如行脱虎兕。打捆总云艰,驮载亦孔迩(凡船自津至通须打捆,自通入局须驮载)。不似十万舟,泥浅行复止。凡事有转机,非可人力使。委心听自然,请视此江水。

陈晋熙在天津也写了诗。《征帆集》有《津门秋感》四首,其三云:

万里波涛始是涯,迎人津柳已先知。渡头理棹从先后(天津雇剥船运至通州,依运员到津次第开行),岸上牵舟任转移(牙行售船拆用)。北地正当鸿去候,西风刚值蟹肥时。岳云三月峨眉雪,收拾囊中一卷诗。

帝京在望,万里征程快到终点,此时卖船,像是去掉了一个沉重包袱,带给二人欢快的情绪。一路愁苦的他们终于露出了笑容。到达天津的铅斤用剥船运到通州张家湾,然后再雇车由陆路运至京师钱局。《征帆集》作《通州》诗云:

萍浮南北总迤邐,今幸乘槎到日边(运至通,交坐粮厅转运至京)。路忆九千馀里远,月经一十四回圆。渔阳秋老盘雕候,潞水风高落雁天。多少长安冠盖客,惊心人海更茫然。

到了通州,贵州京铅的万里运输终于胜利在望了。

十二、钱局完差

按照规定,铅斤到通州后,须在两个月内运到京师的户部宝泉、工部宝源二局,由钱局验收。《钦定大清会典事例》:

> 乾隆二十七年奏准：云南省京铜抵通，定限两月全数运局。钱法侍郎抽验成色，限两月全收。如有秤头短少，勒限十日，令运员赴局补交，兑收足数，即行给发批回。……其解京铅锡，亦照此办理。
>
> 五十年奏准：运京铜铅，全数交局后，限二十日兑收。

《钦定户部则例》：

> 黔省运京铅块，定以五十斤为准，运至京局，按照斤块数目验收。如斤数不足者，咎在厂员，令厂员赔补。块数不足者，咎在运员，令运员赔补，不得互相推诿。

在交验过程中，仍然会遇到官吏的刁难和勒索，反映出清时官场常态。（图49）《北征诗钞》卷四《都中杂感》之二：

> 朝日上东门，车马何辚辚。所见非所亲，照耀舆台身。彼人亦可畏，怒目未敢嗔。客自远方来，土物岂足珍。低头媚童仆，举头揖荐绅。荐绅岂余侮，彼乃王家臣。国家重贡献，其色须精纯。余心实无愧，余事行多迪。苟不慎厥初，或陷荆与榛。清晨戒旦往，竣事须三旬。所喜百无迕，君恩厚且淳。将事必敬慎，既事又逡巡。即此一事微，已足伤吾神。

经过多日验收，这批经历了惊涛骇浪万里跋涉的铅，终于从贵州产地进入钱局在京师的仓库，一起京铅的运输结束了。而这样的运输每年四起，从雍正到光绪，延续了一百八十年。

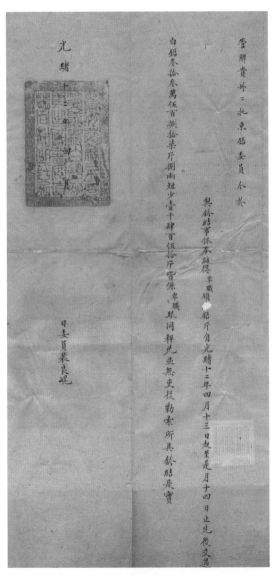

图49 光绪十二年贵州运员裴良崐就铅斤验收未遭勒索出具的钤结

十三、铅运考成

清朝对京铅运官的考成规定,是严格甚至严苛的。考成主要着眼两方面,即是否超过时限和短失铅斤。在时限方面,《钦定大清会典事例》云:

> (乾隆)四十年又议准:嗣后委员运京铜铅点锡,如遇正限之外逾限不及一月者,降一级留任;委解之上司,罚俸一年。逾限一月以上者,降一级调用;逾限二三四月者,递降至二级三级四级皆调用。五月以上者革职,戴罪管解。委解上司,各降三级留任。

在短失铅斤方面,《钦定户部则例》:

> 贵州省委员办运京局铅斤,遇有沉溺者照例准其挂批外,如沿途并无沉溺,仍有短少,不准挂批,将该员查参办理。

运京铜斤自乾隆甲寅年以后,铅斤自乙卯年以后,如尚有违例短少者,除将所短铜铅勒限严追外,仍将该运员交部严加议处。《钦定大清会典事例》里还有这样的规定:

> (乾隆)四十二年,又奏准:办运铜铅委员,在途病故,如有亲丁相随,其经手各项,毋庸盘查,倘有亏缺,惟该家属是问。

是谓父债子偿,运官即使死了也要为他押运的铅斤负责。

陈晋熙甲午夏天出发,乙未到京师,至丙申正月离开京师,历时一年半左右。除去在京验收、等候引见的时间,在路上走了十四个月,刚好在规定时间内完成任务。而俞汝本自癸卯十一月出发,至乙巳九月差竣,历时二十二个月,超出规定时限六个月。按照规定,应该革职。他还在途中损失了两船铅斤,但"所喜百无迕,君恩厚且淳",他没有因为这些受到处分,而是在引见之后调任贵州黔西知州,于第二年返黔上任。由此可见,至少在道光间,清廷在铅运制度中对一些事项的豁免是实现了的,其考成操作具有一定弹性。

十四、馀论

上文通过运用官方史料和文学作品,观察、梳理当时的朝廷制度和运官行为,试图尽可能地接近清代京铅运输的历史真相,为贵州京铅运输、为清代铸钱工业的一个重要方面勾勒出一幅简略的全景画面。限于学力,作者征引的文献还不够丰富,很多历史信息没有被发掘出来,研究是不全面的。虽然如此,作者仍认为这是铸币史研究的一个有趣案例。历史是由人的活动构成的,完美的钱币史和铸币史研究,不能缺少对无数相关人员活动细节的探寻。只有结合宏观与微观,生产与社会,制度与行为……得出的研究结果才是立体的,才更贴近历史真实。而要使这幅画卷细节更丰富,场面更生动,还有待于运用更多各方面的资料和信息,进行深入研究。正是:千锤百炼出深山,万里铜铅舶运难。往事洪炉烟火尽,幸留诗卷记征帆。

(原刊于《中国钱币论文集》第五辑,中国金融出版社,2009年5月)

清工部残存铜铅京运文书辑录

清朝于京师设户部宝泉、工部宝源二局鼓造铜钱,所需铜铅,自雍正末年起即依赖滇黔产地万里转输,一百多年中形成复杂细密的各项制度,具载官修政书,其具体运行,于本书《北征诗话》中亦可略窥一斑。箧中有工部钱法堂及宝源局旧存文书数通,皆有关铜铅京运者,或有助于相关研究,爰为辑录,以备采择。

一、光绪十六年四川总督刘秉璋咨文

头品顶戴兵部尚书兼督察院右都御史总督四川等处地方提督军务兼理粮饷管巡抚事振勇巴图鲁刘为详请咨明事:

据布政使崧蕃详:奉准户部钱法堂咨"滇省运铜船只于装铜上船时即设立木牌,填注铜斤数目、船身入水尺寸,并令沿途督抚严饬地方文武员弁查照填注铜斤数目,实力稽查,不得苟且了事;仍照催漕之例,加意催趱前进,不许片刻停泊,并查明该船是否照例更换,以及有无多装带货之弊,出具印结,报部查察。至守风不得过四日,守水不得过八日,总不得过期。如果阻滞有因,多需时日,应令据实报明所在督抚,查勘确实,奏明交部存查"等因。又乾隆三十二年十二月二十六日奉准户部咨开准云抚咨"嗣后自泸开帮,如果大船稀少,或水涸河干,重载难行,必

须多雇小船，方可搬运，务将实在船数移明前途查验，并于具报出境文内据实声明。倘有任意多装不行移明查验者，许下游地方官、运员及代为雇船之泸州知州详报请参。若运员已将缘由声明移知，该地方官藉端留难，亦许运员将羁迟运务之地方官飞报该省上司，严饬请参等语。查定例，铜斤装载，船只自有一定，既杜违例重载，亦不许多雇船只，至启夹带诸弊。应咨该督抚转饬运员，嗣后务遵定例办理，不得借口重载难行，任意雇船，以滋弊端。倘或遇冬春水涸，实在难行，或遇大船稀少，不敷应用，应如该督抚所咨，准其暂雇小船，仍将装铜船数报明该管上司，并移明前途地方官查验。至报销时，仍按照定例以铜斤数目核销办理，并移知四川总督可也"；又钦奉上谕："江湖即有大风，多不过三日四日，或为水阻，亦何至半月经旬。着严切传谕各该督抚，嗣后若仍照前妄报守风守水、任意逗遛者，在何省违限，即惟该省督抚是问。钦此。"钦遵，并蒙前督部堂开奏明，守风不得过四日，守水不得过八日。倘有实在不能依限冒险开行者，令该管道府查验实在情形，出具印结报查。又奉部奏准：运京滇铜，自抵泸州兑领铜斤之日起，至运出川境巴东县交替之日止，共限三个月零十日等因；又乾隆四十九年二月二十二日奉准户部咨开议奏川督李奏覆铜运在重庆打造船只案内，钦奉谕旨"铜铅一到川省，即系该省应办要件。此项船只着交沈清任率属妥办，以专责成等因，钦此"。查重庆府以上各处雇船装载之事，沈清任止能于所辖之重庆地方照料，其自永宁至泸州、泸州至重庆，自应一体派大员督同地方官代为雇备，庶为妥协。永宁道驻扎泸州，铜铅两运所过地方皆其专管，应请即责令该道督同永宁县知縣、泸州知州按照定例代为雇备船只，并着诚实谙练舵水管驾，倘有疏虞，即将该船户舵水送至所在地方官，追出原领脚价，枷示河干,以示惩儆等语。自为慎重运务,以期迅速起见,应如该督抚所奏办理,奉旨"依议。钦此"等因;又乾隆五十六年九月十二日奉准户部咨覆前督部堂鄂奏请嗣后铜铅在重庆装载,每船不出五万斤,并于险滩设立滩师帮同放运,以期稳妥等因;又于乾隆六十年九月十五日奉准户部咨会奏各省题销事件,改奏为咨,奉旨"依议,钦此"。开列粘单,内开:一,铜斤铅锡开帮日期及依限过境应解奏为咨,随案报部具核。又嘉庆十四年九月十一日奉准户部奏议:嗣后铜铅船只过境,仍循旧例,毋庸奏报各等因,咨院行司移行,遵照在案。

该布政使崧蕃查得滇省委运八起二批京铜官、云南补用知府萧勋领运正馀铜五十一万五千斤,前据泸州直隶州知州李玉宣申报,悉数开秤,兑交清楚,雇募船只,分别装载,于光绪十五年十月初四日开帮起运前进,照例签给各船头舵经工腰牌,随带呈验,并严查运员、船户等并无逗留、盗卖铜斤及违禁夹带货物等弊,移营派拨兵役护[送]至合江县交替。又据合江县申报,十月初五日到境,初六日护[送至江津县]交替。又据江津县申报,初六日到境,即于是日护送至巴县交替。又据巴县申报,初七日到境,全数运抵江北厅打渔湾地方停泊,遵例会同江北厅逐包盘兑无亏,雇募楸船十只,均匀装载,于十六日开行,护送至长寿县交替。又据长寿县申报,十七日到境,即于是日护送至涪州交替。又据涪州申报,十九日到境,即于是日护送至酆都县交替。又据酆都县申报,二十日到境,即于是日护送至忠州交替。又据忠州申报,二十日到境,即于是日护送至万县交替。又据万县申报,二十一日到境,二十一日护送至云阳谿交替。又据云阳县申报,二十二日到境,即于是日护送至奉节县交替。又据奉节县申报,二十三日到境,夔关查验无亏,二十四日护送至巫山县交替。又据巫山县申报,二十四日到境,即于是日全数护送出川境,交给湖北巴东县接护讫。并据各州县及营汛声明,照例会拨兵役、亲随护送各等情申报前来。

本司覆查滇员萧勋领运八起二批京铜五十一万五千斤,在泸兑足起运,于光绪十五年十月初四日自泸开兑之日起,至十月二十四日护出川境,送至湖北巴东县交替,并未逾违。所有京铜运出川境日期,理合具文详请察核,咨明户、工二部暨户工二部钱法堂、云贵督部堂、湖北抚部院、云南抚部院查照等情。据此,除分咨外,相应咨明。为此合咨贵部堂,请烦查照施行。须至咨者。

右　咨

工部钱法堂

光绪十六年二月二十五日。

(钤"四川总督管巡抚事关防"。墨批:三月初玖。)

二、署四川川东道贺纶夔印结

署四川川东道今于与印结为钦奉上谕事:依据署重庆府知府张铎转据署巴县知县霍勤炜结称,依准结得委员冯尔梅领解正馀京铜伍拾壹万伍千斤,在泸兑足,自雇船只装载,遵例会同江北厅逐包盘兑过载,俱系足额,并无亏短,结由到道,相应加具印结是实。

光绪二十九年月　日,署川东道贺纶夔。

(钤"四川分守川东兵备道之关防")

三、署四川川东道贺纶夔印结

署四川川东道今于与印结为钦奉上谕等事：依据署重庆府知府张铎转据江北厅同知唐柏森结称，实结得云南试用知州冯牧尔梅奉委领运第二十二起头批京铜伍拾万斤、馀铜壹万五千斤，遵例会同巴县并运员眼同盘兑无亏。结由到道，相应加具印结是实。

光绪二十九年月　日，署川东道贺纶夔。

（钤"四川分守川东兵备道之关防"）

四、光绪十二年管解云南京铜委员易为霖申文

云南管解六起二批京铜委员镇南州知州易为霖为申明事：

窃卑职管解六起二批京铜伍拾万斤，前在四川泸州店内地方宽阔各厂名另堆一处，故于分解户、工部铜斤分别厂名，各具清册。及卑职承领后，沿途盘验、拨船过载，类多松散混淆，从新捆扎不下十次，均系就便包捆，未能分别厂名，故户、工两局均有参错。总之厂名虽有不符，铜色并无差等，彼此如一，两局皆然。合将厂名不符缘由据实申明，仰恳大部俯赐查核，实为公便。为此具申，伏乞鉴察施行，须至申者。

右　申
工部宝源局监督
光绪十二年十一月拾柒日（图50）

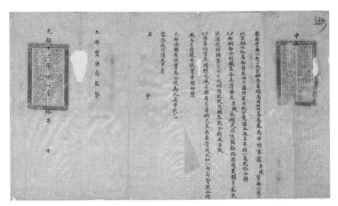

图 50　光绪十二年管解云南京铜委员易为霖申文

五、光绪十二年管解贵州京铅委员裴良崑钤结(一)

　　管解贵州二批京铅委员今于与钤结事。依奉结得卑职领[解]铅斤,自光绪十二年四月十三日起,至是月十四日止,先后交过白铅叁拾叁万伍佰捌拾柒斤捌两,短少壹千肆百伍拾斤,皆系卑职眼同秤兑,并无吏役勒索。所具钤结是实。

　　(钤"贵州委解京运第二批白铅委员坐补普安直隶同知之钤记"。)

六、光绪十二年管解贵州京铅委员裴良崑钤结(二)

　　管解贵州二批京铅委员今于与钤结事。依奉结得卑职运解部提二批白铅,内挑出铅块较厚者共伍万柒千陆百斤,皆系卑职当堂眼同榱碎挑拣,实系内有成色低潮之铅。所具(钤)结是实。

　　光绪十二年四月　日,委员裴良崑。

　　(钤"贵州委解京运第二批白铅委员坐补普安直隶同知之

钤记")

七、光绪十二年管解贵州京铅委员裴良崑钤结(三)

管解贵州二批京铅委员今于与钤结事。依奉管解二批白铅,应解大部叁拾叁万伍佰捌拾柒斤八两,短少壹千肆百伍拾斤,如数缴纳清楚,兹蒙发给实收,已经领讫。所具钤结是实。

光绪十二年四月 日,委员裴良崑。

(钤"贵州委解京运第二批白铅委员坐补普安直隶同知之钤记")

八、光绪十六年云南委解云南京铜运员钤结(一)

云南委解八起二批京铜运员,今于与钤结事。依奉结得卑职运解八起二批京铜内挑出不堪用铁砂铜叁万贰千肆拾肆斤,卑职眼同挑拣,皆系低潮之铜。所具钤结是实。

光绪十六年伍月 日。

(钤"云南委解八起二批京铜委员钤记")

九、光绪十六年云南委解云南京铜运员钤结(二)

云南委解八起二批京铜运员,今于与钤结事。依奉结得卑职在局交纳铜斤,满汉监督均无馈送礼节,亦无打点使费等情。所具钤结是实。

光绪十六年 月 日。

(钤"云南委解八起二批京铜委员钤记")

宝源局工匠管理档案拾遗

铸钱局是古代少有的规模化工厂组织,如清朝在京师设立的宝泉局、宝源局,工匠人数都在千人以上,百年间形成严苛的管理制度。这些制度,体现在官方文献中只是原则性规定,具体实施情况难得其详。而且钱局是封闭性机构,工匠又身处社会底层,在他们身上发生的事情也难为外人所知。下面一组残存的宝源局档案,正与对工匠的日常管理相关,故略加笺释,为了解清代钱局工匠的生产与生活情况增添一点资料。

一

具呈额外贴写李懋德呈,为呈报事。窃贴写身父钱房经承李秉忠曾于二月间因患时症,医治罔效,于本月初五日病故,理合呈明监督老爷察鉴施行。为此上呈。光绪四年三月十八日。具呈额外贴写李懋德。(下画押。日期"十八"为朱笔批填。)

按:《雍正十二年酌定两局画一木牌章程》规定:"宝泉局四作厂匠役,如遇病故,该大使具文报明,随即牌仰该大使验明。如果患病身故,取具炉头同作左右邻甘结,尸亲领状,即饬令抬埋……查宝源局如遇匠役病故,大使并不呈报,今应照宝泉局之例,先令大使呈报,画一办理。"(稿本《铜政全书》卷四,见彭泽益《中国近代手工业史资料》,1957)在局匠役身故,须向上官呈报方可抬埋,这个呈文即执行该规定。

二

具呈民人陈瑞,年二十六岁,系顺天大兴县人,呈为恳恩认差事。窃小的闻得大部宝源局出有馀丁一缺,小的情愿接充。倘有误差,小的情甘领罪。所具是实。光绪四年四月廿四日。具呈民人陈瑞。(下画"十"。朱批:准补。日期"廿四"为朱笔批填。)

三

具呈民人李文通,年十五岁,系顺天府大兴县人,呈为代退认充事。窃馀丁宋玉成现因患时症,不克当差,所有馀丁差事,小的情愿充当。如蒙恩准,则感鸿慈无尽矣,实为德便。上呈。光绪四年七月廿四日。馀丁宋玉成、民人李文通。(下画"十"。朱批:"准补"。日期"廿四"为朱笔批填。)

按:《雍正十二年酌定两局画一木牌章程》规定:"宝泉局炉头皂余人等,如有事故革退等情,另行出示召募充当。此条两局向系画一。"这两通呈文均为请求当差而上,并得到主管官员批准。

四

具保结皂头段世兴等,今于与保结事。依奉当堂保得皂隶王坤明实系清白良民,并无不法为匪,亦无重役过犯。倘有误差等事,小的情甘一同领罪。所具保结是实。光绪四年九月廿七日。具保结皂隶段世兴。(下画"十"。朱批:"准保"。日期为朱笔批填。)(图51)

五

具保结皂头段世兴等,今于保结事。依奉当堂保得皂隶王永祥实系清白良民,并无不法为匪,亦无重役过犯。倘有误差等事,小的情甘一同领罪。所具保结是实。光绪四年九月廿二日。具保结皂隶段世兴。(下画"十"。朱批:"准保"。日期为朱笔批填。)

按:《雍正十二年酌定两局画一木牌章程》规定:"如新进匠役,俱取具同号匠役保结,立簿稽查,将年貌籍贯填注小票。"这两通"保结",即为皂头段世兴为二位皂隶提供的担保文书。

六

具呈老局炉头关国栋等呈为恳恩赏借饭银事。窃炉头等现因诸物昂贵,又兼岁暮之期,十分拮据,无奈恳求宪台恩准,每名赏借饭银六两,九名共借银五十四两,俟明年领■银时分批扣还归款。伏乞恩准,实为德便。上呈。光绪

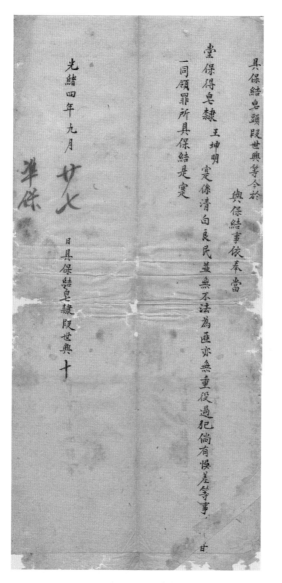

具保結皂頭叚世興等今於

與保結事依奉當

堂保得皂隸王坤明實係清白良民並無不法為匪亦無重役過犯倘有悞差等事

一同領罪所具保結是實

光緒四年九月廿七日具保結皂隸叚世興十

準保

图 51　皂头段世兴出具的保结

四年十二月廿七日。老局炉头关国栋、任全福、王文治、刘铭远、朱椿、■嗣昌、■茂林、王德恒、吴恩峻。(人名下画押或画"十",日期"廿七"为朱笔批填。)

具呈新局炉头孙汝元等呈为恳恩赏借饭银事。窃炉头等现因诸物昂贵,又兼岁暮之期,十分拮据,无奈恳求宪台恩准,每名赏借饭银六两,十名共借银六十两,俟明年领饭银时分批扣还归款。伏乞恩准,实为德便。上呈。光绪四年十二月廿七日。新局炉头孙汝元、孙汝贤、孙汝霖、吴正泰、吴元明、任守信、任守义、王承荣、王承祥、王得润。(人名下画押或画"十",日期"廿七"为朱笔批填。)(图52)

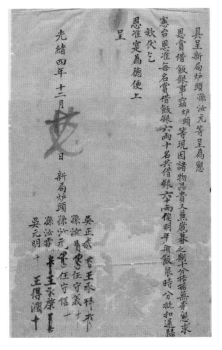

图52　宝源局新局炉头借支饭银呈文

按：以上两通为光绪四年宝源局老局、新局炉头分别借支饭银的呈文。宝源局旧有厂在朝阳门内西南，有炉12座，雍正六年（1728）增设新厂，地址在崇文门内泡子河，设炉13座，每炉设炉头一人。炉头管理本炉的生产，给发工匠工银，每铸钱十卯（一卯为12880串）清算一次工银。清代晚期，因铜原料不足，钱局不能足量生产，导致炉头匠役须预支工银生活。

又史称钱局炉头多由几大家族把持，今观新局呈文中十名炉头只有四姓，且多兄弟辈，可见一斑。

七

具■■■于领结事。奉当堂每炉支借到工食银六两，十二炉共借银柒拾式两整，并无短少，俟开炉时即行按炉叩还。所具是实。光绪四年八月初七日。具领结老局炉头名下看火匠：郭华牛、戴玉德、李海珠、张龙、温广仁、陈文祥、张文广、宋万保、闫玉保、尚金、高启、■瑞。穿钱匠：周广亮、王鉴、戴子远、戴鉴义、李英子、张西龙、张维文、郑廷富、任之明、王文德、朱世铨、■■。

（人名下画"十"。日期"初七日"朱笔批填。）

按：此文老局工匠借支工银呈文，列名者有看火匠12人、穿钱匠13人。《清朝文献通考》钱币考四："每炉设炉头一人，其所需工价有八行匠役：曰看火匠，曰翻砂匠，曰刷灰匠，曰杂作匠，曰锉边匠，曰滚边匠，曰磨钱匠，曰洗眼匠。"穿钱匠不在其中。

后　　记

本书集纳了我有关中国货币金融史的考证性文字，大致围绕先秦货币制度、古代纸币、近代银行和金融、钱币学、金融文化和清代钱币铸造生产等主题展开，故名之曰"丛谈"。

历代文献保存了食货志等较为系统的货币史资料，大多数古钱币实物至今流传，二者相互印证，形成双重证据，使中国货币金融的整体历史相对清晰，存在争议的问题多集中在史料匮乏的起源阶段。本书所谈、所考也着重于古代货币和近代金融各分支门类的创始过程。子曰"必也正名乎"，通过实证研究来辨析概念、疏通源流，或对逐步接近历史真相有所助益。

书中诸文，包含了我最早和最新的学术写作，跨度达二十多年，能将它们结集出版是我很久以来的心愿，北京大学出版社让我夙愿得偿。我曾在北大读书和工作，如今又在北大出书，母校的培植仍在继续，对此我只有感激。感谢老友辛民学兄关怀推毂，感谢奕元兄精心编辑，匡正讹谬，为是书增添光彩。

利用编集的机会，我对发表过的文章作了一些修订。对书中存在的错误，还请读者诸君不吝指正。部分文章曾收入早年出版的《文中象外》，其中讨论古代纸币形制的三篇，又收入2022年出版的《中国印刷史新论》，以所论兼及印刷史和货币史重大问题，不得已重出，尚乞鉴原。

我在金融行业工作逾三十年，完成《古代货币金融丛谈》，也算是对这段漫长生涯的纪念。近几年，我将过去撰写的学术文章分类结集，陆续出版，本书可称收官之作，意味着我的业余文史研究告一段落。我要向多年来指导、支持我的师友再申谢忱，并对"全职"从事学术工作的未来充满期待。

艾俊川

乙巳孟春